中国能源环境高峰论坛蓝皮书

BLUE BOOK OF CHINA ENERGY AND ENVIRONMENT SUMMIT(CEES)

绿色生态促进

GREEN DEVELOPMENT &
ECOLOGICAL CIVILIZATION PROMOTION

2021

中国能源环境高峰论坛蓝皮书编委会
林智钦◎著

中国经济出版社
CHINA ECONOMIC PUBLISHING HOUSE
北京

图书在版编目（CIP）数据

中国能源环境高峰论坛蓝皮书：绿色生态促进/林智钦著.--北京：中国经济出版社，2021.12

ISBN 978-7-5136-6710-4

Ⅰ.①中… Ⅱ.①林… Ⅲ.①绿色经济-研究报告-中国 Ⅳ.①F124.5

中国版本图书馆CIP数据核字（2021）第220986号

选题策划　陈利军
责任编辑　高　旭　孙东健
责任印制　马小宾
封面设计　华子设计

出版发行　中国经济出版社
印 刷 者　北京富泰印刷有限责任公司
经 销 者　各地新华书店
开　　本　787mm×1092mm　1/16
印　　张　15
彩　　插　1.25
字　　数　350千字
版　　次　2021年12月第1版
印　　次　2021年12月第1次
定　　价　88.00元
广告经营许可证　京西工商广字第8179号

中国经济出版社　**网址** www.economyph.com　**社址** 北京市东城区安定门外大街58号　**邮编** 100011
本版图书如存在印装质量问题，请与本社销售中心联系调换（联系电话：010-57512564）

《中国能源环境高峰论坛蓝皮书：绿色生态促进》
编委会[①]

（以姓氏笔画为序）

---

① 编委会成员的职务均为其首次受邀参加中国能源环境高峰论坛当年的时任职务。

中国能源环境高峰论坛
“新百千万万”活动专家指导委员会

（以姓氏笔画为序）

联席主席：

史立山　国家能源局核电司副司长、新能源与可再生能源司时任副司长
吕文斌　国家发展改革委投资司副司长、环资司时任副司长
孙世芳　经济日报社编委、中国经济趋势研究院院长
李　凯　中经网公司董事长、中国信息协会副会长、国家信息中心时任副主任
徐　强　国家发展改革委中国经济导报社社长、国家节能中心时任主任
蒋庆哲　对外经济贸易大学党委书记、中国石油企业协会常务副会长

顾　问：

王　玲　对外经济贸易大学时任党委书记
李俊峰　国家发展改革委国家应对气候变化战略研究和国际合作中心学术委员会主任，时任主任
张玉清　国家能源局原副局长、党组成员
季晓南　国务院国有重点大型企业监事会时任主席
夏文斌　对外经济贸易大学校长、全国中国特色社会主义理论研究会副会长
谢　极　国家发展改革委气候司时任巡视员、环资司时任副司长

常务副主席：

林智钦　中国能源环境研究中心主任、对外经济贸易大学教授

副主席：

时希杰　国家节能中心综合业务处处长（主要负责重点用能节能单位节能工作）
张震龙　中国能源环境研究中心研究员
徐　枫　美国国家空间协会空间能源专业委员会主席
桑百川　对外经济贸易大学国家对外开放研究院副院长、国际经济研究院院长

专家指导委员会下设秘书处，由1名秘书长，若干名执行秘书长、副秘书长组成。秘书处由综合部、对外联络部、宣传推广部、研究部和财务部等组成。

秘书处联系方式：

电　　话：010-56285136，64492361，68539833
微　　信：ceescees
电子邮箱：ceesint@163.com；ceeschina@139.com
官　　网：www.ceeschina.org；www.ceesint.org
联系地址：北京市朝阳区惠新东街10号对外经济贸易大学逸夫科研楼10层
　　　　　北京市西城区三里河北街12号国家节能中心

作者简介

林智钦

林智钦，经济学研究员、教授，现任中国能源环境研究中心主任，中国能源环境高峰论坛常务副主席兼秘书长，对外经济贸易大学教授，中国能源环境高峰论坛“新百千万万”活动专家指导委员会常务副主席。兼任北京市习近平新时代中国特色社会主义思想研究中心研究员，经济日报社中国能源环境研究中心主任，雄安新区绿色生态促进会（筹）负责人，中国能源环境高峰论坛“新百千万万”活动全方位服务国家发展改革委重点用能单位节能工作负责人，2021 年度、2018 年度教育部“长江学者奖励计划”通信评审专家、教育部学位和研究生教育评估专家、中国能源环境高峰论坛系列蓝皮书主编等。具有国家发展改革委国际合作司、城市和小城镇改革发展中心以及中国国际经济交流中心、国家信息中心、国家统计局、福建省宁德市政府等国家、地方研究和任职经历；有联合国工业发展组织、联合国贸易发展组织、德国维藤大学、中华人民共和国商务部的访问、研究经历。**任职期间，取得了一系列的绿色发展和生态文明的研究和实践成果。**

一、研究和实践成果重在推进生态文明制度体系建设、导向经济社会发展全面绿色转型、促进“两山”理念的生态价值转化（详见第 33-38 页）。以中国能源环境高峰论坛（以下简称“峰会”）和《以绿色化引领绿色发展消除灰霾》《绿色发展消霾论》《绿色发展革命》《绿色发展全球梦》《超越 WTO——社会市场经济与可持续发展》等为代表的研究和实践成果为国内首创，出版 8 部专著、2 部编著（260 多万字），并在权威报纸、核心期刊发表 200 多篇论文。其中：**在以《人民日报·理论版》为主的中央“三报一刊”发表理论文章 18 篇，在《经济日报》“经济界人士专栏”（即元旦特别报道）发表文章 1 篇（作为生态文明领域专家代表）；在《人民日报·理论版》《光明日报》《经济日报》发表 5 部著作的书评，并通过中共中央编译局使用 8 个语种向全球传播。前期最具有代表性的成果之一是首次提出“超越 WTO”理念的专著《超越 WTO——社会市场经济与可持续发展》，构筑了生态、经济、社会协调发展的蓝**

图，进入国家决策。成果受到党中央、中央人民政府等重视和采用，被中央人民政府、众多部级机构和各省市党委、政府采用，得到省部级以上领导批示30多项。主持完成国家级重大国际合作以及国家级、省部级和国际合作项目、课题30多项。曾入选国家"百千万人才工程"，兼任世界自然基金会中国气候变化核心专家、联合国工业发展组织访问学者、德国维藤大学客座研究员，获得省部级以上社会科学奖和科技进步奖6项。

二、研究和实践成果进入党中央、国务院和国内外决策机构的决策或决策视野。2008年起，依托国家发展改革委，成功共同发起并组织举办13届、15次（含2011年的中国能源环境高峰论坛—海峡西岸峰会和2017年的一次网络大会）中国能源环境高峰论坛（2008—2020）。联合国家能源局新能源和可再生能源司、国家发展改革委环资司、国家信息中心、国家节能中心、经济日报社和对外经济贸易大学，共同组织发起中国能源环境高峰论坛"百千万万""新百千万万"活动，被中国政府网转载报道。截至2020年，"峰会"形成了成千上万篇涉及绿色发展、"两山"理念、生态优先、价值转化、能源环境及其制度体系建设的系列研究报告、理论文章和新闻报道，建立中英文网站2个（累计超千万字），直接或间接进入党中央、国务院、国家部委和其他国家的国家决策或决策参考。"峰会"得到国家发展改革委、国家能源局等10多个部委和央企支持，与各个国际组织、多国政府（美国、欧盟、日本、印度等）、世界500强企业、跨国公司、一流研究机构以及印度前总统、中国"两院"院士、国务院参事建立起战略伙伴合作。

三、研究和实践成果得到各级各界的高度认同，在国内外产生了重大影响和社会效益。一系列研究和实践成果得到了中共中央组织部、中共中央宣传部、中共中央党校、中共中央编译局、中共中央文献研究室（现中央党史和文献研究院）、中央和国家机关工委，国家发展改革委、商务部、教育部、国防部、工业和信息化部、国务院国资委、最高人民法院、国土资源部（现自然资源部）、科学技术部、农业农村部、生态环境部、国家能源局，共青团中央，国务院研究室、国务院发展研究中心、中国社会科学院，中共北京市委、河北省委、上海市政府、湖南省政府、江西省政府，中国法学会能源法研究会，国家电力投资集团，中国共产党新闻网、中国政府网、中国发展门户网，《人民日报》《经济日报》《光明日报》《求是》《中国能源报》《中国经济导报》，新华通讯社、中央广播电视总台、中国国际广播电台、中央人民广播电台，路透社、美国国际公众电台等数百家国家级、省部级机构，数千家中央和地方、国际和国内的各级各类媒体，上万家"党政群团工"机构、学术机构、社团、公司等社会各界的高度关注，并以显要的标题和位置进行传播、转载、采用，在国内外产生了重大影响和社会效益。

绿色生态促进人物选介[①]

A Brief Introduction of Selected Figures and Professionals in Green Development & Ecological Civilization Promotion

中国能源环境高峰论坛从2008年设立以来，聚集了一大批世界级的绿色生态促进人物，形成了影响全球的绿色生态创新成果、优秀建言和经典案例，国际、国内众多高端机构成为绿色生态共同倡导者/合作伙伴（含媒体），推出了一大批消霾的世界级创新技术和优秀产品。在“峰会”聚集的1000多位演讲嘉宾、高级专家中，有近百位全国政协领导，国家发展改革委、国家能源局、生态环境部、科技部等主管部委的主要领导，中央能源企业领导，国务院参事，“两弹一星”元勋、两院院士，以及印度前总统，多个国际组织及联合国秘书处领导，世界500强企业、跨国公司领袖，诺贝尔奖获得者等世界级的绿色生态促进人物。

本书从中选取约200名绿色生态促进人物及领军贡献单位（详见第53-58页），包括国家级重要人物、省部级重要人物、专家级重要人物（中外院士、国务院参事、诺贝尔奖获得者）、司局级重要人物等。这里又重点从中选择28位新近绿色生态促进人物，以弘扬他们所做的贡献。

（一）中国能源环境高峰论坛“新百千万万”活动专家指导委员会联席主席选介

蒋庆哲 ***JIANG Qingzhe***

对外经济贸易大学党委书记

中国石油企业协会常务副会长

Prof. & Chairman of Administration Committee, University of International Business and Economics

专家简介：对外经济贸易大学党委书记、博士生导师，中国国际低碳经济研究所所长，兼任中国石油企业协会常务副会长，中国能源环境高峰论坛“新百千万万”活动专家指导委员会联席核心主席，中国能

① 本书中的人物职务，如无特别说明，一般为其参加中国能源环境高峰论坛当年的时任职务。

源环境高峰论坛系列蓝皮书顾问等。蒋庆哲教授长期从事碳转化与评价、石油加工和油田化学等领域的研究工作，研究方向包括碳核查、碳评价和碳方法学研究、炼油过程的工艺优化与评价、低渗油田提高采收率技术等。先后完成了国家自然基金委、国家科技部、国家发展和改革委员会、商务部、中国石油、中国石化、中海油等多项科研项目并提交多份具有建设意义的研究成果。“十二五”期间，还参与了国家科技重大专项、中国石油重大科技专项的研究工作。

1996 年以来，先后 4 次荣获教育部、国家能源局等科技成果奖。先后在国内外学术期刊发表学术论文 80 余篇，其中被 SCI、EI 等国际检索机构收录 50 余篇；获发明专利 6 项；出版著作 4 部（含合著），其中《表面活性剂科学与应用》获中国石油和化学工业联合会优秀出版物一等奖。

徐　强 *XU Qiang*

国家发展改革委中国经济导报社社长

国家节能中心时任主任

Former Director of National Energy Conservation Center（NDRC）

专家简介：国家发展改革委中国经济导报社社长、国家节能中心时任主任、中国能源环境高峰论坛“新百千万万”活动专家指导委员会联席核心主席。北京大学地质学系古生物学及地层学专业毕业，新加坡南洋理工大学商学院管理经济学硕士。在省市区县多级党委、政府及其组成部门从事过区公所、综合、团委、旅游、青联、区委、县委、纪检、发展改革、统筹城乡综合配套改革等管理工作。曾任重庆市巴南区旅游局局长，共青团重庆市巴南区区委书记，重庆市黔江区区委副书记、纪委书记，重庆市酉阳土家族苗族自治县县委书记，重庆市发展和改革委员会副主任、党组成员兼重庆市统筹城乡综合配套改革办公室专职副主任，重庆市对外贸易经济委员会党组书记、主任等。

李　凯 *LI Kai*

中经网公司董事长、国家信息中心时任副主任

Chairman of the Board，CEInet Data Corporation；Vice President，China Information Association

专家简介：中经网公司董事长，中国信息协会副会长，国家信息中心时任副主任、研究员，享受国务院特殊津贴。中国能源环境高峰论坛“新百千万万”

专家活动指导委员会联席核心主席。中国人民大学经济学学士、硕士，德国威登大学经济学博士，曾任英国伦敦政治经济学院合作研究员，日本东亚国际研究中心高级研究员，德国法兰克福金融管理学院顾问委员。曾在国家信息中心预测部工作多年，在APEC（亚太经济合作组织）经济委员会工作5年，主持过多项国内外经济研究项目，主编和撰写过《中国行业发展报告》《中国经济展望》《亚太贸易自由化的影响》《欧盟公司治理结构》《中国企业责任公共政策的演进和发展》等图书，在国内外公开发表过100余篇经济论文。

孙世芳 *SUN Shifang*

经济日报社编委、中国经济趋势研究院院长

Editorial Board Member, *Economic Daily*; Dean, China Economic Trends Research Institute

专家简介：现任经济日报社编委，中国经济趋势研究院院长、研究员，管理学博士、博士生导师，享受国务院特殊津贴，国家"万人计划"哲学社会科学领军人才。中国能源环境高峰论坛"新百千万万"活动专家指导委员会联席核心主席。主要研究领域为产业政策、区域发展。主持完成研究课题50多项，其中，国家社科基金课题4项，国家软科学课题1项。出版专著7部，在专业核心刊物发表90多篇论文、调研报告，主编的70多篇研究报告被采用。近年来，特别关注新能源领域，完成了有关太阳能的系列调研报告，产生了一定的社会影响。

（二）绿色生态促进重要人物（省部级）选介

石　军 *SHI Jun*

全国政协经济委员会副主任、甘肃省原省委常委、副省长

第十二届中国能源环境高峰论坛点评嘉宾

Deputy Director, Economic Committee of the National Committee of the Chinese People's Political Consultative Conference; former Vice Governor of Gansu Province

季晓南 *JI Xiaonan*

国务院国有重点大型企业监事会时任主席

中国能源环境高峰论坛“新百千万万”活动专家指导委员会顾问

Chairman of the Supervisory Board, State Council for Key Large State-owned Enterprises

专家简介：先后在江苏省滨海县无线电厂、国家体改委所属中国经济体制改革研究所、国家人事部政策法规司、国家经贸委政策法规司、国务院国资委研究室任职。2004年11月，任国务院国有重点大型企业监事会主席（副部长级），分管第十四办事处，负责对中国石油天然气集团公司、中国冶金地质总局、新兴际华集团有限公司、中国华录集团有限公司履行监事会监督职责。另任中央第九巡视组副组长、中国国际跨国公司促进会特邀副会长，中国能源环境高峰论坛系列蓝皮书编委会顾问。

杜祥琬 *DU Xiangwan*

中国工程院院士、原副院长

中国能源环境高峰论坛蓝皮书编委会顾问

Academician, Chinese Academy of Engineering; former Vice President, Chinese Academy of Engineering

专家简介：应用物理、强激光技术和能源战略专家。中国工程院院士、原副院长，中国工程物理研究院高级科学顾问。1964年毕业于苏联莫斯科工程物理学院，1997年当选为中国工程院院士，2002年当选为中国工程院副院长，2006年当选为俄罗斯国家工程科学院外籍院士。曾主持我国核试验诊断理论和核武器中子学的精确化研究；曾任国家“863计划”激光专家组首席科学家，是我国新型强激光研究的开创者之一。主持了我国能源中长期发展战略研究和几个能源重大工程的战略咨询，提出了系列创新思想，为我国能源战略研究和推动能源可持续发展作出了重要贡献，现任国家能源咨询专家委员会副主任委员；首倡“无废城市”试点，现任国家无废城市建设试点咨询专家委员会主任委员；为我国应对气候变化的国内外两个大局作出了突出贡献。现任第三届国家气候变化专家委员会名誉主任。获国家科技进步特等奖1项、一等奖1项、二等奖2项，部委级一等奖、二等奖10多项。2000年，获何梁何利科技进步奖。

（三）绿色生态促进重要人物（司局级）选介

王思强 *WANG Siqiang*

国家能源局华北监管局局长、综合司时任司长、能源节约和科技装备司时任司长

Director General, North China Regulatory Bureau of the National Energy Administration; former Director, Comprehensive Department of NEA; former Director, Department of Energy Conservation and Technology and Equipment of NEA

专家简介：管理学博士，中共党员，现任国家能源局华北监管局局长，国家能源局综合司原司长，能源节约和科技装备司原司长，同时担任国家应对气候变化及节能减排工作领导小组联络员、京津冀及周边地区大气污染防治领导小组办公室成员、长三角区域大气污染防治协作小组办公室成员、西藏自治区发展咨询委员会委员。曾在财政部、国务院体改办、国家环保总局（现生态环境部）、国家发展改革委、国家能源办、国家能源局工作，先后担任处长、副司长、司长，曾兼任国家能源专家咨询委员会秘书长、国家国民经济核算咨询专家、国家能源局新闻发言人。长期致力于能源经济、能源安全、能源科技及生态环保和可持续发展管理研究，出版有《能源预测预警理论与方法》《中国能源发展战略选择》等专著。

李　斌 *LI Bin*

国家发展改革委国际合作司一级巡视员

Counsel, Department of International Cooperation, National Development and Reform Commission (NDRC), China

专家简介：国家发展改革委国际合作司巡视员（正司级）。1989年起在国家计划委员会（现国家发展改革委）工作，2011年7月—2018年1月担任中国驻美国大使馆参赞、经济处负责人。具有近30年的对外合作经验，熟悉经济发展、能源等方面的对外合作，尤其熟悉中美之间的经济与贸易合作。与主要国家的国务院、外交部、能源部、财政部、商务部等主要政府机构及智库、学会等保

持长期的合作关系。在国内，与外交部、科技部、财政部、商务部等政府部门保持密切的合作关系。对气候变化问题非常了解，多次陪同国家发展改革委领导参加《联合国气候变化框架公约》会议，包括2009年在哥本哈根举行的联合国气候变化大会。

李翠玲 *LI Cuiling*

北京市习近平新时代中国特色社会主义思想研究中心执行副主任，北京市社科联、社科规划办一级巡视员

Executive Deputy Director, Beijing Research Center of XI Jinping's Thoughts on Socialism with Chinese Characteristics for a New Era

专家简介：北京市习近平新时代中国特色社会主义思想研究中心执行副主任，北京市社科联、社科规划办一级巡视员，法学博士，为北京市社科联第六届、第七届副主席，先后从事过能源经济、中国特色社会主义经济等领域研究。

张玉清 *ZHANG Yuqing*

国家能源局原副局长、党组成员

中国能源环境“新百千万万”活动专家指导委员会顾问

Former Deputy Administrator, National Energy Administration

专家简介：1982年1月毕业于华东石油学院（现中国石油大学）勘探系石油地质专业，先后在国家能委、国家经委、国家计委、国家发展改革委、国家能源局工作，主要从事石油天然气规划计划、政策研究、油气科技重大专项、国际能源合作等，发表30多篇关于我国石油天然气工业发展政策建议方面的论文。曾任国家计委交通能源司石油处副处长、基础司石油煤炭处处长，国家发展改革委能源局石油天然气处处长、副局长，国家能源局石油天然气司司长，国家能源局党组成员、副局长。现受聘为中国石油大学（北京）兼职教授、同济大学海洋资源研究中心学术委员会委员、国家高端智库（中国石油经济技术研究院）学术委员会委员、中国能源环境“新百千万万”活动专家指导委员会顾问。

（四）绿色生态促进领军人物选介

尤　勇 *YOU Yong*

工业和信息化部节能与综合利用司副司长

Deputy Director, Department of Energy Conservation and Comprehensive Utilization, Ministry of Industry and Information Technology

庄　芮 *ZHUANG Rui*

对外经济贸易大学国家对外开放研究院党委书记

对外经济贸易大学国际经济研究院副院长

Secretary of the Party Committee, National Institute for Foreign Studies, University of International Business and Economics

Vice President, Institute of International Economics, UIBE

专家简介：对外经济贸易大学国家对外开放研究院党委书记、国际经济研究院副院长、教授、博士生导师，中国人民大学经济学博士。主要从事国际区域经济合作、亚太经济、中国对外开放与自贸区研究。迄今在国内外学术期刊发表论文60余篇；出版著作（含合著）10余部；担任国家社科基金重大项目首席专家，完成省部级以上科研项目50余项（含国家级项目8项）。获多项省部级以上奖项，其中专著《FDI流入的贸易条件效应：发展中国家视角》曾获“北京市第九届哲学社会科学优秀成果”著作二等奖。获对外经济贸易大学优秀教师、优秀研究生导师称号。

孙贤胜 *SUN Xiansheng*

国际能源论坛（政府间部长级国际能源组织）时任秘书长

Former Secretary General, International Energy Forum (intergovernmental ministerial level international energy organization)

专家简介：英国邓迪大学矿产资源法博士，拥有40多年的油气行业海内外工作经历，历任中油国际公司副总经理、经济技术研究院院长、国际能源论坛（能源部长级国际组织）第四任秘书长。曾代表中国政府两次参与OPEC对话，曾任中俄副总理级能源对话机制顾问等。

杨富强 ***YANG Fuqiang***

国际环保机构自然资源保护协会高级顾问

世界自然基金会全球气候变化应对计划时任主任

Senior Advisor, Natural Resources Defense Council (an international environmental agency)

Former Director, Global Climate Change Response Program of WWF

郝瑞峰 ***HAO Ruifeng***

国家能源局华北监管局副局长

Deputy Director, North China Regulatory Bureau of National Energy Administration

桑百川 ***SANG Baichuan***

对外经济贸易大学国家对外开放研究院副院长

对外经济贸易大学国际经济研究院院长、教授

Vice-Dean, National Institute for Foreign Studies; Dean & Prof., International Economic Institute, UIBE

专家简介：享受国务院特殊津贴专家、博士生导师，五一劳动奖章获得者、教育部新世纪优秀人才。兼任中国国际贸易学会理事、中国非洲问题研究会常务理事、中央单位政府采购评审专家、国家社科基金重大项目首席专家、中国商务部特聘商务时评专家等。在国际经济问题研究方面，出版专著12部，在《人民日报》等报刊发表论文300余篇，20多篇论文被《新华文摘》等转载。主持国家社会科学研究基金重大项目等20余项，先后有10余项研究成果获省部级以上奖励，多项涉及国际经济问题的研究成果受到国家领导人重视，对其给予肯定性批示，被中国外交部、中国商务部采纳。

谢高地 *XIE Gaodi*

中国科学院地理科学与资源研究所资源科学中心主任、首席研究员

Director and Principal Researcher, Resource Science Center Institute of Geographical Sciences and Resources, Chinese Academy of Sciences

专家简介：德国吉森大学农业与环境博士，先后担任中科院地理资源所资源生态与管理中心主任、资源科学中心主任、自然资源与环境修复研究部主任和 *Journal of Resources and Ecology* 副主编。主要研究领域为资源生态学，在生态服务方面完成大量研究工作，发表学术论文200多篇，出版学术著作9部，相关研究成果获环境保护科学技术奖一等奖和国家科技进步二等奖。

薛　熠 *XUE Yi*

对外经济贸易大学科研处处长、教授

Professor and Director, Research Department, University of International Business and Economics

专家简介：对外经济贸易大学教授、博导、科研处处长，校学术委员会秘书长，国家社科重大专项首席专家。主要研究兴趣为金融系统性风险、金融创新和开放、全球经济治理，在国内、国际一流期刊发表论文23篇，包括《欧洲经济评论》（*European Economic Review*）、《银行与金融》（*Journal of Banking and Finance*）、《财贸经济》和《金融研究》。主持国家级课题4项（含国家社科重大专项1项），参与多个国家级、省部级重大/重点项目。积极咨政建言，10余篇咨询报告被国家级、省部级智库采纳。2012年，入选首批北京市高校青年英才计划。

张震龙 *ZHANG Zhenlong*

中国能源环境研究中心研究员

中鑫恒创集团副总裁

Researcher, China Energy and Environment Research Center

专家简介：中国能源环境研究中心研究员、中鑫恒创集团副总裁，北京环境交易所时任总裁助理，高级能源管理师、高级碳资产管理师。2000—2004年在国家发展改革委、世界银行、全球环境基金中国节能促进项目工作，

负责世界银行全球环境基金合同能源管理项目的审批，将合同能源管理引入中国。对节能融资和节能量指标交易有深入研究，专注用市场机制推动节能工作创新。中国合同能源管理投融资平台项目负责人，完成国内第一批项目自愿节能量交易。对合同能源管理投融资、节能量交易等业务有丰富经验。

单军艳 *SHAN Junyan*

河北雄安绿野清风环保科技有限公司董事长

Chairwoman of the Board, Hebei Xiong'an Lvye Qingfeng Environmental Protection Technology Co., Ltd.

专家简介：河北雄安绿野清风环保科技有限公司董事长、第十二届中国能源环境高峰论坛合作伙伴。1979年借调到安新县武装部，1981年在河北省职工医学院学习，后调安新县中医院任院长。1996年创建奥亚乳业，2001年后在北京军工企业工作。

林阳泰 *LIN Yangtai*

中国台湾新环境基金会董事长、台湾科技大学教授

Chairman of the Board, Taiwan (China) New Environment Foundation

Professor, Taiwan University of Science and Technology

专家简介：中国台湾新环境基金会董事长、台湾科技大学教授、机械工程系主任，曾任台北市政府永续发展委员会副执行长等。发表发动机气路活氧装置、有机生活垃圾免堆处理技术（C-Free）等领域相关技术报告及论文150篇。

李　风 *LI Feng*

北京荷风艺术基金会创始人、名誉理事长

Founder and Honorary Chairman, Beijing Lotus Wind Art Foundation

专家简介：1982年毕业于中国人民大学。在国家经济委员会（现国家经济贸易委员会）工作三年后赴日本、美国留学。归国后，先后从事咨询、广告、房地产、互联网和股权投资业务，先后出任全国数家上市或非上市公司高管及董事会成员，曾担任深圳万科公司董事。2003 年 5 月，怀着“以艺术启蒙推动社会进步”的愿景创办了北京荷风艺术基金会，以艺术教育、艺术普及与推广为使命，踏上了一条与众不同的中国乡村艺术教育的实践之路，惠及大江南北数百万乡村儿童，并将计划于数年之内，覆盖全国大多数地区。

吴鸿清 *WU Hongqing*

国家开放大学（原中央广播电视大学）教授

Professor, National Open University (formerly Central Radio and Television University)

专家简介：国家开放大学（原中央广播电视大学）教授，中国书法家协会会员，天水伏羲赡老助学基金会理事长，曾任教育部高等学校文化类专业教学指导委员会委员、中国书法家协会编辑出版委员会委员。出版著作 6 部，在日本东京、名古屋及中国教育电视台等举办讲座。设计发明的“乾坤格书写纸”“执笔辅正器”，获得国家专利。2006 年，创办“伏羲班”，探索落实以人为本，全面实施素质教育的道路。2013 年至今，全国各地自发复制的伏羲班已经超过 2000 个。

张　恪 *ZHANG Ke*

德和泰集团（百年老字号）董事长

Chairman of the Board, Dehetai Group

专家简介：德和泰集团（百年老字号）董事长、金路达集团（原博山电机厂）董事长。毕业于山东财经大学，后在清华大学攻读工商管理学硕士，兼任清华大学金融同学总会副会长。2017 年 8 月，德和泰集团与华中科技大学共同组建“华中科技大学电机技术中心”，搭建研发平台，创立金路达集团，形成了成果转化平台。2017 年 10 月，德和泰集团与广东晓兰公司共同组建淄博晓兰氢能源科技有限公司，与联合国开发计划署、北京绿色交易所共建“联合国氢能科技示范园”。目前，涉足高端装备制造、生物科技、氢能源科技、国际贸易、房地产等领域，集团旗下公司遍布海内外，已发展为国际化产业集团。

王雪帆 *WANG Xuefan*

金路达集团首席科学家、华中科技大学教授

Chief Scientist, Jinluda Group

Professor, Huazhong University of Science and Technology

专家简介： 金路达集团首席科学家，华中科技大学教授、博士生导师，国际著名电机专家，新型电机国家专业实验室（国内高校唯一）带头人，专利技术“绕线转子无刷双馈电机及控制系统”经工业和信息化部组织院士、专家鉴定，结论是“国际首创、世界领先”。主要研究方向为电机基础理论及应用，包括交流电机绕组理论及应用、工程电磁场理论及应用、电力系统谐波抑制理论与技术、电机运行动态仿真及状态监测与故障诊断。

林秀梅 *LIN Xiumei*

福建省菜篮子新农发展有限公司董事长

福建吉旺惠民集团有限公司董事长

Chairwomen of the Board, Fujian Vegetable Basket New Agriculture Development Co., Ltd.

Chairwomen of the Board, Fujian Jiwang Huimin Group Co., Ltd.

专家简介： 1990—2008 年，海外留学、创业，获得了许多国际先进经营管理经验。2009 年回国后，在环保科技行业深耕十余年，获得 6 项实用新型专利、发明专利，获省部级奖 7 项；融合了两岸水利工程、环境工程、污泥污水处理处置专业领域各类技术标准，组织了由吴万益博士为代表、由 400 余名硕士和博士组成的专家科研团队，与平潭生态资源局共建专家库与人才库。自 2018 年初开始，投身中国扶贫事业。集合各类终端平台，并整合优势资源，积极为退役军人、伤残人士、应届毕业生和其他需要帮助的社会人员提供创业平台和一体化就业保障。

杨　洁 *YANG Jie*

中关村国联绿色产业服务创新联盟秘书长

Secretary General, Zhongguancun National-united Green Industry Service Innovation Alliance (GIIA)

专家简介： 中关村国联绿色产业服务创新联盟秘书长，中国工业节能协会余热利用与清洁能源供热专业委员会秘书长，中国节能协会节能技术推广专业委员会副秘书长，高级能源管理师，先后主导和制定了《工业企业循环经济管理通则》等国家标准，授权国家专利 2 项。作为专家，参加国家能源局、国家发展改革委能源研究所牵头组织的多项有关评审。

绿水青山就是金山银山　发掘良好生态的经济价值[①]

（代前言）

“绿水青山就是金山银山”的理念是习近平生态文明思想的重要内容，为推动绿色发展提供了行动指南。“十四五”时期，推动我国绿色发展迈上新台阶，需要牢固树立“绿水青山就是金山银山”的理念，按照《中华人民共和国国民经济和社会发展第十四个五年规划和2035年远景目标纲要》关于**“推动经济社会发展全面绿色转型”的重大部署，以生态产业化、产业生态化为途径加快构建绿色产业体系，探索生态产品价值实现路径，发掘良好生态中蕴含的经济价值，推动生态与经济双赢，实现人与自然和谐共生。**

构建生态与经济双赢的制度政策体系。牢固树立“绿水青山就是金山银山”的理念，将其融入生态文明制度体系和政策体系建设，推进生态环境治理体系和治理能力现代化，促进生态系统良性循环。探索建立以生态优先、绿色发展为导向的经济社会发展考核评价体系，完善生态文明建设目标考核指标设置。构建源头严防、过程严管、后果严惩的全过程监管体系，健全生态环境监测网络和预警机制，形成强有力的生态文明制度执行机制、监控机制、动力机制。完善自然资源资产负债表编制、领导干部自然资源资产离任审计制度等，实行真正意义上的“绿色核算”，实现自然资源资产保值增值。进一步完善社会主义市场经济体制，健全主要由市场决定价格的机制，建立健全充分反映市场供求和资源稀缺程度、体现生态价值和环境损害成本的资源价格机制。

加快构建绿色产业体系。发展壮大绿色产业，更好实现百姓富、生态美的有机统一。建立健全生态产品价值实现机制，探索建立自然资源资产产权制度和有偿使用等制度体系，推进排污权、碳排放权等市场化交易，建立健全稳定的财政资金投入机制和“谁污染、谁付费”的市场化投入机制，增加生态产品和服务有效供给。利用自然优势发展特色产业，因地制宜壮大“美丽经济”，发展绿色金融，支持绿色技术创新，推进清洁生产，推进重点行业和重要领域绿色化改造。大力发展增加清新空气、清澈水质、清洁环境的绿色低碳产业和节能环保产业，增加绿色、有机、地理标志农产品供给；大力推进能源供给侧结构性改革，发展绿色低碳能源，建设清洁、低碳、安全、高效的能源供给体系；推动制造业向智能化、绿色化转变，使中国制造业成为全球制

---

① 2021年3月26日，《人民日报·理论版》发表林智钦的署名文章《绿水青山就是金山银山　发掘良好生态的经济价值（新知新觉）》。

造业绿色发展的重要参与者、贡献者、引领者。

探索生态产品价值实现路径。深刻认识生态环境保护蕴含的潜在消费需求，以及这些需求可能激发的供给、形成的经济增长点，坚持保护优先、合理利用，坚持在发展中保护、在保护中发展，彻底摒弃以牺牲生态环境换取一时一地经济增长的做法。建立生态环境保护者受益、使用者付费、破坏者赔偿的利益导向机制，探索政府主导、企业和社会各界参与、市场化运作、可持续的生态产品价值实现路径。全面建立生态补偿制度，健全区际利益补偿机制和纵向生态补偿机制，有针对性地挖掘区域各类生态价值，探索实物产品中的生态价值和附着在实物产品上的生态服务价值转化路径，总结各地探索生态产品价值转化的成功经验，促进生态价值向经济价值转化。发挥乡村生态资源丰富的优势，吸引资本、技术、人才等要素向乡村流动，促进乡村生态产品价值实现。

目　录

第四篇　绿色文化和绿色新闻促进篇

第五篇　实践探索和成就展示篇

附　录

第一篇

绿色发展和生态文明促进篇

“绿水青山就是金山银山”的理念是习近平生态文明思想的重要内容，为推动绿色发展提供了行动指南。绿色是生命的本色，是生态系统生机勃勃的自然展现。本篇以林智钦教授承担的“坚持和完善生态文明制度体系研究：基于‘两山’理念、生态优先、价值转换的视角”这一重大项目（北京市习近平新时代中国特色社会主义思想研究中心、北京市社会科学基金2020年重大项目）的阶段性成果以及在中央“三报一刊”发表和在国家一级出版社出版的系列成果为主体，提出绿色生态及绿色生态促进的概念，并在分析绿色生态的新时代背景、界定其内涵和外延的基础上，勾画绿色生态的蓝图，提出绿色生态财富的涵养和适度开发的目标和总体构想、路径选择和评价方法；启航绿色生态促进新征程，“政产学媒众”联动，继续实施“新百千万万”活动，促进“两山”理念的生态价值转化，实现既“绿”又“富”的发展目标，加快迎来人与自然和谐相处的新时代。

专题一　新时代背景下的绿色生态促进：内涵、外延和战略构想[①]

绿色是生命的本色，是生态系统生机勃勃的自然展现。在新发展理念中，绿色是其中一大理念。习近平总书记始终高度重视绿色发展和生态文明工作，强调“绿色发展是生态文明建设的必然要求”，强调“绿水青山就是金山银山，改善生态环境就是发展生产力。良好生态本身蕴含着无穷的经济价值，能够源源不断创造综合效益，实现经济社会可持续发展”。“要构筑尊崇自然、绿色发展的生态体系。”“人类应该以自然为根，顺应自然、保护生态的绿色发展昭示着未来。”要站在人与自然和谐共生的高度来谋划经济社会发展，促进经济社会发展全面绿色转型，努力建设人与自然和谐共生的现代化。

绿色发展是生态文明建设的内在要求和外在体现，是实现生态文明总体目标的道路选择。绿色发展，通过绿色、低碳、节能、环保、再生、高效等路径，达到实现生态文明伟大目标。**在习近平总书记的重要讲话、党和国家的官方正式文件中，绿色发展、生态文明总是关联在一起，始终贯穿习近平新时代中国特色社会主义思想。为此，本书选择将生态文明（总体目标）和绿色发展（实现的道路）融为一体，统称绿色生态，充分体现生态优先、绿色发展，并对其新时代背景进行分析，对其内涵外延进行界定，勾画未来绿色生态的蓝图。**

纵览世界各国，大多受个人、短期、局部利益驱动对非绿色财富的过度追求、开发，长期以来有意、无意地疏忽绿色生态财富的涵养和适度开发，导致全球生态环境恶化，由此灰霾成为常态，火灾、蝗虫灾、大旱、地震、台风、寒潮、洪水、泥石流、沙尘暴等灾害频发。特别是2020年初以来在全球215个国家（地区）流行的新冠肺炎疫情，至今仍然肆虐。根据Worldometer实时统计数据，截至北京时间2021年12月8日6时30分，全球累计确诊新冠肺炎病例超过2.6亿，达267268046例，累计死亡病例5285023例。全球单日新增确诊病例689719例，新增死亡病例9200例。《健康时报》记者梳理全球各国死亡人数数据发现，超20个国家死亡人数已经超过全国总人口的千分之一，全球单日新增新冠肺炎死亡病例数呈现加速增长趋势。

---

① 本文撰写于2020年5月，2021年12月修订。

面临严峻的全球生态形势，如何共同建设人与自然和谐共生的美丽家园？党的十九届五中全会作出一项重大部署——促进经济社会发展全面绿色转型！这是为实现“十四五”时期的生态环境、“美丽中国”建设目标作出的英明决策！这是一场关乎中华民族乃至世界命运的绿色生态革命，亟须在全中国乃至全世界启航绿色生态促进新征程，以加快迎来人与自然和谐相处的新时代，更好地造福于民。

一、绿色生态的新时代背景

2021年全国两会之后，正值“十四五”规划纲要通过实施，“十四五”全面开启。习近平总书记首次离京考察，来到全国首个国家生态文明试验区——福建，第一站看了武夷山。8月23日，习近平总书记在河北承德考察，察看了塞罕坝机械林场。这几年，习近平总书记赴地方考察，“看山”都是一项重要安排。党的十八大以来，在清明节前后参加首都义务植树活动成了习近平总书记每年的常态化活动。生态优先、绿色发展都成了题中应有之义。持续“看山”、植树，实质上是在不断深化绿色生态思想，由此进一步以“两山”理念引领人与自然和谐共生，引领中国乃至世界经济健康、持续、高质量发展。在持续不断的丰富实践支撑下，绿色生态在习近平新时代中国特色社会主义思想中日益凸显、日臻完善。

（一）新时代绿色生态观的萌发形成和区域践行

习近平总书记的人生履历从梁家河开始：陕北梁家河7年，清华大学4年，国务院办公厅、中央军委办公厅3年，河北正定3年，福建17年，浙江5年，上海近1年，直至进入中央高层。他从村级到县、市、省级“一线总指挥”的实践中，提炼出了自己的“绿色生态观”思想，凝聚了丰富的实践智慧，形成了具有丰富实践支撑的思想体系，既有历史继承性，又具现实针对性和发展前瞻性。

沼气点亮山村的灯。1974年，习近平在陕西梁家河既当支部书记，又当沼气专家，带领村民建成陕西省第一口沼气池，使梁家河成为陕北第一个用上沼气新能源的村庄。绿色能源首次在这里点亮了群众的灯，绿色从此与梁家河结缘。这在当时那种地质、科技等工程条件下是很不容易实现的。1975年8月，陕西省沼气现场会在梁家河召开。

“留得青山在，不怕没柴烧。”在福建宁德主政期间，在当时国家超常规、跳跃式宏观经济战略背景下，习近平根据宁德地区背山面海、经济相对落后的现状，提出“滴水穿石、循序渐进”的发展战略构想，并收编入他的第一部著作《摆脱贫困》。他认为，经济比较落后的地区不可能一夜之间就发生巨变，变化只能是渐进的，由量变到质变的，滴水穿石般的。他不为追求戏剧性的效果而淡化必要的基础建设，不搞以环境为代价取得经济超常规、跳跃式发展，而是基于山水、海洋资源优势，提出发展“三色（绿色、白色、蓝色）企业”。

建设山水城市、造福于民。这是习近平在福建福州主政期间提出的战略和构想，把绿色发展的理念融入经济和文化建设。2021 年 3 月 24 日，习近平在福州郊野公园调研时，提出希望福州这一“山水城市（有福之州）”更好地造福于民。

“青山清我目，流水静我耳。”任福建省省长期间，在习近平的格外重视下，几代长汀人筚路蓝缕，用数十年的努力，发扬“滴水穿石，人一我十”的精神，与百万亩荒山作战，取得了水土流失治理的“长汀经验”，成为中国水土流失治理的典范和福建省生态建设的一面旗帜。

“青山绿水是无价之宝，山区要画好‘山水画’，做好‘山、水、田’文章。”1997 年 4 月，时任福建省委副书记的习近平来到三明市将乐县常口村调研。站在村口，望着眼前的山水，他语重心长地作出这一叮嘱。

“闽山闽水物化新。”习近平曾经写下的诗句恰似今日八闽之景象。习近平在福建工作 17 年半，“对八闽的山山水水、一草一木都充满感情”。他主导和推动了福建省的生态建设，福建成为习近平绿色发展和生态文明思想的重要萌发地，成为全国首个国家生态文明试验区。

“绿水青山就是金山银山。”2006 年，习近平同志担任浙江省委书记时，就对“两山”关系做了论述：“在实践中，对这‘两（座）山’之间关系的认识经过了三个阶段：第一个阶段是用绿水青山去换金山银山，不考虑或者很少考虑环境的承载能力，一味索取资源。第二个阶段是既要金山银山，但是也要保住绿水青山。这时候，经济发展和资源匮乏、环境恶化之间的矛盾开始凸显出来。人们意识到环境是我们生存发展的根本，只有‘留得青山在’，才能‘不怕没柴烧’。第三个阶段是认识到绿水青山可以源源不断地带来金山银山，绿水青山本身就是金山银山，我们种的‘常青树’就是‘摇钱树’，生态优势变成经济优势，形成了一种浑然一体、和谐统一的关系。这一阶段是一种更高的境界。”

“共同建设人与自然和谐共生的美丽家园。”党的十八大以来，不管工作多么忙碌，习近平总书记每年都坚持在清明节前后参加首都义务植树活动，植树点遍及丰台区永定河畔（2013）、海淀区南水北调团城湖调节池（2014）、朝阳区孙河乡（2015）、大兴区西红门镇（2016）、朝阳区将台乡（2017）、通州区张家湾镇（2018）、通州区永顺镇（2019）、大兴区旧宫镇（2020）、朝阳区温榆河（2021）。**这些地方留下了他持续不断地向全国、向世界传递的绿色生态思想金句，借植树节植树活动，深入持久地动员全民践行“两山”理念、促进绿色发展和生态文明。**“每年这个时候，我们一起参加义务植树，就是要倡导‘人人爱绿植绿护绿’的文明风尚，让大家都树立起植树造林、绿化祖国的责任意识，形成全社会的自觉行动，共同建设人与自然和谐共生的美丽家园。”“以实际行动引领带动广大干部群众像对待生命一样对待生态环境。”“植树节最重要的意义就在于建立生态文明的意识和观念。”“植树造林是实现天蓝、地绿、水净的重要途径，是最普惠的民生工程。要坚持全国动员、全民动手植树造林，努力把建设“美丽中国”化为人民自觉行动。”以上分别是习近平总书记在2021年4月2日、2018年4月2日、2017年3月29日、2015年4月3日参加首都义务植树活动时留下的金句。

（二）新时代绿色生态观发展完善并上升为治国方略

2012年，在党的十八大会议上，习近平总书记将他过去数十年来在地方“久久为功”形成的绿色发展和生态文明建设丰富实践智慧上升为治国方略，提出构建包括生态文明建设在内的“五位一体”的新布局，确立了绿色经济和绿色转型的发展方向。之后，我国每年都紧锣密鼓地出台国家绿色新政，包括绿色化、生态文明建设、能源发展战略行动计划、大气污染和水污染防治法、环境保护法、“蓝天保卫战”、绿色发展评价结果公布等。特别是在2015年，中央把“四化”改为“五化”，加入了“绿色化”。2015年5月，中共中央、国务院出台了《关于加快推进生态文明建设的意见》。2017年，国家统计局、国家发展改革委、环境保护部（现生态环境部）和中组部联合，首次公布了我国各地区的绿色发展指数和公众满意度。

2017年，党的十九大报告将“坚持人与自然和谐”作为新时代的基本方略之一。2018年3月，生态文明写入宪法，绿色发展成为“必答题”，并先后出台了《中华人民共和国土壤污染法》《中华人民共和国生物安全法》以及绿色生产和消费相关法规等。2018年发生了疫苗案，出现了严重造假的问题，中央政治局问责长春长生问题疫苗案，成为环境监测数字造假判刑首例。2018—2019年，习近平总书记把脉雄安新区绿色发展，为长江生态画“红线”。党的十九届五中全会提出了“促进经济社会发展全面绿色转型”的重大部署。2021年，在中央全面深化改革委员会第十八次会议上，习近平总书记强调：建立生态产品价值实现机制，关键是要构建绿水青山转化为金山银山的政策制度体系。2021年，出台《关于建立健全生态产品价值实现机制的意见》，**这是“两山”理念提出15年以来，首个将这一理论落实到制度安排和实践操作层面的纲领性文件。**

2021年4月30日，习近平总书记在主持十九届中共中央政治局第二十九次集体学习时强调：生态环境保护和经济发展是辩证统一、相辅相成的，建设生态文明、推动绿色低碳循环发展，不仅可以满足人民日益增长的优美生态环境需要，而且可以推动实现更高质量、更有效率、更加公平、更可持续、更为安全的发展，走出一条生产发展、生活富裕、生态良好的文明发展道路。要完整、准确、全面贯彻新发展理念，保持战略定力，站在人与自然和谐共生的高度来谋划经济社会发展，坚持节约资源和保护环境的基本国策，坚持节约优先、保护优先、自然恢复为主的方针，形成节约资源和保护环境的空间格局、产业结构、生产方式、生活方式，统筹污染治理、生态保护、应对气候变化，促进生态环境持续改善，努力建设人与自然和谐共生的现代化。

党的十八大以来，以习近平同志为核心的党中央把生态文明摆在全局工作的突出位置，全面加强生态文明建设；尊重自然、顺应自然、保护自然，坚定不移地走生态优先、绿色发展之路，一体治理“山水林田湖草沙”。

习近平总书记传承中华民族传统文化、顺应时代潮流和人民意愿，站在坚持和发展中国特色社会主义、实现中华民族伟大复兴中国梦的战略高度，深刻回答了为什么建设生态文明、建设什么样的生态文明、怎样建设生态文明等重大理论和实践问题，形成了系统的生态文明思想，有力指导生态文明建设和生态环境保护取得历史性成就、发生历史性变革。

二、绿色生态及绿色生态促进的内涵与外延的界定

（一）绿色和绿色发展

绿色是自然界中常见的颜色，是春天的新叶和嫩草的颜色。绿色是生命的本色，是生态系统生机勃勃的自然展现。**绿色代表的是自然清新、生命健康、环保无公害。**将绿色用于经济，则能促进绿色、低碳、节能、环保的高质量发展（统称绿色发展），让天更蓝、地更绿、水更清，环境更优美、城乡更宜居；将绿色用于道德伦理，则要求我们尊重生命，敬畏生命，不以健康和生命为代价取得经济的不可持续增长。**绿色广义上还代表“和谐”“宽容”“协调”。**将绿色用于人际关系，以宽和的态度待人，就会取得众人的信任；将绿色用于政治，则能促进历史发展，文化繁荣；将绿色用于文化，则可使百家争鸣，理论创新；将绿色用于外交，则“协和万邦”，既维护自己国家的独立，又不向外扩张，既不侵犯别国，也绝不允许别国侵犯。

（二）生态和生态文明

生态是指生物在一定的自然环境下生存和发展的状态，也指生物的生理特性和生活习性。人们常常用许多美好的形容来修饰“生态”一词，如健康的、美的、和谐的。**生态不仅包括**有机生命与无机环境之间的协调关系，还包括有机生命之间、有机生命个体与群体之间的关系，是一个相互依赖、相互促进、共同进步的有机整体。**生态文明**是以人与自然、人与人、人与社会和谐共生、良性循环、全面发展、持续繁荣为基本宗旨的文化伦理形态，是人类遵循人、自然、社会和谐发展这一客观规律而取得的物质、精神和制度成果的总和，是贯穿于经济建设、政治建设、文化建设、社会建设全过程和各方面的系统工程，反映一个社会的文明进步状态。它将使人类社会形态发生根本转变。

（三）绿色生态

本书将生态文明（总体目标）和绿色发展（实现的道路）融为一体，统称绿色生态。**绿色生态**就是遵循生态规律，坚定不移走生态优先、绿色发展道路，以持续、和谐、效率为目标，通过人与自然关系上的革命、经济增长和社会发展方式的绿色化变革，实现产业生态化、生态产业化、文化绿色化，达到人与自然、人与人、人与社会协调和谐、共生共荣的生态文明，造福人类，造福国家，造福自己及子孙后代。

统称“绿色生态”有五个“有利于”：一是绿色与生态融为一体，即把生态文明的总体目标和实现生态文明总体目标的绿色发展道路融为一体，有利于充分体现生态优先、绿色发展，充分体现绿色发展从选择题向必答题转变，再向经济社会发展全面绿色转型跨越，引导、倒逼形成以绿色为底色、生态为红线的发展方式、生产方式和生活方式，加快迎来人与自然和谐相处的新时代。二是突出绿色化变革、人与自然关系上的革命，有利于“双碳”目标和第二个百年的生态文明目标实现，促进绿色、低碳、节能、环保的高质量发展。当前，我国距离实现碳达峰目标已不足10年，从碳达峰到碳中和，仅剩30年左右的时间，与发达国家相比，我国实现“双碳”目标，时间更紧、幅度更大、困难更多，更需要绿色生态同步促进。三是突出构建绿色产业体系，有利于稳步推进生态价值转化，开辟气水土净化和绿色生态资源财富涵养新时代，让天更蓝、地更绿、水更清，环境更优美、城乡更宜居，让绿色生态财富更好、更全面地造福于民，实现生态与经济共赢。四是绿色内化为人的绿色素养、绿色理念、价值观，外化为人的绿色行为，相比绿色发展、生态文明，更有利于充分体现绿色发展、生态文明匹夫有责的意识。五是绿色是生命的本色，绿色生态代表的是自然清新、生命健康、环保无公害，有利于强化绿色发展和生态文明蕴含的健康生命意识和资源财富意识，让人们更加尊重生命，敬畏生命，不以健康和生命为代价取得经济的不可持续增长。

（四）绿色发展与生态文明的关系

生态文明建设或者说生态社会主义是一个总体目标，而绿色发展则是具体道路；在新时代中国特色社会主义道路中，无论是政治、经济建设还是社会、文化建设，都要“贯穿生态文明”。也就是说，生态将不仅是生态环境部、自然资源部以及国家林草局、国家海洋局的“片内”工作，而将是“全国一盘棋”；不仅是“政绩”，而且将是真金白银的巨大产业；不仅是“肉食者谋之”，而且更应该“匹夫有责”。

绿色是生命的本色，是生态系统生机勃勃的自然展现。绿色不仅表现为生态系统的自然本性，而且体现在人的精神世界中，即把绿色的理念、价值观内化为人的绿色素养，外化为人的绿色行为。绿色发展是生产方式、生活方式，还是一种以绿色为主导的价值观。绿色发展是生态文明建设的内在要求和外在体现，是实现生态文明总体目标的道路选择。绿色发展，就是通过绿色、低碳、节能、环保、再生、高效等路径，实现生态文明伟大目标。

党的十八大以来，习近平总书记多次强调“绿色发展是生态文明建设的必然要求”，推动形成绿色发展方式和生活方式，“让资源节约、环境友好成为主流的生产生活方式”。党的十九届四中全会又重申了这一发展理念，强调坚持和完善生态文明制度体系必须“坚持节约资源和保护环境的基本国策”。党的十九届五中全会进一步**强调促进经济社会发展全面绿色转型。推动绿色发展，促进人与自然和谐共生。坚持“绿水青山就是金山银山”的理念，坚持尊重自然、顺应自然、保护自然**，坚持节约优先、保护优先、自然恢复为主，守住自然生态安全边界。深入实施可持续发展战略，完善生态文明领域统筹协调机制，构建生态文明体系，促进经济社会发展全面绿色转型，建设人与自然和谐共生的现代化。

（五）绿色生态促进

近年来，全球先后发生了一系列后果严重的自然事件：澳大利亚大火致使 12 亿野生动物惨死、无数动植物被毁灭，还排放出了近 4 亿吨二氧化碳，造成严重的生态灾难；大旱之年诱发的东非 3600 亿只蝗虫成灾，触目惊心地吞噬绿色植物，引发一场席卷全球的粮食危机；2020 年初，新冠肺炎疫情在全世界范围内暴发，人人闻之色变。全球共有 106 个国家累计病例在 10 万例以上。

这些灾难是天灾，更是人祸，这是大自然对人与自然和谐共存的关系受到严重破坏、对人类破坏生态和非绿色发展行为的报复。这需要全球共同努力，坚定推进绿色生态革命，在全球范围内建立、健全“政产学媒众”、社会各界的多层面绿色生态促进组织，以求得人类能同自然协调和谐，共生共荣。

三、绿色生态的目标和战略构想

绿色生态是资源，是财富，是“健康”，更是“生命力”。党的十八大以来，“绿水青山就是金山银山”的理念日益深入人心，2021 年，中国共产党成立 100 周年之时，我们在打造“天蓝地绿水净”的美丽家园的进程中实现了有所突破的目标。“两山”理念的生态价值转化、绿色发展和生态文明建设取得了历史性、转折性、全局性的变化。绿水青山产生了巨大的生态效益、经济效益、社会效益，出现了众多既“绿”又“富”的杰出人物以及经典案例和创新技术，涌现了众多“守绿换金”“增绿增金”“点绿成金”“以绿生金”成果，绿色生态致富成为绿色发展的全面追求。

“十四五”时期，我国生态文明建设进入了以降碳为重点战略方向、推动减污降碳协同增效、促进经济社会发展全面绿色转型、实现生态环境质量改善由量变到质变的关键时期。为加快绿色生态成为经济新常态的步伐，要进一步以习近平生态文明思想为指导，把“两山”理念进一步贯穿绿色发展和生态文明建设，构筑绿色生态财富的涵养和适度开发的指导思想、目标愿景、重点任务、制度保障等。

第一，指导思想。正确处理好“绿”与“金”的关系，重点要把握两个关键：**一是生态优先，就是“宁要绿水青山，不要金山银山”**，即在现实条件约束下，在无法做到生态、经济兼顾的特殊情况下，要有所选择，牢牢坚持生态优先、绿色发展，构筑尊崇自然、绿色发展的生态体系，实现人与自然和谐共生，促进经济社会全面绿色转型；**二是价值转化，就是“绿水青山就是金山银山”**，即要将优质生态环境进行生态产业化和产业生态化的有机统一，稳步推进生态价值转化，实现生态与经济共赢。

第二，目标愿景。构建人与自然生命共同体，达到人与自然、人与人、人与社会协调和谐、共生共荣的绿色生态文明。朝着“两碳”目标（即在2030年前实现碳达峰、2060年实现碳中和），实现从高碳排放社会到低碳排放社会再到碳中和社会跨越，成为全球绿色发展和生态文明建设的重要参与者、贡献者、引领者。

第三，重点任务。从自然环境看，重点要统筹治理山水林田湖草沙系统；从绿色经济看，重点要促进经济社会的绿色发展、传统产业的绿色改造、高碳能源的绿色转型、生态产品产业链和价值链的拓展延伸。从能源环境看，绿色、低碳、安全、高效能源和节能技术要作为重点促进。从生态产品看，重点要净化生态环境，加强食品安全，调节水文、治理土壤，维持生物多样性。从气候变化看，要走好实现“双碳”目标的两条道路——减碳和用碳。减碳主要是把高碳排放的能源体系转型成为低碳排放能源体系；用碳即化害为利、变废为宝，把排放的二氧化碳资源化、利用化、价值化。从生态文化看，要以文化绿色化实现高品质生态产品溢价。进一步引领各行各业、社会各界、全民崇尚绿色生态、树立绿色生态观，全面导向“绿色情怀”（生态产品价值发现）向“绿色价值”（价值发掘、转化）的跨越。

第四，制度保障。牢牢把握“共抓大保护、不搞大开发”的战略导向，对严重破坏生态环境的事件进行严肃查处，扭住不放，一抓到底，不彻底解决绝不松手，确保绿水青山常在、各类自然生态系统安全稳定。推进绿色生态革命，亟须在全球范围内建立、健全“政产学媒众”、社会各界的多层面绿色生态促进组织。**中国当前亟须建立、健全国家、区域和行业绿色生态促进组织，以推进“双碳”目标的提前实现，梯次推进短期、中期、长期绿色发展、生态文明目标的实现。**

四、 以绿色生态思想稳步推进生态产品价值实现[①]

践行“绿水青山就是金山银山”理念的关键之一，是促进生态优势转化为经济优势，也就是中共中央、国务院2021年4月印发的《关于建立健全生态产品价值实现机

① 本文撰写于2020年5月，2021年8月修订。

制的意见》中的生态产品价值实现。要以绿色生态思想稳步推进生态产品价值的实现，走出一条生态优先、绿色发展、价值转化的新路子。

生态产品价值是区域生态系统为人类生产生活所提供的最终产品与服务价值的总和。**生态产品的价值实现，要通过发现价值、发掘价值、转化价值，建立健全生态产品价值实现的机制和评价体系，加快完善政府主导、企业和社会各界参与、市场化运作、可持续的生态产品价值实现路径，系统谋划、稳步推进生态产业化、产业生态化和文化绿色化，保障绿色生态产品和生态文化服务供给，最终达到生态价值的合理转化、推动经济社会发展全面绿色转型。**

第一，建立健全生态产品价值实现的机制和评价体系。以改善生态产品质量为中心，建立科学的生态产品价值核算体系，探索将生态产品价值核算基础数据纳入国民经济核算体系的模式，指导生态产品质量管理和维护，引导生态调节服务。净化生态环境，加强食品安全，调节水文、治理土壤，维持生物多样性，确保人与自然和谐共生，稳固人类社会赖以生存和发展的基础。利用信息技术实现对大气、水、土壤、森林等环境要素的全数字化覆盖。让人民群众喝上干净的水，呼吸上清洁的空气，吃上放心的食物，获得良好的环境。同时，建立生态产品调查监测机制和价值实现推进机制，健全生态产品经营开发机制、保护补偿机制、价值实现保障机制。

第二，系统谋划、稳步推进生态产业化和产业生态化。加快全国重点区域（经济中心）和生态屏障地区优势互补，深入开展生态产业化、产业生态化试点，探索异地开发补偿模式，在生态产品供给地和受益地之间相互建立合作园区，健全利益分配和风险分担机制。在提升产业核心竞争力的产品安全性、无害性、可用性、循环性、资源性、资产性、生命周期等综合、系统评价的基础上，选择区域最佳生态产品价值转化路径，推进生态产业化和产业生态化，加快构建绿色产业体系，保障绿色产品供给。

第三，以文化绿色化实现高品质生态产品溢价。要进一步引领各行各业、社会各界、全民崇尚绿色生态、树立绿色生态观，全面导向“绿色情怀”（生态产品价值发现）向“绿色价值”（价值发掘、转化）的跨越，促进经济社会的绿色发展、传统产业的绿色改造、高碳能源的绿色转型、生态产品产业链和价值链的拓展延伸。建立生态产品价值核算结果发布制度，适时评估各地生态保护成效和生态产品价值，引导、倒逼形成以绿色为底色、生态为红线的发展方式、生产方式和生活方式。借力各类文化元素，营造各方共同参与生态环境保护修复的良好氛围，提升保护修复生态环境的思想自觉和行动自觉，提升生态产品的社会关注度，打响生态产品品牌，实现高品质生态产品溢价。

专题二　坚持和完善生态文明制度体系，稳步促进“两山”理念的生态价值转化①

一、生态文明制度体系的提出、内涵和意义

（一）生态文明制度体系的提出、内涵及其与绿色发展、“两山”理念的关系

第一，生态文明制度体系的提出。通过对国内外相关研究的学术史梳理及动态研究可知，党的十八届三中全会首次提出了“生态文明制度体系”。党的十八大以后，我国进入生态文明制度体系完善时期，党中央将生态文明建设提升到新的高度，为今后的生态文明建设工作指明了方向。党的十九届四中全会提出“坚持和完善生态文明制度体系，促进人与自然和谐共生”，进一步明确了生态文明制度，特别是完善的生态文明制度体系在生态文明建设和中国特色社会主义制度体系中的重要作用，为我国生态文明建设工作指明了新的方向。

第二，生态文明制度和生态文明制度体系的内涵。对生态文明制度和生态文明制度体系进行重新审视，**进一步将“两山”理念、生态优先绿色发展融入其内涵中，充分体现生态优先。**生态文明制度体系主要包括决策制度、源头防控制度、过程管控制度、结果惩治制度和生态文化制度。

第三，生态文明制度体系与绿色发展的关系。习近平总书记多次强调“绿色发展是生态文明建设的必然要求”，要着力“完善生态制度”，推动形成绿色发展方式和生活方式，“让资源节约、环境友好成为主流的生产生活方式”。党的十九届四中全会又重申了这一发展理念，强调坚持和完善生态文明制度体系必须“坚持节约资源和保护环境的基本国策”。党的十九届五中全会进一步**强调促进经济社会发展全面绿色转型。**推动绿色发展，促进人与自然和谐共生。坚持“绿水青山就是金山银山”的理念，就是坚持尊重自然、顺应自然、保护自然，坚持节约优先、保护优先、自然恢复为主，

① 本文为北京市习近平新时代中国特色社会主义思想研究中心、北京市社会科学基金2020年重大项目“坚持和完善生态文明制度体系研究——基于‘两山’理念、生态优先、价值转化的视角”（项目编号：20LLYJA007；项目周期：2020年12月15日—2023年12月15日）阶段性成果。本文撰写于2020年5月，2021年5月修订。

守住自然生态安全边界。必须深入实施可持续发展战略，完善生态文明领域统筹协调机制，构建生态文明体系，促进经济社会发展全面绿色转型，建设人与自然和谐共生的现代化。绿色发展，就是要通过绿色、低碳、节能、环保、再生、高效等路径，达到实现生态文明伟大目标。

第四，生态文明制度体系与“两山”理念的关系。习近平总书记指出：“我们既要绿水青山，也要金山银山。宁要绿水青山，不要金山银山，而且绿水青山就是金山银山。”党的十九大把“两山”理念、绿色发展理念写入《中国共产党章程》，成为生态文明建设的行动指南，成了习近平生态文明思想的科学内核和鲜明特色。今日之中国，“两山”理念深入亿万人民心中。

（二）坚持和完善生态文明制度体系的重大意义

第一，坚持和完善生态文明制度体系是解决新时代我国社会主要矛盾，构建人类命运共同体的内在需要。“生态兴则文明兴，生态衰则文明衰。”党的十八大以来，以习近平同志为核心的党中央对生态文明建设高度重视，对贯彻绿色发展理念决心坚定，坚定不移地走了生态优先、绿色发展之路。生态优先，把绿水青山作为核心竞争力，把生态环境优势转化为生态农业、生态工业、生态旅游等生态经济优势。将生态文明制度融入社会主义市场经济制度体系，形成生态优先的社会主义市场经济制度，这是新时代建设生态文明的必然选择，构建人类命运共同体的内在需要，也是建设京津冀生态屏障的必然要求。

第二，以“两山”理念、生态优先、绿色发展为视角，研究、坚持和完善生态文明制度体系，改进生态文明和绿色发展评价指标设置，完善绿色资产价值衡量标准，改进区域自然资源生态系统评价，形成强有力的生态文明制度执行和监控机制、动力机制，有利于把住生态文明建设的关键关口，促进人与自然和谐共生，杜绝危及生态安全、人民健康、生命安全乃至国家安全的非绿色发展行为，真正实现从绿色发展新理念到强有力的绿色发展行动的飞跃，实现从求生存到求生态、求 GDP（国内生产总值）到求绿色 GDP 的飞跃，也有利于帮助全球阻止新冠肺炎疫情蔓延。**本研究从国家级和省级两个层面展开，省级层面侧重于北京、天津、河北（包括雄安新区）以及与北京有互补意愿的省份。对国家、对北京、对区域生态文明制度体系建设进行研究，其理论与现实意义十分重大。**

第三，以价值转化为视角研究坚持和完善生态文明制度体系，对于实现“绿水青山”向“金山银山”的生态价值转换有着较强的现实意义。中共中央、国务院出台的《关于构建更加完善的要素市场化配置体制机制的意见》提出了关于“探索建立全国性的建设用地、补充耕地指标跨区域交易机制”；国务院批复一些国家新区（比如兰州新区）建设绿色金融改革创新试验区，也支持开展土地异地占补平衡市场化交易试点。

以土地资源作为价值转换研究的突破口，寻找与北京有互补意愿的省份，符合国家方针政策。同时，**以区域自然资源生态系统评价的改进**，完善包括自然资源资产负债表编制、领导干部自然资源资产离任审计制度等在内的生态文明制度体系，实现（统计部门）真正意义上的“绿色核算”，实现自然资源资产的保值和增值，促进（全民或国家所有）自然资源资产收益的合理分配。

（三）“两山”理念的生态价值转化的重大意义

2020年3月30日，在“两山”理念提出15周年前夕，习近平总书记再一次来到浙江省安吉县余村考察，了解该村多年来践行“绿水青山就是金山银山”理念、推动绿色发展发生的巨大变化。考察中，习近平总书记深有感触地说：“时间如梭，当年的情况历历在目。余村现在取得的成绩，证明了绿色发展这条路子是正确的。”通过对习近平总书记在地方和中央从政期间践行“两山”理念取得生态文明建设成效的回顾，更能坚定全党、全国人民坚定不移走生态优先绿色发展之路的信心。

“两山”理念的生态价值转化的关键词是“两山”理念、生态优先和价值转化。用习近平总书记的话说，“两山”是指绿水青山和金山银山；“生态优先”，就是“宁要绿水青山，不要金山银山”，即在条件约束下，无法做到生态、经济兼顾的特殊情况下，要有所选择，牢牢坚持生态优先、绿色发展；“价值转化”，就是“绿水青山就是金山银山”，即要将优质生态环境进行生态产业化和产业生态化的有机统一，实现生态与经济共赢。

“两山”理念的生态价值转化是习近平新时代中国特色社会主义思想的重要应用，同时又为生态与经济实现共赢探索出一条成熟的路径，其重大意义在于：

第一，“生态优先、绿色发展”，有利于把住生态文明建设的关键关口，促进人与自然和谐共生，杜绝危及生态安全、人民健康、生命安全乃至国家安全的非绿色发展行为，真正实现从“两山”理念到强有力的经济社会发展全面绿色转型行动的飞跃，实现从求生存到求生态、求GDP到求绿色GDP的飞跃，也有利于阻止新冠肺炎疫情的蔓延。

第二，“价值转化”为绿水青山长久维持和保护提供物质前提与保障，有利于更加牢固树立和践行“两山”理念、生态优先绿色发展道路，具有现实意义、区域意义和国家意义。

二、国内外生态文明制度体系研究现状评述

第一，从我国历史的动态发展看，一定意义上讲，中华民族的生态文明建设史也是一部相关制度的发展完善史。张乾元、冯红伟等认为：上古时期，禹帝规定“春三月山林不登斧，以成草木之长”等保护资源的条文；西周时期，规范化的肥田与休耕制度可算是环保行政机构、环保法律体系、环保制度体系的开始。直到近现代，水生

态治理一直贯穿于中华民族的发展之路。

张乾元、冯红伟等认为：社会主义建设时期，我国审议通过第一部关于环境保护的法规《关于保护和改善环境的若干规定（试行草案）》，为环境保护工作走上法制化建设轨道奠定了基础。我国的环境保护制度始于20世纪70年代，历经数十年，成果斐然。《中华人民共和国环境保护法》于2015年实施后，被称为“史上最严的环境保护法”。党的十七大又提出要进行生态文明建设。

第二，从我国新时代看，从党的十八届三中全会首次提出“生态文明制度体系”，要求加快建立系统、完整的生态文明制度体系后，生态文明制度建设的重要性日益凸显。生态文明新政紧锣密鼓地出台，包括绿色化、生态文明建设、能源发展战略行动计划、大气污染和水污染防治法、环境保护法、蓝天保卫战、生态文明绿色发展指数评价结果公布等。四中全会提出用最严格的法律制度保护生态环境。十八届五中全会确立了包括绿色在内的新发展理念，提出完善生态文明制度体系。2015年4月，中共中央、国务院关于加快推进生态文明建设的意见中明确指出，**以健全生态文明制度体系为重点**，坚持把绿色发展、循环发展、低碳发展作为基本途径。牢固树立尊重自然、顺应自然、保护自然的理念，**坚持“绿水青山就是金山银山”，建立系统完整的生态文明制度体系，为生态文明建设注入强大动力，成了加强生态文明建设的核心任务。**2018年3月，十三届全国人大一次会议将“生态文明”写入宪法。**党的十九届四中全会进一步明确了坚持和完善生态文明制度体系的总体要求。全会再次强调生态文明建设是关系中华民族永续发展的千年大计，进一步完善了生态文明制度体系的顶层设计。**2018—2019年，习近平总书记把脉雄安新区生态文明绿色发展，为长江生态画“红线”。在生态环境保护和生态修复中，中国共产党紧握生态文明制度建设这把“金钥匙”，不断开启生态文明建设的新时代。

第三，从世界历史的动态发展看，为应对集中爆发并日益加剧的生态危机，20世纪六七十年代的西方发达国家兴起了绿色政治运动，进而产生了生态政治理论。1984年，欧洲绿党将绿色发展道路定义为人类发展的第三条道路，提出“生态主义是既不同于资本主义也不同于传统社会主义的绿色道路”。2012年6月，联合国可持续发展大会提出：经济、社会发展必须与环境友好、生态文明相互协调。但是，由于市场经济过度追求金钱、追求利润、追求经济效益，生态不优先，导致生态环境恶化，发生了一系列生态灾难，灰霾、地震、台风、暴雪、洪水、泥石流等自然灾害频发。特别是2020年初以来在全球215个国家（地区）流行的新冠肺炎疫情，造成了2亿多人感染，累计死亡528万多人（数据截至2021年12月8日）。由于人类不重视绿色发展、战争等对生态环境的破坏，人与自然的关系恶化，导致这场没有硝烟的战争还在全球蔓延。

第四，从生态文明和绿色发展评价体系看，我国学者已经进行了卓有成效的探索，从20世纪90年代开始关注发展观问题，形成了众多的评价体系。2017年12月26日，国家统计局、国家发展改革委、环境保护部（现生态环境部）和中央组织部联合发布《2016 年生态文明建设年度评价结果公报》，首次公布了我国各地区的绿色发展指数和公众满意度。随后，针对许多地方在指标上做不恰当的干预影响评价的客观公正等一系列问题，中国在 2018 年开创环境监测数字造假判刑首例。

国内外的绿色发展评价指标体系研究不断涌现新的成果，主要围绕 3 条路径展开：绿色国民经济核算、绿色发展多指标测度体系和绿色发展综合指数。20 世纪 70 年代，“关键环境问题研究小组”（SCEP）在其出版的《人类对全球环境的影响》中，首次使用了“生态系统为人类提供服务”这一说法，并列举了生态系统对人类的各项环境服务功能。在区域自然资源生态系统评价和生态资产价值衡量标准方面，Pearce D 和 Moran D（1994）等提出了价值评价理论。1997 年，Costanza 等将生态服务定义为“人类直接或间接地从生态系统功能得到的效益”，并根据该定义，将全球生态系统划分为 16 种类型和 17 种生态服务。欧阳志云等系统阐述了生态系统的概念、内涵及其价值评价方法。21 世纪初，国际社会开始探究绿色发展评价指标体系，用以评判和诊断相关政策是否合理，以及整个过程是否在朝着绿色发展的目标迈进（OECD，2011；UNEP，2012）。2011 年，Bagstad K J、Villa F、Johnson G 等提出了 SolVES 模型。中国的生态系统服务价值评估源于 20 世纪 80 年代初开始的森林资源价值核算研究工作。李文华等对典型生态系统服务及其经济价值的评估理论与方法进行了系统梳理与深入研究。谢高地等（2008）根据中国民众和决策者对生态服务的理解状况，将生态服务重新划分为供给服务、调节服务、支持服务和社会服务 4 个一级类型、14 个二级类型、31 个三级类型。

三、 生态文明制度体系建设的绩效和问题

（一）生态文明制度体系建设的绩效

党的十八大以来，“绿水青山就是金山银山”理念日益深入人心，我国生态文明建设取得了历史性的成就。从党的十八大提出“最严格的环境保护制度”，到党的十九大提出“最严格的生态环境保护制度”的最新表达方式，中国生态环境保护制度的完善取得了长足的进步，从中央到地方，都紧锣密鼓地出台了许多越来越精准、严格的新的政策、法律和标准。对于一些更加严格的生态环境保护标准，国家正在委托高等院校和研究机构等进行实验室研究，并进行实地检验，**从而逐步全面形成绿色发展新格局。当前，首都北京的治理成效尤为突出。**

（二）生态文明制度体系建设的问题

从全国看，生态环境、绿色发展仍是经济发展的短板。少数地方和局部仍存在超

常规、超伦理打破当前生态环境底线的行为；存在个别地方、行业和小团体保护、盲目攀比，出现对局部（单元）改善总体（总量）破坏的情况。因此，这就需要我们在大气（室内和室外）、水、土污染治理，资源利用效率提高，固体废物排放控制，非绿色环保产品的限制使用等方面继续下大功夫。

四、坚持和完善生态文明制度体系，稳步促进“两山”理念的生态价值转化

要按照《中华人民共和国国民经济和社会发展第十四个五年规划和二〇三五年远景目标纲要》关于**“推动经济社会发展全面绿色转型”**的重大部署，坚持和完善生态文明制度体系，践行“两山”理念，构建生态与经济双赢的制度政策体系，在探索中稳步推进生态产品价值转化，完善生态全球共享共赢、贫富共享共赢机制，发掘良好生态中蕴含的经济价值，推动生态与经济双赢，实现人与自然和谐共生。

生态产品价值是区域生态系统为人类生产生活所提供的最终产品与服务价值的总和。生态产品的价值实现，要通过**发现价值、发掘价值、转化价值，**建立健全生态产品价值实现的机制和评价体系，加快完善政府主导、企业和社会各界参与、市场化运作、可持续的生态产品价值实现路径，系统谋划、稳步推进生态产业化、产业生态化和文化绿色化，保障绿色生态产品和生态文化服务供给，最终达到生态价值的合理转化、推动经济社会发展全面绿色转型。

（一）构建生态与经济双赢的制度政策体系

牢固树立“绿水青山就是金山银山”的理念，将其融入生态文明制度体系和政策体系建设，推进生态环境治理体系和治理能力现代化，促进生态系统良性循环。探索建立以生态优先、绿色发展为导向的经济社会发展考核评价体系，完善生态文明建设目标考核指标设置。改进区域自然资源生态系统评价和绿色资产价值衡量标准（研究提出新标准，以替代成本法和恢复费用法结合的方式，确定绿色资产价值衡量的标准），改进不同区域的园区、新区绿色发展评价标准。构建源头严防、过程严管、后果严惩的全过程监管体系，健全生态环境监测网络和预警机制，形成强有力的生态文明制度执行机制、监控机制、动力机制。完善自然资源资产负债表编制、领导干部自然资源资产离任审计制度等，实行真正意义上的“绿色核算”，实现自然资源资产保值增值。让利用自然资本的生态经济越来越成为发展的主流方向。进一步完善社会主义市场经济体制，健全主要由市场决定价格的机制，建立健全充分反映市场供求和资源稀缺程度、体现生态价值和环境损害成本的资源价格机制。

（二）建立健全生态产品价值实现的机制和评价体系

以改善生态产品质量为中心，建立科学的生态产品价值核算体系，探索将生态产

品价值核算基础数据纳入国民经济核算体系，指导生态产品质量管理和维护，引导生态调节服务：调节二氧化碳、氧气、臭氧、一氧化碳等，净化大气；拦截降水、涵养水源等，调节水文；治理土壤重金属和农业面源污染、土壤培肥，避免土地废弃，减少泥沙淤积和养分流失，防风固沙等，保育土壤；滞/减尘（$PM_{1.0}$、$PM_{2.5}$、PM_{10}等）、减少二氧化硫、氟化物、氨氮、氮氧化物、甲醛、杀菌等，净化环境、控制疾病；维持生物多样性，确保人与自然和谐共生，稳固人类社会赖以生存和发展的基础。引入信息技术，实现对大气、水、土壤等环境要素的全数字化覆盖。让人民群众喝上干净的水，吃上放心的食物，呼吸清洁的空气，获得良好的环境。

建立生态产品调查监测机制和价值实现推进机制，健全生态产品经营开发机制、保护补偿机制、价值实现保障机制。建立健全生态产品价值实现机制，探索建立自然资源资产产权制度和有偿使用等制度体系，推进排污权、碳排放权等市场化交易，建立健全稳定的财政资金投入机制和“谁污染、谁付费”的市场化投入机制，增加生态产品和服务有效供给。充分挖掘“碳达峰、碳中和”目标下的减碳、用碳价值，进一步把高碳排放的能源体系转型为低碳排放能源体系，化害为利、变废为宝，把排放的二氧化碳资源化、利用化和价值化。率先推行二氧化碳核算规范、核算结果应用，健全碳排放权交易机制，探索碳汇权益交易试点，稳步推进碳排放向碳资源、碳资源向碳资产的转化。

（三）探索生态产品价值实现路径

深刻认识生态环境保护蕴含的潜在消费需求以及这些需求可能激发的供给、形成的经济增长点，坚持保护优先、合理利用，坚持在发展中保护、在保护中发展，彻底摒弃以牺牲生态环境换取一时一地经济增长的做法。建立生态环境保护者受益、使用者付费、破坏者赔偿的利益导向机制，探索政府主导、企业和社会各界参与、市场化运作、可持续的生态产品价值实现路径。全面建立生态补偿制度，健全区际利益补偿机制和纵向生态补偿机制，有针对性地挖掘区域各类生态价值，探索实物产品中的生态价值和附着在实物产品上的生态服务价值转化路径，总结各地探索生态产品价值转化的成功经验，促进生态价值向经济价值转化。发挥乡村生态资源丰富的优势，吸引资本、技术、人才等要素向乡村流动，促进乡村生态产品价值实现。

（四）系统谋划、稳步推进生态产业化和产业生态化，加快构建绿色产业体系

发展壮大绿色产业，更好地实现百姓富、生态美的有机统一。利用自然优势发展特色产业，因地制宜壮大“美丽经济”，发展绿色金融，支持绿色技术创新，推进清洁生产，推进重点行业和重要领域绿色化改造。大力发展增加清新空气、清澈水质、清洁环境的绿色低碳产业和节能环保产业，增加绿色、有机、地理标志农产品供给；大

力推进能源供给侧结构性改革，发展绿色低碳能源，建设清洁、低碳、安全、高效的能源供给体系；推动制造业向智能化、绿色化转变，使中国制造业成为全球制造业绿色发展的重要参与者、贡献者、引领者。

加快全国重点区域（经济中心）和生态屏障地区优势互补，深入开展生态产业化、产业生态化试点，探索异地开发补偿模式，在生态产品供给地和受益地之间相互建立合作园区，健全利益分配和风险分担机制。在进行提升产业核心竞争力的产品安全性、无害性、可用性、循环性、资源性、资产性、生命周期等综合、系统评价的基础上，选择区域最佳生态产品价值转化路径，推进生态产业化和产业生态化，加快构建绿色产业体系，保障绿色产品供给。要强力推进北京等重点区域与“一带一路”沿线国家、世界发达国家开展生态产业化、产业生态化国际合作，推进京津冀、中国其他地区区域经济协同创新绿色发展。在总结提炼提升京津冀绿色生态之路、全国首个国家生态文明试验区福建以及海南、江西、贵州等各个国家生态文明试验区经验基础上，探索形成区域优势互补的生态产业化和产业生态化重大制度成果。在首都牵引下，推进雄安新区绿色生态新进程，在雄安设立雄安新区绿色生态促进机构、在北京设立北京—雄安绿色生态促进机构，在国家层面设立绿色生态组织或组建上市公司。让世界领先的绿色技术服务雄安，向世界展示中国形象。

（五）以文化绿色化实现高品质生态产品溢价

一是中央重点媒体、行业主流媒体肩负着绿色生态促进的历史使命，要进一步引领各行各业、社会各界、全民崇尚绿色生态、树立绿色生态观，全面导向“绿色情怀”（生态产品价值发现）向“绿色价值”（价值发掘、转化）的跨越，促进经济社会的绿色发展、传统产业的绿色改造、高碳能源的绿色转型、生态产品产业链和价值链的拓展延伸。

二是以绿色教育价值观引领学校绿色可持续发展。以严厉的法制，督促中共中央、国务院《深化新时代教育评价改革总体方案》精准落实，坚决革除功利化评价标准及其诱发的诸多顽瘴痼疾，以新时代绿色教育价值观为主线，充分体现为党育人、为国育才、立德树人、为绿色生态育才的使命，并真正纳入“编内”付诸实施，而不应“编外”应付。同时，从改革社会用人评价入手，从儿童的启蒙教育、中小学教育做起，倒逼功利化教育转型，培养人格健全的人才。

三是建立生态产品价值核算结果发布制度，适时评估各地生态保护成效和生态产品价值，引导、倒逼形成以绿色为底色、生态为红线的发展方式、生产方式和生活方式。借力各类文化元素，营造各方共同参与生态环境保护修复的良好氛围，提升保护修复生态环境的思想自觉和行动自觉，提升生态产品的社会关注度、打响生态产品品牌，实现高品质生态产品溢价。

（六）完善生态全球共享共赢、贫富共享共赢机制

以“两山”理念为科学内核的习近平生态文明思想是对马克思主义共同体思想、人的发展思想在生态环境领域中的具体运用和创造性发展，对于美丽世界建设、人类命运共同体建设、全球生态经济协调发展等具有十分重要的指导意义。我们要立足国际视角，积极吸收世界生态文明建设先进成果、先进国际规则，更要积极对外输出源自中国的“两山”理念、绿色发展理念等，使其逐渐被西方国家所接受。携手世界各国，走生态文明、绿色发展共赢之路，建立和完善科学合理的新型国际生态环境共享共赢秩序。

发达地区要牵引落后地区，把做好资源型落后地区生态价值转化作为生态扶贫与生态保护的重要抓手，建立绿色价值共享机制，稳固脱贫攻坚成果。要转变生态补偿领域财政资金分配及投入模式，推动生态资源资本化转型，激发金融机构投资生态安全屏障保护及修护工作的内生动力，激励、引导各类市场积极投身生态文明建设，形成区域经济协同补位绿色发展的良性局面。在北京周边区域、重点生态功能区域或有互补意愿的区域，探索落实跨省域生态补偿制度，通过生态资产异地占补平衡方式进行生态补偿。要把精准扶贫与生态建设、绿色发展有机结合起来，在落后地区的乡村和城镇环境治理中大力推广应用绿色技术，实现乡村和城镇、人与自然的和谐共生。

专题三　促进经济社会发展全面绿色转型

绿色生态是生态文明（总体目标）和绿色发展（实现的道路）融为一体的统称，这是未来发展的大势所趋。本专题重点研究“实现的道路”——绿色发展及其促进。

一、全面形成绿色发展新格局[①]

绿色发展，就其要义来讲，是要解决好人与自然和谐共生问题。党的十八大以来，“绿水青山就是金山银山”的理念日益深入人心，绿色发展成为时代潮流。随着建设“美丽中国”目标的提出，随着我国经济由高速增长阶段转向高质量发展阶段，推动绿色发展的任务更加重要而紧迫。近年来，经过各地区各部门的共同努力，绿色发展已取得重大进展，例如能源结构持续优化，节能工作迈出坚实步伐，各行各业向节能环保、绿色发展转型成效显著。但也应看到，仍有少数地方对绿色发展认识不到位、工作跟不上，甚至还在以牺牲资源环境为代价换取一时的经济增长，全面形成绿色发展新格局依然任重而道远。

绿色发展应广泛融入经济社会发展各领域。在经济领域，要毫不动摇坚持“发展是硬道理、发展应该是科学发展和高质量发展”的战略思想，强力促进绿色发展转型和绿色经济繁荣，推动经济社会持续健康发展。在文化领域，要努力培育和树立绿色价值观，消除金钱至上、唯利是图和物质主义等错误价值观的影响，倡导尊重生命、敬畏自然，守住道德和良知的底线；弘扬中华优秀传统文化，倡导人与自然和谐共生，发展绿色文化。在科技领域，要大力研发应用绿色、节能、低碳、循环、环保、生态技术，让绿色产业、绿色产品的发展具有坚实技术支撑，不断增强创新驱动发展能力。

要实现绿色发展，必须守住生态环境保护底线。改革开放以来，我国经济发展取得了历史性成就，但也积累了大量生态环境问题。坚持绿色发展，就要像保护眼睛一样保护生态环境，像对待生命一样对待生态环境。深入贯彻习近平生态文明思想和全国生态环境保护大会精神，协同推动经济高质量发展和生态环境高水平保护，全面开展蓝天、碧水、净土保卫战，坚决打赢污染防治攻坚战。建立健全绿色发展监管体系，

---

① 本文首发于2019年4月16日《人民日报·理论版》，原题：走绿色发展新路才能建成“美丽中国”　全面形成绿色发展新格局（有的放矢）。

构建智能化资源环境监测网络系统。加大对环境监测弄虚作假行为的打击力度，通过大数据分析保证监测数据真实、准确、全面，使绿色发展指数真正成为督促和引导各地推进绿色发展和生态文明建设的“风向标”，坚决杜绝以牺牲资源环境为代价换取一时经济增长。

绿色发展的关键是实现绿色转型。构建市场导向的绿色技术创新体系，建立系统完备、科学规范的绿色质量标准体系，强力推进能源绿色革命和气水土污染治理，促进绿色技术、绿色资本、绿色产业有效对接，有力有序淘汰落后产能，努力实现天更蓝、水更清、环境更优美的发展目标。我国是世界上最大的能源生产国和消费国，尤其要推动能源绿色转型。节能对绿色发展具有特殊重要的意义。要坚决控制能源消费总量，有效落实节能优先方针，把节能贯穿于经济社会发展全过程和各领域，坚定调整产业结构，高度重视城镇化节能，树立勤俭节约的消费观，加快形成能源节约型社会。

绿色发展需要发挥典型示范引领作用。试点先行、典型引路是我国改革发展的一条重要经验。推进雄安新区国家生态文明试验区建设，建设蓝绿交织、水城共融的新时代生态文明典范城市，走出一条人与自然和谐共生的现代化发展道路，充分发挥其创新生态文明体制机制、推动绿色发展的示范引领作用。雄安新区作为北京非首都功能疏解的集中承载地，实现绿色发展、高质量发展并建立完善相关制度体系，可以在推动京津冀协同发展、绿色发展中发挥重要作用，并为全国生态文明建设探索路径、积累经验。

二、让绿色发展动力竞相迸发①

党的十八大以来，“绿水青山就是金山银山”的理念深入人心，生态环境保护发生历史性、转折性、全局性变化。巩固发展生态环境保护良好势头，进一步推动形成绿色发展方式和生活方式，**需要严把产业准入绿色关口，强化过程引导和管控，实行最严格的生态环境保护制度，让绿色发展动力竞相迸发，促进人与自然和谐共生。**

严把产业准入绿色关口。党的十九届四中全会《决定》指出，要坚持人与自然和谐共生，坚守尊重自然、顺应自然、保护自然，健全源头预防、过程控制、损害赔偿、责任追究的生态环境保护体系。健全生态环境保护体系，能够有效降低生态环境风险，解决生态环境问题；有利于推动绿色发展和绿色技术进步，实现天更蓝、地更绿、水更清的目标，促进经济社会可持续发展，不断增强人民群众的获得感、幸福感、安全感。实践证明，要想健全生态环境保护体系，必须牢牢抓住源头预防，把住产业准入

① 本文首发于2020年2月25日的《人民日报·理论版》，原题：封住口子　找准路子　扎牢笼子　让绿色发展动力竞相迸发。

绿色关口，引导、规范和约束各类开发、利用自然资源的行为，用最严格的制度保护生态环境，将高污染、高耗能的产业关在门外、淘汰出局。要通过建立健全产业准入机制，不断推进绿色技术产业化，鼓励自主创新，努力掌握关键核心技术，以技术进步驱动绿色、节能、低碳等产业发展。

强化过程引导和管控。让绿色发展动力竞相迸发，需要找准有效发展路径，强化过程引导和管控。一方面，不断完善决策评价和技术评价机制，建立生态文明建设目标评价考核制度，强化环境保护、自然资源管控、节能减排等约束性指标管理，严格落实企业主体责任和政府监管责任。制定更完善的配套保障制度和标准，加强自然净化能力建设，通过“人防+技防”的环境监测，达到总体和局部、总量和单元生态环境质量双促进。另一方面，发挥政策和技术的促进作用，实施“目录+动态+全过程管理”，为国际技术交流、知识产权保护、成果转化推广、专家咨询指导等提供保障，鼓励发展绿色技术、绿色能源、绿色金融、绿色交通、绿色建筑、绿色文化、绿色农业等。重视以绿色金融支持绿色技术创新，将其作为优先扶持的重点领域。进一步加大对技术、能源、金融、交通等领域监管力度，推动形成绿色发展合力。

实行最严格的生态环境保护制度。习近平总书记指出，“只有实行最严格的制度、最严密的法治，才能为生态文明建设提供可靠保障。”扎牢制度的笼子，建立严格的制度执行和监控机制，是推动绿色发展的有效方法。当前，我国生态环境保护中存在的许多问题都同体制不健全、制度不严格、执行不到位、惩处不坚决有关。要加快建立系统完整的绿色发展制度体系，推动制度执行，以最严格的生态环境保护制度保障绿色发展。严格落实企业主体责任和政府监管责任，开展领导干部自然资源资产离任审计，实行生态环境损害责任终身追究制。对破坏生态环境者及其纵容包庇者依法予以严惩。建立生态文明建设目标评价考核制度，细化各类与生态环境相关的行业标准，更加重视绿色发展指标体系中的公众满意度，鼓励社会公众和企业参与生态环境保护，加快形成绿色发展方式和生活方式。

三、不忘初心　砥砺前行　坚定绿色发展①

党的十九大报告强调，我国经济已由高速增长阶段转向高质量发展阶段，要求推进绿色发展。虽然绿色发展已逐步形成燎原之势，取得了长足的进步，但也要看到，在经济领域，仍有少数地方在以健康和生命为代价取得经济增长，绿色发展依然任重道远。2018 年初，京津冀区域 13 个城市空气质量状况出现异常波动，全国各地环境监测弄虚作假势头不小，不少地方自动监测站的监测数据严重失真，一些东躲西藏的污染企业死灰复燃。在社会、文化、科技领域，也出现过一系列的负面事件。

① 本文撰写于 2019 年 1 月 10 日。

2018年4月底，习近平总书记在考察长江时再次强调了生态文明建设的重大意义，绿色发展从曾经的“选择题”变为此时的“必答题”，由此推动了2018年以来的一系列绿色发展革命实现突破性进展。

在经济能源领域，电源结构持续向结构优化、资源节约化方向发展，形成了水火互济，风、光、核、气、生物质并举的电源结构，多项指标世界第一。节能工作步履铿锵、砥砺前行，为我国节能减排工作、推进绿色发展和建设生态文明作出了巨大的贡献。房价“熄火”，财富、资源洗牌，房地产等行业在国家新政下向节能环保、绿色发展领域转型成效显著。

在制度体系方面，力求破解执行难题。北京已出台相关政策，以提高环境监测数据质量为重点，严惩弄虚作假，联防联控，统一行动，杜绝污染“打游击”，较有效地制止了京津冀区域13个城市空气质量状况出现异常波动。因山西临汾等地空气自动监测站监测数据严重失真，当事人被判有期徒刑，主要负责同志被联合约谈，全国部分地区环境监管形同虚设现象得到制止。同时，中央对吉林长春长生公司问题疫苗案件动真格，挑战道德和良知底线者遭到严惩。害群之马得到清除。

在文化领域，在国家加大反腐力度背景下，一批有识之士也纷纷以法律为武器，以事实为依据，以引发社会重大关注的事件为突破，向价值观扭曲导致的一系列社会痼疾开炮。

在科技领域，以“中兴事件”为鉴，有效化解核心技术受制于人的最大隐患，在全社会重塑“创新是第一动力、核心绿色技术是绿色发展的基石”的正确价值观。不相信科学和不尊重科学家、思想家和教育家的风气有所扭转。

在雄安新区设立2周年之际，经党中央、国务院同意，国务院批复《河北雄安新区总体规划（2018—2035年）》，河北省委、省政府印发《白洋淀生态环境治理和保护规划（2018—2035年）》。2019年1月16日，习近平总书记在视察雄安新区时说：“绿水青山就是金山银山，雄安要靠生态环境体现价值、增加吸引力。”未来，我们必须不忘初心，砥砺前行，坚定绿色发展，构筑“生态—社会主义市场经济”蓝图。

一要推进绿色发展革命。绿色发展是发展观的一场深刻革命，绿色化是人与自然关系上的革命。绿色发展这场革命必须进一步广泛应用于政治、经济、道德伦理、文化科技、外交和人际关系：应用于政治，可促进科技和文化繁荣、历史发展；应用于经济和能源领域，要反对垄断，强有力地促进绿色转型和绿色经济繁荣，使绿色发展逐步成为“硬道理”；应用于道德伦理，要求我们尊重生命、敬畏生命，守住道德和良知底线；应用于文化科技，要求百家争鸣、重塑“创新是第一动力”的认识；应用于外交，必须协和万邦，坚决维护国家独立和主权、国家安全（包括网络安全、生物安全）；应用于人际关系，要重塑信誉、信任和信用。

二要守住底线。这包括守住发展和生态两条底线，守住道德和良知底线。引导地方把精力用于技术治理，杜绝以非绿色发展的方式、以健康和生命安全为代价取得经济增长，谋取企业、个人和团体利益的贪得无厌私利行为，坚决杜绝一些地方执法机构集体监管失效、纵容非绿色发展，持之以恒地朝着绿色发展方向发展。同时，要坚定实行双向、多向监督，加大对环境监测弄虚作假行为的打击力度，重点打击在指标上做不恰当的干预、在数字上造假，影响客观公正评价的行为，并通过大数据分析保证监测数据真准全，使绿色发展指数真正成为督促和引导各地推进绿色发展和生态文明建设的“指示器”和“风向标”。

三要促进绿色转型。要强有力促进能源绿色革命和大气、水、土污染治理，促进绿色技术、资本、产业对接，促进天更蓝、地更绿、水更清、城市更宜居、环境更优美的“美丽中国”建设，并推动全球绿色化发展。我国是世界上最大的能源生产与消费国。能源行业既是能源生产者也是能源消费者，其能耗占我国全社会能耗总量的1/3左右。要推动能源清洁、低碳、安全、高效转型，推进煤炭和石油替代。节能对我国特别是能源行业具有特殊重要的意义。要坚决控制能源消费总量和煤炭总量，有效落实节能优先方针，把节能贯穿于经济社会发展全过程和各领域，加快形成能源节约型社会。国家能源局能源节约与科技装备司司长王思强在第十一届中国能源环境高峰论坛的演讲中表示，希望大家用好中国能源环境高峰论坛这个交流平台及其推行的“新百千万万”活动，不断开阔思路，创新形式，促进能源行业节能和能效提升，为打赢蓝天保卫战、打好污染防治攻坚战，建设“美丽中国”、实现中华民族永续发展做出应有的贡献。

四是重塑绿色价值观。2013年12月，中共中央办公厅印发了《关于培育和践行社会主义核心价值观的意见》，其内容可分为3个层面。一是国家层面的价值目标：富强、民主、文明、和谐。二是社会层面的价值取向：自由、平等、公正、法治。三是公民个人层面的价值准则：爱国、敬业、诚信、友善。不论是国家、社会还是公民个人层面，都应该重塑绿色价值观，以纠正一系列因受“金钱至上至尊”“西方价值观”冲击而扭曲的社会风气，促进道德和良知回归、科技和实业兴国回归、中华优秀传统文化回归。强力推行绿色文化，让绿色、节能、低碳、循环、环保、生态、高效技术和经济盛行，让绿色产业和产品拥有更多的发展空间，以求得人类与自然协调和谐，共生共荣。

五是构筑生态蓝图。在国务院批复《河北雄安新区总体规划（2018—2035年）》之际，2019年1月12—13日，我们组织前往河北雄安白洋淀湖区和行政服务中心进行考察，通过对河北雄安新区近2年建设成果的实地考察和分析展望，向中国和世界传递习近平总书记提出的“绿水青山就是金山银山”理念，坚定绿色发展、构筑“生态

—社会主义市场经济”蓝图。雄安作为北京非首都功能的疏解集中承载地，打造贯彻落实新发展理念的创新发展示范区。要保持初心不动摇，在推动京津冀协同发展中强化生态环境联建联防联治。京津冀的绿色发展，除了三省市的联建联防联治外，还需要周边省份的协同，如此一定能让天更蓝、地更绿、水更清，城市更宜居、环境更优美。

四、坚持绿色标准　守牢绿色关口①

党的十九届四中全会《决定》提出，要实行最严格的生态环境保护制度。坚持人与自然和谐共生，坚守尊重自然、顺应自然、保护自然，健全源头预防、过程控制、损害赔偿、责任追究的生态环境保护体系。有效防范生态环境风险，必须努力健全源头预防的生态环境保护体系，坚持绿色标准、守牢绿色关口、强化科技支撑，坚定绿色发展革命，为绿色发展提供有力保障。

坚持绿色标准。健全源头预防的生态环境保护体系，必须坚持绿色标准，严守生态保护红线、环境质量底线、资源利用上线，从源头上摒弃损害甚至破坏生态环境的增长模式，有效防范生态环境风险。构建全面、科学、严格的绿色标准体系，关键要坚持以生态环境“只能更好，不能变坏”为原则，将生态环境保护的门槛抬高，让绿色技术应用的成本降低，把绿色标准定细做实。在实践中，要明确从规划阶段抓起，实行重点突破、全面覆盖，把绿色标准覆盖到绿色技术、绿色能源、绿色建筑、绿色交通、绿色食品、绿色农业、绿色文化、绿色家庭生活、绿色社区等经济社会发展的各个领域，通过编制绿色标准明细表和重点标准研制清单，出台实施生态环境质量、污染物排放、行业能耗和油品以及固体废物再利用、可再生能源利用、温室气体减排、资源利用效率等标准，细化各类与生态环境相关的行业标准，促进绿色技术研发和推广应用，推进生产方式、生活方式绿色转型，推动形成节约资源和保护环境的空间格局、产业结构、生产方式、生活方式，把经济活动、人的行为限制在自然资源和生态环境能够承受的限度内，给自然生态留下休养生息的时间和空间。

守牢绿色关口。健全源头预防的生态环境保护体系，还要从源头上把好第一道关，建立绿色技术、绿色产业准入目录，守牢产业准入的绿色关口，建立严格的生态保护管控制度，制定严格的产业准入标准，健全产业项目科学评估论证机制，全面完善环境影响评价制度及风险评估制度，强化规划环评的约束力，从源头上管控污染源。一方面，要充分发挥市场在资源配置中的决定性作用，将市场前景好、生态有益、技术

① 本文撰写于 2020 年 2 月。

先进和经济合理的绿色环保行业引进来，以“绿色通道”帮助其做大做强，例如绿色能源、绿色建筑、绿色交通等；另一方面，要更好发挥政府作用，制定出台相关经济、金融政策，按绿色企业的等级标准（比如深绿、中绿、浅绿、非绿）进行动态分级管理，加强绿色企业、绿色项目认定评价和评价结果的奖惩。在鼓励改造提升的同时，将资源消耗大、经济效益差、环境污染重的非绿行业淘汰出局，推动实现生态效益、经济效益、社会效益共赢。

目前，全国范围内通过绿色认证的工业园区不足5%。新区应从一开始就鼓励创办科技企业，或者迁入科技企业，承接科技成果转化；堵住污染型企业迁入，迎接绿色企业、产业和高端科技产业进入。要发展、壮大绿色生态促进组织，并发挥其在引导绿色发展方面的作用，构建遵从自然、符合国情并逐步与国际接轨的绿色标准，包括绿色产品、绿色工厂、绿色园区、绿色企业标准体系，开展绿色评价，以壮大绿色企业、稳步增加通过绿色标准认证的绿色/生态工业园区数量，实现近零排放。雄安是全国的示范新区，建立世界先进绿色技术雄安展示推广中心，让世界领先的绿色、低碳、循环、节能、环保、高效的技术和产品服务雄安，形成雄安的绿色标准，向全国和全球展示和示范推广，前景广阔。

强化科技支撑。坚持绿色标准、守牢绿色关口需要依靠科技创新支撑和驱动。传统产业和行业标准门槛低，通过以市场为导向的绿色技术创新，降低成本，促进传统产业升级改造，发展绿色新兴产业，聚集高端高新产业，从而从源头上把控生产过程与生产成果的无毒、无害化，实现节能减碳零碳，强有力地坚持支撑并驱动绿色标准的提升。例如，发动机气路活氧装置可将现有国Ⅲ标准的柴油大客货车提升为符合国Ⅳ标准的柴油大客货车。有机生活垃圾免堆处理技术（C-Free）则使垃圾中的碳不被焚化燃烧成二氧化碳而飞散至空气中。这样，垃圾中的碳可以保留在土壤中，达到尘归尘、土归土的超低排放、零排放标准。实现从先进的国内绿色标准向国际绿色标准迈进。通过绿色技术创新，提升技防水平，弥补人防的不足，以“人防+技防”的环境监测，使地方和行业监测数据不能造假，补齐短板、做强长处，支撑并驱动地方和企业通过绿色技术创新实现绿色标准达标。通过加强与发达国家在新技术和新兴产业领域的双边和多边合作，充分利用“一带一路”的合作成果，开展试点示范，促进先进绿色技术的联合研发、推广和应用，进一步提高生态修复能力和应对环境变化的适应能力，不断提升国内产业和行业的绿色度，逐步向国际绿色标准迈进。

坚定绿色发展革命。近年来，火灾、蝗灾、粮食危机、病毒传染等灾害严重影响人类生存环境。这些灾害是天灾，更是人祸，是大自然对人类破坏气候和非绿色发展行为的报复。全球需要共同努力，坚定推进绿色发展革命，减缓气候变暖，尽快把生物安全纳入国家安全体系，尽快推动出台安全法，以求能同自然协调和谐，共生共荣。当前，在我国疫情防控期间，必须坚持诚信务实、分类指导，弘扬说真话、办实事，严防思想被病毒感染，严肃查处疫情防控中的“乱作为”，把住绿色关口，避免滥用资源、过度防疫，避免环环相扣的地球生态系统再度失去平衡，而使大自然再次报复人类。

五、坚定走绿色发展之路，促进绿色质造转型①

（一）坚定不移走生态优先、绿色发展之路

1. 疫情催生全球绿色化（绿色发展动力竞相迸发）

绿色发展最早产生于20世纪60年代的发达国家。当时，西方工业化较早，污染较严重，有些人率先发起了绿色政治运动，推动了各国执政党的纲领“绿色化”。代表人物之一是美国环境保护勇士蕾切尔·卡逊，其代表著作是《寂静的春天》，到现在已经出版半个世纪。2020年暴发的新冠肺炎疫情又催生了全球绿色化。

半个世纪以来，绿色发展道路相继兴起。1984年，欧洲绿党将绿色发展道路定义为人类发展的“第三条道路”，提出了“生态主义是既不同于资本主义也不同于传统社会主义的绿色道路”。

绿色新政：2008年10月，联合国环境规划署启动了“全球绿色新政及绿色经济计划”。2008年12月11日，联合国气候变化大会上，联合国秘书长潘基文定义了“绿色新政”（Green New Deal）这一新概念。

绿色经济：2012年，联合国可持续发展大会提出以发展绿色经济为主题，明确了全球经济向绿色转型的方向发展。2020年4月28日，联合国秘书长古特雷斯在“一带一路”国际合作高峰论坛上的演讲进一步明确了推进发展绿色经济的构想。

到2020年，在波及全球215个国家的新冠肺炎疫情的催生下，绿色发展在全球竞相迸发，推动了绿色发展的全球化，进一步催生了无废无疫经济与技术，绿色经济、循环经济、低碳经济、节能经济，绿色产业、绿色产品、绿色科技、绿色贸易、绿色投资、绿色生活和绿色消费，催生绿色文化价值观和绿色制度体系，形成了一个十分巨大的世界性绿色市场和绿色发展的新商机。未来，财富巨头应该会诞生在为人类带来健康安全和延长生命的绿色发展领域。

---

① 本文根据林智钦于2020年7月29日在天津召开的2020国际质造节开幕式（图1-1，图1-2）上的演讲稿整理。

图 1-1　林智钦教授在 2020 国际质造节上发言

图 1-2　2020 国际质造节大会现场

2. 绿色发展问题导致的人类与病毒战

当今世界，过度追求金钱、追求利润、追求经济效益，不重视绿色发展，导致生态环境恶化，由此，灰霾成为常态，火灾、蝗灾、大旱、地震、台风、暴雪、洪水、泥石流、沙尘暴等灾害频发。特别是2020年初以来在全球215个国家（地区）暴发的新冠肺炎疫情至今（2021年12月）仍在肆虐。

3. 中国：坚定不移走生态优先、绿色发展之路

我国从20世纪90年代开始关注发展观问题，在绿色发展道路上，经历了可持续发展、科学发展观、环境友好型和资源节约型社会、生态文明等阶段。2012年，党的十八大提出构建包括生态文明建设在内的五位一体的新布局，确立了绿色经济和绿色转型的发展方向。之后，我国每年紧锣密鼓地出台绿色新政，包括绿色化、生态文明建设、能源发展战略行动计划、大气污染和水污染防治法、环境保护法、蓝天保卫战、绿色发展评价结果公布等。特别是在2015年，中央把“四化”改为“五化”，加入了“绿色化”。2015年5月，中共中央、国务院出台《关于加快推进生态文明建设的意见》。2017年，国家统计局、国家发展改革委、环境保护部（现生态环境部）和中组部首次联合公布了我国各地区的绿色发展指数和公众满意度。

2018年，党的十九大报告将“人与自然和谐”作为新时代的基本方略之一。2018年3月，生态文明写入宪法，绿色发展成为“必答题”。2018—2019年，习近平总书记把脉雄安新区绿色发展，为长江生态画“红线”。2020年，中央提出要坚定不移地走生态优先、绿色发展之路（图1-3）。

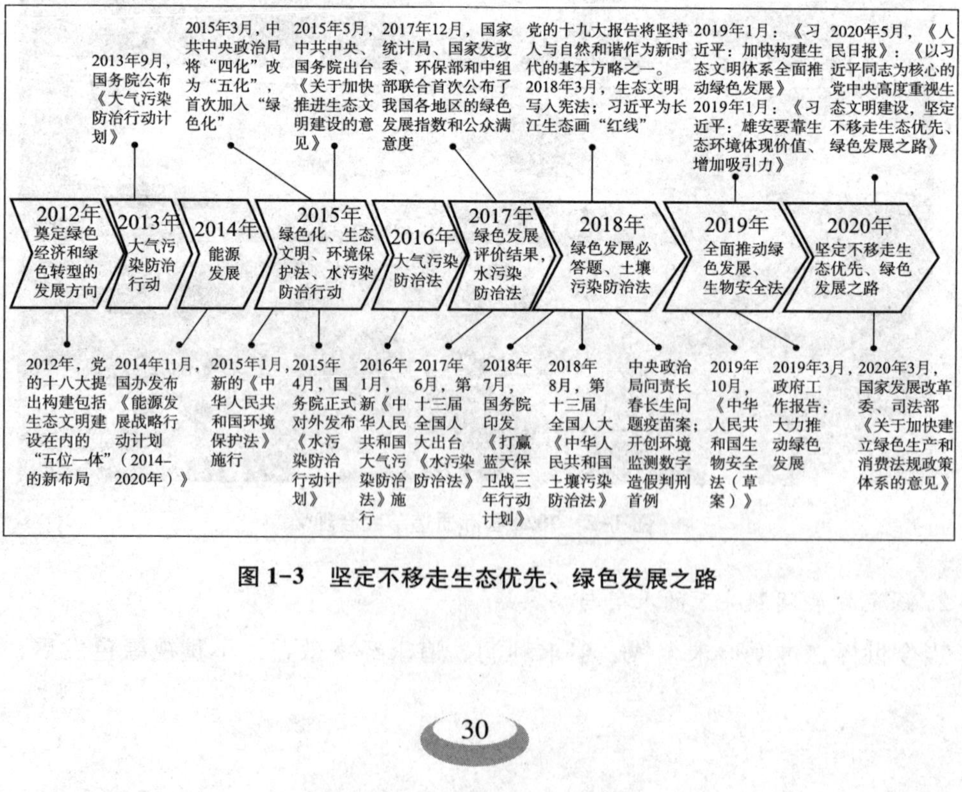

图1-3 坚定不移走生态优先、绿色发展之路

（二）大力促进“绿色质造转型”

1. 制造业的“绿色程度”关系到绿色发展目标的实现和人民健康、国家安全

建设制造强国是国家战略。制造业是国民经济的主体，是立国之本、兴国之器、强国之基。人类造成的世界性生态灾难不少跟工业化工事故（事件）相关，房屋桥梁倒塌、建筑和室内装修污染等跟制造业紧密相关。“绿色质造转型”的快慢，直接关系到国家绿色发展目标的实现和人民健康、国家安全，是建设世界绿色强国的必由之路。

经过几十年的快速发展，我国制造业规模跃居世界第一位。形成了若干具有国际竞争力的优势产业和骨干企业，出现了像华为这样具有国际竞争力的民族品牌。但我国仍处于工业化进程中，与先进国家相比还有较大差距。关键核心技术与高端装备对外依存度高，资源能源利用率低，环境污染问题较为突出。这既是挑战，也是机遇，借此机会，我们要进一步改进、适应不同发展水平国家的绿色标准，最终让中国成为引领世界绿色标准的“绿色质造”强国。

2. 实现“绿色质造转型”，完成中国制造由大变强变绿的伟大复兴

在国家层面，2015 年 5 月，国务院发布《中国制造 2025》，提出必须实现“中国制造”向“中国创造”转变，“中国速度”向“中国质量”转变，“中国产品”向“中国品牌”转变。绿色发展是《中国制造 2025》中“20 字基本方针”的核心内容之一，全面推行绿色制造、加强质量品牌建设、提高制造业国际化发展水平成为九大战略任务和重点。这为“绿色质造转型”奠定了基础。大力发展绿色制造业成为大势所趋。所以，上述的三大转变还要进一步向国际绿色创造转变，向国际绿色质量标准转变，向世界品牌转变。这三大转变实质上是绿色发展转型，或者说“绿色化”。绿色化应该和新型工业化、信息化、城镇化、农业现代化同步推进。

国际质造节要推进中国制造业向国际绿色创造转变、向国际绿色质量标准转变、向世界品牌转变。关键词是绿色制造、质量品牌和国际化。

3. 向国际“绿色质造转型”，要加快推进“一带一路”合作

“一带一路”是绿色发展之路，中国与“一带一路”沿线国家和地区在生态环境治理、生物多样性保护和应对气候变化等方面开展了领域广泛、内容丰富、形式多样的交流与合作，取得了一系列丰硕成果。向国际“绿色质造转型”，要加快推进与“一带一路”共建国家和地区互联互通基础设施建设，深化产业合作，推动重点产品技术、安全标准全面达到国际先进水平。

工业和信息化部节能与综合利用司是绿色制造的对口主管部门，其官方网站把绿色制造列为节能与综合利用的重要领域。国家能源局肩负“一带一路”能源国际合作。

加强“一带一路”合作，在雄安建立世界先进绿色技术雄安展示推广中心。聚集

世界领先的绿色、低碳、节能、循环、环保、高效的技术和产品落户雄安，在雄安建设雄安地标性建筑——世界先进绿色技术雄安展示推广中心（零碳大厦），向全国和全球展示和示范推广。将零碳大厦建成绿色发展示范中心、绿色低碳节能循环环保高效技术示范中心、循环经济示范中心。

六、做好绿色发展的“必答题”①

随着“绿水青山就是金山银山”的绿色发展理念深入人心，我国生态文明建设成效显著。今年以来，多个省份调低 GDP 目标，多地取消对市县 GDP 考核。例如，福建省有 34 个县（市）取消了 GDP 考核，实行农业优先和生态保护优先的绩效考评方式；海南省将实施新的《海南省市县发展综合考核评价暂行办法》，对保亭、陵水、乐东等 12 个市县的 GDP、工业、固定资产投资等取消考核。

虽然绿色发展取得了长足的进步，但也要看到，仍有少数地方在以健康和生命为代价取得经济增长，绿色发展依然任重道远。

习近平总书记在考察长江时再次强调了生态文明建设的重大意义，绿色发展从曾经的“选择题”变为此时的“必答题”。要做好绿色发展这道“必答题”，必须认识到绿色发展是发展观的一场深刻革命，是构建高质量现代化经济体系的必然要求，是解决污染问题的根本之策。

首先，推进绿色发展，必须建立健全绿色发展体制机制，以绿色引领资源配置、技术创新和国际合作，协调推进新型工业化、信息化、城镇化、农业现代化和绿色化，努力走出人与自然和谐共生的绿色发展道路，实现中华民族永续发展，并为全球绿色发展贡献中国智慧、中国力量。当前，随着改革进入深水区，许多制约绿色发展的深层次矛盾和问题逐渐暴露出来，要通过健全体制机制，加强绿色发展的顶层设计，更加高效地整合分散在相关部委的绿色、生态、低碳、节能、循环、环保、再生等职能，避免各自为政。

其次，推进绿色发展，要把绿色发展的理念创新、理论创新和前沿支撑技术的创新，转化为中国实现绿色发展的战略构想创新。要继续推进经济能源绿色化、能源绿色革命、制度体系绿色化、文化科技绿色化、衡量标准绿色化等，创新发展中国特色绿色化道路，超前指导、监督行业、区域绿色实践，推动企业的绿色节能环保再生低碳高效技术行动和民众的绿色消费行动，最终达到绿色文明、生态文明。要坚定不移地打击偷排直排、造假逃避、纵容违法、以罚代刑等破坏生态环境建设的行为；坚决曝光黑心污染企业，抵制消费高耗产品，推进绿色节能环保低碳再生高效技术和产品的广泛使用。

---

① 本文首发于 2018 年 6 月 21 日的《经济日报 · 中经智库专版智库头条》。

再次，推进绿色发展，必须以绿色发展引领技术创新，促进高质量发展，实现整个国民经济体系的绿色化，为社会提供更多优质生态产品。要以创新的科技政策促进绿色核心技术突破，强化绿色新技术与新兴产业国际合作，推进经济能源绿色化；改革学术体制、教育体制，深化教学、科研人员的创新绩效评价办法的改革，充分调动社会各界的积极性、主动性、创造性，激发科学家的使命感和献身科学的精神，形成推进绿色技术创新和应用的合力。例如，中国能源环境高峰论坛启动“新百千万万”活动：在未来5年选择百位中外专家，推出百项绿色技术、优秀建言和经典案例，发布千位优秀专家的优秀成果，同时全方位服务国家发展改革委重点用能单位节能工作，努力使活动受益者达到一亿人次，就是推进绿色技术创新与应用方面的有益探索。

最后，推进绿色发展，还要进一步完善绿色发展指数和公众满意程度的评价。应进一步利用绿色发展指数和公众满意程度评价，规范、促进地方绿色发展，实现对地方绿色发展和生态文明建设的有力监督，引导地方把精力用于技术治理，杜绝以非绿色发展的方式、以健康和生命安全为代价取得经济增长，杜绝一些地方执法机构集体监管失效、纵容非绿色发展，持之以恒地朝着绿色发展方向发展。同时，要实行双向、多向监督，重点杜绝在指标上做不恰当的干预，在数字上造假，影响客观公正评价的行为，使绿色发展指数真正成为督促和引导各地推进绿色发展和生态文明建设的“指示器”和“风向标”。

七、绿色发展和生态文明促进系列重要文章列表和相关著作选介

本小节重点选介发表在以《人民日报·理论版》为主的中央“三报一刊”的15篇绿色生态促进系列文章，以及在中国经济出版社、经济日报出版社出版的《绿色生态促进》《绿色发展革命》《绿色发展消霾论》《绿色发展全球梦》等4本蓝皮书和《探索全球智库之路》《超越WTO——社会市场经济与可持续发展》等2本绿皮书。上述蓝皮书、绿皮书出版后，《人民日报·理论版》《光明日报·书评版》《经济日报·中经智库》和新华社、中国文明网等发表书评，中国政府网等转载，中共中央编译局使用8个语种进行全球传播。特别是部分重点成果（如国家级重大国际合作项目）已直接进入党中央、国务院和其他国家的国家决策。

（一）中央“三报一刊”发表的系列理论成果

过去的几年里，仅中国能源环境高峰论坛主要负责人林智钦教授在以《人民日报·理论版》为主的“三报一刊”上发表的系列理论成果就有15篇（表1-1）。系列成果从“两山”理念、生态优先绿色发展、生态价值转化的视角，深入研究坚持和完善生态文明制度体系，主张以净化空气倒逼绿色低碳转型，推进经济能源、制度体系、文化科技绿色化，以绿色化引领绿色发展消除灰霾，以绿色引领经济发展，以绿色发展

引领绿色创新，深化生态文明建设供给侧结构性改革，逐步消除灰霾，促进绿色发展；以结构变革支撑能源绿色革命，以文化科技绿色化支撑绿色发展，让绿色发展指数发挥“风向标”作用，梯度推进绿色发展革命。在推进生态文明制度体系建设、促进经济社会发展全面绿色转型、导向全面形成绿色发展新格局中发挥重要作用。在疫情期间让绿色发展动力竞相迸发，发掘良好生态的经济价值，推进绿色发展全球化。

表 1-1　林智钦教授发表的系列理论成果

序号	媒体	发表时间	理论成果名称	网络链接
1	《人民日报·理论版》	2021-03-26	绿水青山就是金山银山　发掘良好生态的经济价值（新知新觉）	http：//theory. people. com. cn/n1/2021/0326/c40531-32061217. html
2	《人民日报·理论版》	2020-02-25	封住口子　找准路子　扎牢笼子　让绿色发展动力竞相迸发（有的放矢）	http：//theory. people. com. cn/GB/n1/2020/0225/c40531-31602653. html
3	《人民日报·理论版》	2019-04-16	走绿色发展新路，才能建成“美丽中国”，全面形成绿色发展新格局（有的放矢）	http：//theory. people. com. cn/n1/2019/0416/c40531-31031516. html
4	《人民日报·理论版》	2018-02-09	推进绿色发展革命（思想纵横）	http：//theory. people. com. cn/n1/2018/0209/c40531-29814581. html
5	《人民日报·理论版》	2017-02-24	深化生态文明建设供给侧结构性改革逐步消除灰霾促进绿色发展（治理之道）	http：//theory. people. com. cn/BIG5/n1/2017/0224/c40531-29104299. html
6	《人民日报·理论版》	2016-05-23	以文化科技绿色化支撑发展绿色化（治理之道）	http：//theory. people. com. cn/n1/2016/0523/c40531-28369966. html
7	《人民日报·理论版》	2015-08-12	以绿色化引领绿色发展消除灰霾（专题深思）	http：//theory. people. com. cn/n/2015/0812/c40531-27447604. html http：//www. gov. cn/zhengce/2015 - 08/12/content_ 2911331. htm
8	《经济日报·理论版》	2016-05-26	以供给侧结构性改革推进绿色发展（学术经纬）	http：//paper. ce. cn/jjrb/html/2016 - 05/26/content_ 301987. htm
9	《经济日报·理论版》	2015-03-26	以结构变革支撑能源绿色革命（前沿探索）	http：//paper. ce. cn/jjrb/html/2015 - 03/26/content_ 235370. htm http：//paper. ce. cn/jjrb/page/1/2015 - 03/26/14/2015032614_ pdf. pdf
10	《经济日报·中经智库专版》	2018-06-21	以绿色发展引领绿色创新（智库头条）	http：//paper. ce. cn/jjrb/html/2018 - 06/21/content_ 365649. htm
11	《经济日报·中经智库专版》	2018-01-25	如何让绿色发展指数发挥“风向标”作用（中经论坛）	http：//paper. ce. cn/jjrb/html/2018 - 01/25/content_ 354619. htm

续表

序号	媒体	发表时间	理论成果名称	网络链接
12	《经济日报·元旦理论版》	2016-01-02	绿色引领经济发展（作为生态文明领域代表发表观点）	http://paper.ce.cn/jjrb/html/2016-01/02/content_288244.htm
13	《人民日报·理论版》	2014-04-29	绿色发展的路径选择	http://theory.people.com.cn/n/2014/0429/c40531-24953921.html
14	《人民日报》	2013-06-24	以净化空气倒逼绿色低碳转型	http://www.nea.gov.cn/2013-06/27/c_132490811.htm
15	《光明日报》	2006-05-18	WTO 规则例外研究的重要突破	

（二）《中国能源环境高峰论坛蓝皮书：绿色生态促进》（2021）

《中国能源环境高峰论坛蓝皮书：绿色生态促进》（图 1-4）以“两山”理念、生态优先、价值转换为视角，首次提出绿色生态概念，并在分析绿色生态的新时代背景、界定其内涵外延的基础上，勾画绿色生态的蓝图，提出绿色生态财富的涵养和适度开发的目标和总体构想、路径选择和评价方法；提出了以生态产业化、产业生态化为途径加快构建绿色产业体系，探索生态产品价值实现路径和评价方法，持续推进绿色生态成为社会主流文化，推进京津冀协同绿色发展，推动经济社会发展全面绿色转型。启航绿色生态促进新征程，“政产学媒众”联动继续实施“新百千万万”活动，促进“两山”理念的生态价值转化，实现既“绿”又“富”，加快迎来人与自然和谐相处的新时代。

图 1-4 《中国能源环境高峰论坛蓝皮书：绿色生态促进》

本书以林智钦教授承担的重大项目“坚持和完善生态文明制度体系研究：基于‘两山’理念、生态优先、价值转换的视角”（北京市习近平新时代中国特色社会主义思想研究中心、北京市社会科学基金 2020 年重大项目）的阶段成果以及发表在中央“三报一刊”和国家一级出版社出版的系列成果为主体构成。全书 35 万字，由“绿色发展和生态文明促进篇”“绿色技术和绿色产业促进篇”“清洁低碳和安全高效能源促进篇”“绿色文化和绿色新闻促进篇”“实践探索和成就展示篇”等组成。

（三）《中国能源环境高峰论坛蓝皮书：绿色发展革命》（2018）

坚持绿色发展是发展观的一场深刻革命。中国能源环境高峰论坛第三部蓝皮书

《中国能源环境高峰论坛蓝皮书：绿色发展革命》（图1-5）提出了绿色发展革命的核心概念、总体战略构想、路径选择、年度评价思路，构想了绿色发展之“美丽中国”、终极目标、能源革命、空间变革、国际合作和行业转型升级，深入探讨了能源革命之油气改革、中外电改、节能减排，生态环境治理之生态环境综合治理、全球环境治理与CCUS、煤炭总量控制与散煤污染治理、气水土污染治理与生态修复等，分享了“峰会”十年来形成的绿色创新成果、优秀建言、经典案例。提出实施中国能源环境“新百千万万”活动，在未来五年，选择百位中外专家，推出百项绿色创新技术、优秀建言和经典案例，发布千位优秀专家取得的成果，巩固发展“万万益众”，为我国绿色发展做出新贡献。全书共30万字，由“绿色发展革命综合篇”“绿色发展构想篇”“生态环境治理篇”“能源革命篇（油改和电改）”“绿色成果交流篇”构成。绿色发展主管部委及相关部委部级、司厅级领导，世界500强和全球智库领袖任系列丛书编委或顾问；汇集了国内外百位著名专家、高级官员和实业家的智慧，得到中央和地方各级政府、社会各界的广泛关注。本书对于协调推进绿色发展和生态文明建设具有深远且重大的意义。

图1-5 《中国能源环境高峰论坛蓝皮书：绿色发展革命》

（四）《中国能源环境高峰论坛蓝皮书：绿色发展消霾论》（2016）

《中国能源环境高峰论坛蓝皮书：绿色发展消霾论》（图1-6）阐述了绿色发展消霾论的研究背景、研究意义、研究思路，分析了绿色发展的由来和发展、理论基础、面临的国际国内背景，梳理了国内外绿色发展相关概念，完善了绿色发展的核心概念；对经济能源绿色化、能源绿色革命、制度体系绿色化、文化科技绿色化、衡量标准绿色化及其内在逻辑关系进行科学界定，提出实现绿色发展的总体思路和根本途径——总论、突破口、关键、保障、基础、目标和技术支撑，以及具体的政策、技术和消费行动。该书在绿色发展概念、绿色发展战略思路、绿色技术上有新突破，有助于进一步超前指导、监督行业、区域绿色实

图1-6 《中国能源环境高峰论坛蓝皮书：绿色发展消霾论》

践以及企业的绿色低碳节能环保高效技术行动和民众的绿色消费行动，进一步推进中国绿色化战略的实施，促进消霾目标的实现。

该书认为，绿色发展应以消除灰霾为阶段性目标，以文化科技绿色化为基础，以制度体系绿色化为保障，以经济能源绿色化为突破口，以绿色低碳节能环保高效技术和民众的绿色消费行为为重要支撑，创造人与自然和谐发展的绿色文明，走出一条中国特色绿色化道路，并推动全球绿色发展。

该书回顾了中国能源环境高峰论坛创建 8 年来在推进绿色发展中取得的新成果，展望了完善世界绿色智力合作与交流机制、凝聚各方智慧和力量推动中国与世界绿色发展的前景。

（五）《中国能源环境高峰论坛蓝皮书：绿色发展全球梦》（2014）

《中国能源环境高峰论坛蓝皮书：绿色发展全球梦》（图 1-7）系统总结和汇集了中国能源环境高峰论坛创建 7 年（2008—2014 年）来所形成的绿色发展创新成果、优秀建言、经典案例。该书主要有以下特点：

汇集一批绿色发展人物和组织的观点、主张。包括国内外政要、我国能源环境主管部门领导、“两院”院士、诺贝尔奖获得者以及相关国际组织、能源环境领域大型企业负责人等 700 多位人士，为我国生态文明建设和世界绿色发展提出了有价值的观点主张。

推介一批具有较大影响的绿色发展创新成果。围绕绿色发展、生态文明建设，在能源环境发展与政策、新能源、节能环保、低碳经济、气候变化、能源与金融、能源环境国际合作、能源替代产业发展政策与动向等方面推介了一批创新成果，在绿色发展、消除雾霾等方面提出了有启发的思路建议。

展望我国绿色发展的美好前景。要解决大量开采和使用化石能源所产生的生态环境问题，必须大力发展绿色清洁能源和技术，实现绿色发展。该书展望了未来 30 年我国生态文明建设一些重要领域（特别是能源领域）的发展前景，提出绿色发展、“美丽中国”是中国梦的重要内涵。

图 1-7 《中国能源环境高峰论坛蓝皮书：绿色发展全球梦》

（六）《探索全球智库之路》（2011）

图 1-8 《探索全球智库之路》

《探索全球智库之路》（图 1-8）由经济日报出版社于 2011 年 1 月出版，全书 36 万字。同年 6 月 14 日，《光明日报》发表书评，被中共中央宣传部、中央文明办等省部级单位采用。这是国务院、国家发展改革委、环境保护部（现生态环境部）、科技部、国家能源局、美国能源部、中国—欧盟能源环境项目、世界自然基金会、美国杜克能源、澳大利亚全球碳捕捉与埋藏组织等支持的国家级重大国际合作项目。本书探索了中国能源环境高峰论坛走向全球智库之路，得到了参加 2008—2010 年三届中国能源环境高峰论坛的国务院、全国人大、全国政协领导、外国政要，中外能源、环境、科技、气候部长，诺贝尔奖获得者、国际组织和世界 500 强企业领军人物，国务院参事、“两院”院士等世界顶尖专家的支持，直接进入党中央、国务院和其他国家的国家决策。

（七）《超越 WTO——社会市场经济与可持续发展》（2003）

超越——人类追求的永恒目标，世界经济史就是一部超越史。科学超越 WTO 是 WTO 完善和发展的动力，是 WTO 成员方追求和保护自身利益的体现，是促进生态、社会和经济协调发展，创造人类美好未来的希望所在。

图 1-9 《超越 WTO——社会市场经济与可持续发展》

《超越 WTO——社会市场经济与可持续发展》（图 1-9）是国家级国际合作项目，在生态文明 2007 年列入国家发展战略之前出版，首次提出“超越 WTO”理念，勾画了生态、社会和经济协调发展的蓝图。被国内外著名经济学家、WTO 专家以及《光明日报》《福建日报》等中央和地方重点媒体认为是对 WTO 研究的突破，引起联合国及德国、美国的关注。本书得到全国各界的普遍重视：北京大学把该书列为学位必读书；江西财经大学、中央民族大学等高校把该书列为人口、资源与环境经济学博士研究生、硕士研究生必读书；中国台湾、香港翻印该书；商务部中国 WTO 研究会委托作者策划“中国 WTO 36 人论坛”，缩写“2005—2006 中国 WTO 报告”，为入世功臣的著作在《光明日报》发表书评。

专题四　加快绿色生态促进

一、把握机遇，加强绿色生态促进①

绿色发展是发展观的一场深刻革命，是构建高质量现代化经济体系的必然要求，是解决污染问题的根本之策。

党的十八大以来，“绿水青山就是金山银山”的理念日益深入人心，我国绿色发展取得了历史性的成就。从党的十八大提出“最严格的环境保护制度”，到党的十九大提出“最严格的生态环境保护制度”的最新表达，中国生态环境保护制度的完善取得了长足的进步，从中央到地方出台了许多越来越精准、严格的新政策、新法律和新标准。2015 年以来，我国接连颁布《中共中央　国务院关于加快推进生态文明建设的意见》、被称为“史上最严”的新《中华人民共和国环境保护法》、被称为“灰霾法”的《中华人民共和国大气污染防治法》、新《中华人民共和国水污染防治法》、弥补土壤污染防治法律空白的《中华人民共和国土壤污染防治法》等多条法规和众多系列的政策和标准，对于多年来的生态环境保护以及经济发展起着非常重要的促进作用。对于一些更加严格的生态环境保护标准，国家正在委托高等院校和研究机构等在实验室进行研究、在实地进行检验。这些措施大大促进了绿色发展从“选择题”真正走向“必答题”，逐步形成绿色发展新格局。

但是，绿色发展仍是经济发展的短板，任重道远。少数地方和局部范围仍存在超常规、超伦理打破当前生态环境底线的行为，严重危害人类生存环境；存在地方、行业和小团体保护、盲目攀比，出现对局部（单元）改善、总体（总量）破坏的情况；大气质量、土壤环境状况、水质不容乐观，资源利用效率偏低，装修、生活等造成的室内空气污染严重，局部地区存在土壤污染严重的情况，部分地区水质超标严重且污染还在继续加重，固体废物等污染排放强度远超环境承载力；各种借绿色环保之名行假冒伪劣之实的现象在众多行业仍然存在，造假、逃避、纵容违法仍有市场；还存在“不作为”或“乱作为”的现象，存在阳奉阴违甚至在单位内部考核标准制定上误导

① 本文撰写于 2020 年 5 月，2021 年 10 月修订。

党和党报权威性的行为。绿色发展这道“必答题”到了必须认真回答的时刻。

党的十九届五中全会提出了“促进经济社会发展全面绿色转型”的重大部署，从制度上把绿色发展从过去的“选择题”纳入“必答题”的法制轨道。这是将生态文明的总体目标和实现生态文明总体目标的绿色发展道路融为一体，加大绿色生态促进的重要历史机遇。我们必须把握历史机遇，更好（高质量）、更快地以绿色生态促进引导、倒逼形成以绿色为底色、以生态为红线的发展方式、生产方式和生活方式，继续推进全面形成绿色发展新格局，加快迎来人与自然和谐相处的新时代。

从雄安看，千年大计看雄安，雄安新区是习近平总书记规划的样板新区，雄安的绿色生态要为全国乃至全球树立样板。雄安是新区，目前正处于大规模拆迁开工建设期，如何从一开始建设就体现习近平总书记提出的“雄安要靠生态环境体现价值、增加吸引力”？从世界绿色生态的兴起和发展看，社团组织在推动“绿色新政”产生和实施中具有不可替代的作用。填补绿色生态领域行业协会组织的空白，做好绿色发展这道“必答题”意义重大而深远。

目前，雄安处于发展的初期，绿色生态领域的会员、从业人员或单位数量尚有待借助外力快速提升。所以，在初期设立雄安新区绿色生态促进会时，建议适当降低雄安新区会员的比例（建议占40%以下）、提高国内外会员的比例（建议占60%以上）。待雄安发展壮大了，再逐步提高雄安会员的比例。根据现阶段雄安新区的实际情况，我们拟先在绿色技术、绿色能源、绿色交通、绿色建筑、绿色金融、绿色农业/食品和绿色文化领域发展会员。过去13年，借助中国能源环境高峰论坛及其蓝皮书《绿色发展消霾论》《绿色发展革命》《绿色发展全球梦》，已经通过国际组织、外国机构和跨国公司，国家部委、雄安新区，高校科研院所和行业协会聚集了百项绿色技术、千位优秀专家、上万家媒体，受益者达万万（亿）人次以上。

雄安新区绿色生态促进组织以上述资源、力量和经验为基础发展会员，会员具有广泛的代表性。组建社团承接雄安新区管委会委托的绿色发展和生态文明研究与促进任务，进一步聚集国内外的高端资本、技术和人才，服务雄安和中国绿色发展和生态文明建设的基础条件已成熟。

二、区域绿色生态促进会（以雄安为例）的机制构想

（一）宗旨

遵守法律、法规和国家政策，践行社会主义核心价值观，遵守社会道德风尚，并积极加强社会组织党的建设。促进会立足雄安、着眼未来、面向全国、走向世界，致力于服务雄安和中国绿色发展和生态文明的政策决策和技术评价，坚持研究与促进并举、本土化与国际化同步、网络型和独立性的办会特色；以推进全面形成绿色发展新

格局为目标，与雄安千年大计国策协同共进，以雄安新区、中国能源环境高峰论坛为资源基础，引入高端国际机构、社会组织和知名企业等合作方，共同开拓业务。大胆采用新型治理方式，以理事会和专家咨询委员会的方式，招贤纳士，汇集中外人才，落实激励机制，使员工各尽其才，让促进会进入高速发展轨道。

（二）范围

承接雄安新区管委会委托的绿色发展和生态文明研究与促进职责，重点从绿色标准的研究制定、监督评估、促进和示范推广，服务雄安和中国绿色发展和生态文明，包括：①决策和技术评价研究：重点包括绿色标准研究，雄安新区绿色节能低碳环保技术推广目录研究，绿色智慧新城、自然生态环境研究，绿色金融与绿色基金等研究。②政策和技术促进：进行“目录+动态+全过程”管理，为雄安引进国内外新的绿色技术和产品进行推广应用，促进已经进入推广目录的技术持有者进行碳减排交易、用能权交易、排污权交易、绿色资产交易等。③雄安模式示范推广：中国能源环境高峰论坛以年度大会、专题研讨会、专项对接会等方式，把技术持有方、资金持有方和雄安新区需求方聚集在一起，为雄安新区绿色发展和绿色技术提供解决方案和推广措施。

（三）机制构想

第一，设立理事会和专家咨询委员会。

以中国能源环境高峰论坛聚集的百项绿色技术、千位专家、上万媒体为基础，设立理事会和专家咨询委员会，进一步聚集“政产学媒”各界资源和力量。

以有政府、央企和国际组织工作背景，熟悉政府项目运作的5~6位同志为筹备委员会核心成员，负责促进会的政府对接、专家库组织、技术库建立、企业接洽等具体事务。核心成员从研究机构、政府部门、央企、行业协会和民营企业抽调。

促进会以“雄安绿色技术认证+动态和全程管理”为本，拓展技术转移、技术投资、招商推介等板块业务，资源共享，利益均沾，协同合作。内设绿色发展综合部、绿色技术评价对接部、企业外联一部（跨国公司、大中型企业）、企业外联二部（其他企业）、世界先进绿色技术雄安展示推广中心、绿色金融部和绿色发展基金部等。

第二，发起人、发起单位和会员的选择与分布。

在绿色技术、绿色能源、绿色交通、绿色建筑、绿色金融、绿色农业和绿色文化领域，发展企业会员、个人会员和专家会员。截至2021年8月，共有50家机构和公司、53名个人和专家，共103家（人）。

从50家机构和公司来看：首批“双一流”建设高校2所、部省合建高校1所，占6.0%；央企、国企、上市公司8家，占16.0%；国家重点高新技术企业和国家级高新技术企业9家，占8%；雄安公司4家，保定、张家口等地公司7家，占42.0%；国家一级协会、国家事业机构和中国台湾行业协会5家，占10.0%；国际认证机构和承接国家部委咨询职能的咨询服务机构6家，占12.0%；国际组织和跨国公司4家，占8.0%；节能环保公司、产品设备生产商等4家，占8.0%。

53名个人和专家主要由以下人士组成：一是国家部委、雄安新区专家型官员；二是“两院”院士、高校科研院所、央企、行业协会高管、高级专家；三是国际组织、外国机构和跨国公司高管；四是国家和首都机构、央企和大中型企业、国际组织、外国机构和跨国公司在雄安的分支机构中的专家和团体；五是已经在雄安新区注册登记、有一定规模的公司或公司中的外聘专家；六是已经在雄安新区注册登记、有一定规模的公司或公司中的专家、实业家。

第三，运营资金来源。

国内外投资、赞助和捐赠，服务收费，政府、院校、国际组织研究和促进经费，技术转移和推广佣金。

第四，中国和雄安绿色生态及其促进30家谈。

围绕绿色生态促进、决策和技术评价、政策和技术促进、雄安模式示范推广、建立世界绿色技术雄安示范中心等，每年从中国能源环境高峰论坛绿色生态人物中重点选择30个单位（人）专家建言中国和雄安新区绿色生态及其促进，每个单位（人）平均发言不超过10分钟，会前提交1000字文稿，会间发言交流。由中央主流媒体和新媒体等进行一对一、多对一对口报道。会议成果通过中央主流媒体和新媒体等，以及论坛官网、“5000+”微信友、“百万+”群友、图文视频、数百个不同专业的微信群向全球传播，以蓝皮书、内参方式提交党中央、国务院、国家主管部委、相关部委和雄安新区管委会决策参考，受众在1亿人次以上。

三、促进世界先进绿色技术雄安展示推广中心

世界先进绿色技术雄安展示推广中心聚集世界领先的绿色、低碳、节能、循环、环保、高效的技术和产品落户雄安，在雄安建设雄安地标性建筑——世界先进绿色技术雄安展示推广中心（零碳大厦），向全国及全球展示和示范推广。将零碳大厦建成绿色发展示范中心、绿色低碳节能循环环保高效技术示范中心、循环经济示范中心。

“一带一路”是绿色发展之路。中国与“一带一路”沿线国家和地区在生态环境治理、生物多样性保护和应对气候变化等方面开展了领域广泛、内容丰富、形式多样的交流与合作，取得了一系列丰硕成果。

雄安新区要充分利用“一带一路”的合作成果，开展试点示范，促进先进、绿色、低碳、节能、环保、高效技术的联合研发、推广和应用，实施一批相关方共同参与、共同受益的绿色环保试点示范项目，分享绿色发展实践经验。

中国能源环境高峰论坛聚集了数百项国际和国内发明专利技术，可以助推“一带

一路”的绿色发展。比如，第十二届“峰会”推出了发动机气路活氧装置（格绿狮活氧装置）、有机生活垃圾免堆处理技术（C-Free）、生态塑料技术等。其中，有机生活垃圾免堆处理技术是致力于创造有机生态循环链的绿色技术，已获得全球40多个国家的发明专利，并在国际知名期刊《自然》（Nature）上刊载。

四、雄安新区探索绿色低碳发展新模式

千年大计、生态先行，这是雄安新区建设的全新理念。2019年12月28日，由中国能源环境研究中心、对外经济贸易大学中国国际低碳经济研究所主办的“聚焦以雄安新区为重点的绿色发展（绿色生态）促进——第十二届中国能源环境高峰论坛”在京召开。会上，业内人士围绕雄安新区如何实现“绿色低碳”发展展开讨论。《中国能源报》实习记者赵紫原围绕“推动跨界融合理清产业定位雄安新区探索绿色低碳发展新模式”采访报道了杜祥琬、郭智、季晓南、张玉清、谢极等。2020年1月6日，《中国能源报》做了相关报道。

（一）打造全国首个“无烟城”

2018年4月，国务院做出关于对《河北雄安新区规划纲要》（以下简称《纲要》）的批复：建设绿色低碳之城、国际一流的创新型城市。这座“未来之城”从顶层设计阶段转入实质建设阶段。

国家能源局总经济师郭智曾公开表示：“未来，雄安新区将优化能源消费结构，终端能源消费全部为清洁能源。”继成功打造全国首个“无烟城”模式后，一条经验可复制、技术可推广的100%清洁能源之路正在雄安新区构建。

中国工程院院士杜祥琬表示，清洁供暖已成为雄安新区建设的发力点之一。信息显示，截至2018年底，雄安新区雄县和容城供暖面积达700万平方米，两县城区基本实现地热集中供热全覆盖，雄县大营村等10个自然村完成地热代煤改造。同时，在当年冬天取暖季，雄安新区共17万农村用户用上了天然气。在会上，杜祥琬对此给予充分肯定：“雄安新区的供热方案做得很不错！我去过一次雄县，放眼望去，看不到一座大烟囱，利用地热冬天供热，夏天供冷，替代散烧煤，做到了低碳绿色。”

2019年4月29日，生态环境部公布了全国“无废城市”建设试点名单，雄安新区名列其中。

有业内人士预测，雄安新区将被打造成世界上第一个全域全时段使用清洁电力的城市。

（二）跨界融合再创绿色价值

《河北雄安新区规划纲要》提出，按照绿色、智能、创新要求，推广绿色低碳的生产生活方式和城市建设运营模式，使用先进环保节能材料和技术工艺标准进行城市建

设。换言之，雄安新区成为各项新技术、新理念的“试验田”和聚集地。2018—2019年，中国石化相继在雄安新区钻凿3口探井，积极参与编制雄安新区“地热+”清洁供暖计划，与雄县政府共同将雄县打造成全国首座“地热城”（图1–10）。

图1–10　中国石化与雄县政府共同将雄县打造成全国首座“地热城”

资料来源：https：//mp. weixin. qq. com/s/x84N1j2ubnvm7jHqN1yfQA

杜祥琬说：“雄安新区的能源供给只有地热还不够，能否把屋顶光伏也做起来？建筑光伏也可作为发展方向之一，‘做能源的产销者’这个概念应该在雄安推广。”作为建筑节能最重要的应用形式之一，“光伏建筑一体化”正在从概念走向落地。

2019年3月，中国雄安集团官网发布《雄安新区容东片区综合能源工程前期技术咨询服务单位比选公告》，容东片区综合能源项目总投资约26亿元（不含电力投资）。国家能源局原副局长张玉清认为，目前，综合能源服务真正落地实施的项目并不多，究其原因，相关行业对综合能源服务的理解不一样：电力企业认为综合能源服务应以电力为中心，燃气企业表示综合能源服务应以城市燃气为中心。他建议，雄安新区的综合能源服务应实现跨界融合。“以什么为中心并不重要，应根据不同的项目采取不同的模式，有机结合，才能提高能源利用效率。”

国家发展改革委原气候司巡视员谢极认为，“跨界融合”在雄安新区“无废城市”建设中必不可少。“现在城镇垃圾处理都‘各自为政’，能否规划一个园区统筹处理？作为全国的示范试点，很多处理技术也能产生最优组合效益。”

（三）环保产业定位需明确

雄安的历史使命就是创造一批可复制可推广的经验，那么，雄安新区目前的“能源模板”能否向全国推广？

国务院国有重点大型企业监事会原主席季晓南认为，首先要明确“绿色低碳”在雄安新区发展中的定位。“雄安新区要实现绿色发展，相关产业怎么定位？绿色技术作为支柱产业，还是为了达到绿色低碳的指标，直接使用相关的技术产品。如果引进产业培育发展，那要建设相关的产业园区；如果直接使用现成的技术，国内外技术直接招标，好中选优，这是一个值得研究的问题。”上述“绿色路线”关系到“雄安经验”的普及率。“以新兴环保技术为例，其成本普遍偏高。如果直接招标引进，雄安新区的财政可支撑，其他地区未必能做到。”

“雄安模式”尚在起步阶段，向全国推广还有很长的一条路，关键看目前“雄安模式”为全国输出了什么理念。

五、从生态文明角度看雄安新区生态建设的几点建议

习近平总书记在2017年2月23日召开的雄安新区规划建设工作座谈会上强调，雄安新区规划建设要坚持生态优先、绿色发展，划定开发边界和生态红线，实现“两线合一”，着力建设绿色、森林、智慧、水城一体的新区，打造优美生态环境，构建蓝绿交织、清新明亮、水城共融的生态城市。

被誉为“千年大计、国家大事”的雄安新区，应该如何打造生态文明指导思想下的“世界眼光、国际标准、中国特色、高点定位”？2019年，在第十二届中国能源环境高峰论坛上，中国生物多样性保护与绿色发展基金会杨晓红从该会的实际工作出发，给出了以下建议：

一是以新时代思维，打造生态文明示范城市雄安。秘书长周晋峰博士在“欧美同学会留加分会2019年联谊会”上回答记者提出的“京津冀协同发展的思考”这一问题时，就雄安现在的“千年秀林”项目和大规模植树造林的行为提出了建议。他认为，习近平总书记谈到“先植绿、后建城”，并特别强调了生态环境的重要价值。这里的植绿，不是简单的植树造林，而是要求我们综合考虑山水林田湖的协调发展，通过有预见性和长远性的发展规划，达到人与自然和谐共存的目标。也就是说，所谓“生态文明思维下指导的城市建设”，不是人为建造湿地、人为种植森林，而是基于原有的生态系统基础，发挥它的生态价值，前提是基于保护的理念，而不是顺应开发。

二是建议严控白洋淀生态环境保护和修复，充分发挥社会组织及志愿者团队的守卫和监督作用。2019年12月13日，中国生物多样性保护与绿色发展基金会收到位于白洋淀的团队发来的一组视频和照片（图1-11）。这些视频和照片显示，白洋淀5A级景区内存在5000米长的捕鸟网，许多鸟儿的尸体挂在网上。事件迅速引起社会强烈反响。但在曝光之前，此现象一直存在。志愿者的参与、媒体的

舆论使此事被推至舆论之巅。据此，有关部门反应非常迅速，日夜奋战，拆除捕鸟网。从这个案例来看，对于雄安新区的建设，应充分集结政府、社会组织、民间团体的力量，探索新的管理监督模式。

a)

b)

c)

图 1-11　白洋淀内的 5000 米长捕鸟网上挂着许多鸟儿的尸体

三是重视乡土物种使用、建筑垂直绿化和保护荒野。重视乡土物种是指优先使用乡土树种。乡土树种是经过自然长期选择的结果，在其形成的生态环境中，植物物种丰富，自然而然地会使生活于其中的昆虫具有多样性，其他更高等级的动物物种也会随之繁盛，促成良性循环。建筑垂直绿化则是指充分利用建筑屋顶、外墙绿化，在有限的空间里面，把绿色向空中拓展。这样做可以使建筑物降温隔热、节能减排，改善建筑周边小气候，以及缓解密集居住区的热岛效应，在减少光污染等方面都有积极意义。最后，还要注意保护荒野。中国绿发会周晋峰秘书长主张，一个城市应该留下至少一片荒野，不施加人工干预，让各种植物自由生长（图 1-12）。雄安新区也应该留下一片不进行人为干预的地区。荒野中蕴藏着大自然最神奇的奥秘，城市居民在生态文明时代，应保有与自然和谐相处、在城市中诗意栖居的权利，同时也应保有返璞归真的权利。另外，荒野在城市生物多样性保护中具有重大意义，在固碳释氧、气候调节、空气净化等生态系统调节功能中可以起到积极作用。但是，目前的公众尚未充分意识到荒野的重要生态意义。

a) b)

图 1-12 让野草自由生长

六、区域自然资源生态系统评价

（一）自然资源生态系统评估的重要意义

自然资源价值评估是建立健全社会主义市场经济的必然趋势，是建设生态文明、推动经济发展转型的必然要求。作为生态文明建设核心理念之一，进行自然资源价值评估，标志着我国自然资源管理正在并将持续发生重大转变，从只注重自然资源的实物形态转向同时也重视自然资源的价值形态，从注重自然资源的合理配置转向同时也注重自然资源资产的合理处置。

自然资源资产价值评估有着极为重要的意义：首先，有助于评估一个国家或一个地区的自然资源资产总量，从而判断一个国家或地区的自然资源总资产的增加或减少，作为评估自然资本总量的重要基础。第二，通过自然资源资产负债表从实物量表向价值量表的演进和深化，有助于从经济核算结果中扣除相应的自然资源资产减少的价值，实现（统计部门）真正意义上的"绿色核算"。第三，促进动态掌握自然资源资产在开发、利用、保护、修复等各个环节的变化情况，有助于及时掌握自然资源资产在各用途间转移过程中的价值变化情况，实现自然资源资产的保值和增值。第四，促进（经营性）自然资源资产出售、出租、入股、抵押、担保等形式参与合理经营，有助于为经济增长提供重要支撑，并确保自然资源资产在经营过程中的保值与增值。最后，科学合理地确认自然资源资产的税收、规费的收取基础，有助于促进（全民或国家所有）自然资源资产收益的合理分配。

有关自然资源资产价值核算的研究，目前主要集中在自然资源价格以及成本核算、生态资产核算、生态系统服务价值核算、自然资本核算、自然资源资产负债表核算等方面。

（二）区域生态系统服务的类型

20 世纪 70 年代，“关键环境问题研究小组”（SCEP）中在其出版的《人类对全球环境的影响》中，首次使用了“生态系统为人类提供服务”这一说法，并列举了生态系统对人类的各项环境服务功能，包括害虫控制、昆虫传粉、渔业、土壤形成、水土保持、气候调节、洪水控制、物质循环与大气组成等方面。

1997 年，Costanza 等将生态服务定义为“人类直接或间接地从生态系统功能得到的效益”，并根据该定义将全球生态系统划分为 16 种类型和 17 种生态服务，主要包括气体调节、气候调节、干扰调节、水调节、水供应、侵蚀控制、土壤形成、养分循环、废物处理、授粉、生物控制、提供避难所、食物生产、原材料、基金库、娱乐和文化 17 个类型。千年生态系统评估（Millennium Ecosystem Assessment，MEA）继承了 Costanza 等对生态系统服务的定义，指出生态系统服务是指人类从生态系统中获得的效益，并将其划分为供给功能、调节功能、文化功能以及支持功能。

谢高地等（2008）根据中国民众和决策者对生态服务的理解状况，将生态服务重新划分为供给服务、调节服务、支持服务和社会服务等 4 个一级类型，初级产品提供、淡水供给、大气调节、水文调节、环境净化、气候调节、废物处理、养分蓄积、土壤保育、防风固沙、维持生物多样性、休闲旅游、促进就业及科研文化历史等 14 个二级类型，以及食物生产、原材料生产等 31 个三级类型，几乎涵养了目前已认识到的所有生态系统服务项目，形成了一个相对完整的分类体系。

（三）区域生态系统服务的评价技术

针对不同生态系统服务类型的特性，生态系统服务价值量具体评估技术和方法可以分为三类：一是直接市场法，二是替代市场法，三是假想市场法。

直接市场法主要是针对具有实际市场，以生态系统服务的市场价值作为生态系统服务的经济价值，例如生态系统供给服务和碳调节服务及净初级生产力支持服务，及旅游文化娱乐功能。主要方法有费用支出法、市场价值法。

替代市场法主要针对某些生态服务，虽然没有直接市场交易和市场价格，但是具有这些服务的替代品市场和价格，因此可以通过估算替代品的花费来间接估算这些生态系统服务的经济价值。例如，部分生态系统调节功能包括水源涵养、土壤保持等，部分支持功能，如释放氧气，保育土壤等。主要包括替代成本法、机会成本法、恢复费用法、防护费用法、影子工程法、影子价格法、享乐价格法、人力资本法等。

假想市场法主要针对没有市场交易和实际市场价格的生态系统服务，如存在价值、遗产价值等，其代表性方法为意愿调查法。

中国大陆的生态系统服务价值评估源于 20 世纪 80 年代初开始的森林资源价值核算研究工作，欧阳志云等系统阐述了生态系统的概念、内涵及其价值评价方法，并运用市场价值法、替代市场法、防护费用法、恢复费用法等方法评估了中国陆地生态系统主要服务的价值，得出陆地生态系统服务功能的经济价值每年为 1.48×10^{14} 元人民币；陈仲新和张新时根据 Constanza 等的研究成果，按照面积比例对生态系统的服务功能经济价值进行了评估，得出中国大陆生态系统服务功能的经济价值。然而，由于中国自然地理环境的特殊性，这些方法存在较大不确定性。

谢高地等建立了中国陆地生态系统单位面积生态服务价值当量表，并以此评估了青藏高原生态资产的价值；李文华等对典型生态系统服务及其经济价值的评估理论与方法进行了系统梳理与深入研究。

《森林生态系统服务功能评估规范》（中国林业局，2008）在明确各项服务的物质量的同时，对价值量评估公式和参数设置等也进行了明确，推进了研究者对于森林生态系统服务功能价值的研究。不过，该规范仅考虑了森林的一部分比较主动的服务类型，并且其对价格的建议并未考虑经济波动的影响。所以，目前来看，该规范仍存在较大不确定性。

（四）中国区域自然资源生态系统评估方法①

在借鉴国内外先进学术理论和方法的基础上，本文通过建构耦合生态资产的世界生态经济模型，并在价值评价理论、SolVES 模型的基础上进行改进，通过确定中国区域的尺度选择、评估内容（比如湿地生态系统的生态组分、生态活力等 8 个指标）、监测指标等，建立适用中国区域的自然资源价值评估方法。

1. 总体收益计算方法

总体收益为经济收益和生态收益之和，计算方法如下：

$$V_t = V_{tec} + V_{tes}$$

式中，V_t 为第 t 年当年总体收益，V_{tec} 为第 t 年当年经济收益，V_{tes} 为第 t 年当年生态收益

2. 经济收益计算方法

一个生态公共工程第 t 年的经济收益为当年经济效益流量与当年费用流量之差，计算方法如下：

$$V_{tec} = \sum_{i=1}^{n} Bti - \sum_{i=1}^{m} Ctj$$

式中，Bti 为第 t 年当年第 i 项经济产品或服务的经济效益，Ctj 为第 t 年当年第 j 项费用的流量。

---

① 本文为北京市习近平新时代中国特色社会主义思想研究中心、北京市社会科学基金 2020 重大项目（20LLYJA007）子课题阶段成果。总课题负责人：林智钦。本文完成人：王丰岐（北华航天工业学院讲师、博士），林智钦（北京市习近平新时代中国特色社会主义思想研究中心研究员、中国能源环境研究中心主任、对外经济贸易大学教授），谢高地（中国科学院地理与资源科学研究所研究员）。

3. 生态收益计算方法

$$V_{tes}=\sum_{i=1}^{n}Besti-\sum_{i=1}^{m}Cestj$$

式中，$Besti$ 为第 t 年当年第 i 项生态产品或服务的经济价值流量，$Cestj$ 为第 t 年当年第 j 项费用的流量。

一项生态公共工程完成后，可提供的生态服务类型多种多样。一般地，可根据具体工程或生态系统进行甄别筛选，主要选取如下生态服务指标（表 1-2）。

表 1-2　生态服务和生态产品价值核算指标体系

一级指标	二级指标	三级指标	变量符号
调节服务	大气调节	调节 CO_2	Vc
		调节 O_2	Vo
	水文调节	拦截降水	Vp
		涵蓄降水	Vsw
	环境净化	减少 SO_2	V_{so2}
		减少氟化物	V_{HF}
		减少氮氧化物	V_{NOx}
		杀菌	V_{bk}
		滞尘	V_{dp}
	土壤保育	土壤培肥	Vom
		避免土地废弃	V_{As}
		减少泥沙淤积	V_y
		减少养分流失	V_{nr}
		防风固沙	V_{dp}
	维持生物多样性	维持生物多样性	Vb

各项生态服务价值量的核算模型如下：

（1）调节 CO_2。

采用造林成本法，计算公式为：

$$V_c=Q_c\cdot p_c$$

式中，V_c 是生态系统固定 CO_2 的价值（元/a）；Q_c 是生态系统固定 CO_2 的数量（t/a）；p_c 是生态系统固定 CO_2 的造林成本。

（2）调节 O_2。

采用造林成本法，计算公式为：

$$V_o=Q_o\cdot p_o$$

式中，V_o 是生态系统释放 O_2 的价值（元/a）；Q_o 是生态系统释放 O_2 的数量（t/a）；

p_o 是生态系统释放 O_2 的造林成本。

(3) 拦截降水（潜在）。

替代工程法（或影子工程法），计算公式为：

$$V_p = \sum_i Q_{pi} \cdot c_r$$

式中：V_p 为生态系统年拦截降水（潜在）价值（亿元/a）；Q_p 为第 i 类生态系统的拦截降水总量（t/a）；c_r 为水库单位库容成本价格（元/m^3）。

(4) 涵蓄降水。

替代工程法，计算方法为：

$$V_{sw} = \sum_i Q_{swi} \cdot c_r$$

式中：V_{sw} 为生态系统年涵蓄降水价值（亿元/a）；Q_{swi} 为第 i 类生态系统土壤非毛管孔隙蓄水量（t/a）；c_r 为水库单位库容成本价格（元/m^3）。

(5) 削减 SO_2。

费用分析法，计算公式为：

$$V_{SO_2} = \sum_i Q_{SO_2i} \cdot c_{SO_2}$$

式中：V_{SO_2} 为削减 SO_2 的价值（元/a）；Q_{SO_2} 为第 i 类林地年吸收 SO_2 量（t/a）；c_{SO_2} 为削减 SO_2 成本（元/t）。

(6) 吸收氟化物。

费用分析法，计算公式为：

$$V_{HF} = \sum_i Q_{HFi} \cdot c_{HF}$$

式中：V_{HF} 为削减氟化物的价值（元/a）；Q_{HFi} 为第 i 类生态系统年吸收氟化物总量（t/a）；c_{HF} 为削减氟化物成本（元/t）（取值为 900 元/t）。

(7) 吸收氮氧化物。

费用分析法，计算公式为：

$$V_{NOx} = \sum_i Q_{NOx} \cdot c_{NOx}$$

式中：V_{NOx} 为削减氮氧化物的价值（元/a）；Q_{NOxi} 为第 i 类生态系统年吸收氮氧化物总量（t/a）；c_{NOx} 为削减氮氧化物成本（元/t）。

(8) 杀灭细菌。

替代市场价格法，计算方法为：

$$V_{bk} = \sum_i W_{bki} \cdot p_s$$

式中：V_{bk} 为生态系统杀菌价值（元/a）；Q_{bki} 为第 i 类生态系统释放杀菌素数量（kg/a）；p_s 为大蒜素市场价格（元/kg）。

（9）滞留灰尘。

费用分析法，计算公式为：

$$V_{dr} = \sum_i Q_{dri} \cdot c_d$$

式中：V_{dr}为滞留灰尘的价值（元/a）；Q_{dri}为第 i 类林地年吸收滞留灰尘总量（t/a）；c_d 为削减灰尘成本（元/t）。

（10）土壤培肥。

替代价格法，计算公式为：

$$V_{om} = \sum_i Q_{omi} \cdot p_{om}$$

式中，V_{om}为增加森林土壤有机肥的价值（元/a）；Q_{omi}为第 i 类林地增加森林凋落物数量（t/a）；p_{om}为有机肥市场价格。

（11）减少土地废弃。

机会成本法，计算公式为：

$$V_{As} = \sum_i Q_{Asi} \cdot (p_1 - p_2)$$

式中：V_{As}为森林因保持土壤从而避免破坏土地的价值（元/a）；Q_{Asi}为第 i 类林地的减少土地废弃的面积（hm^2/a）；p_1 为侵蚀前土地价格（元/hm^2）（取值为 5617.5 元/hm^2）；p_2 为废弃土地价格（元/hm^2）。

（12）减少泥沙淤积。

替代成本法，计算公式为：

$$V_y = \sum_i Q_{yi} \cdot c_r$$

式中：V_y 为生态系统因保持土壤从而减少泥沙淤积滞留的价值（元/a）；Q_{yi}为第 i 类生态系统减少泥沙淤积的量；c_r 单位泥沙清淤费用（元/m^3）。

（13）保持土壤养分。

替代价格法，计算公式为：

$$V_{nr} = \sum_i Q_{nri} \cdot p_n$$

式中：V_{nr}为生态系统因保持土壤从而减少养分损失的价值（元/a）；Q_{nri}为第 i 类生态系统土壤养分保持量（t/a）；p_n 为化肥市场售价（元/t）。

（14）防风固沙。

参数调整法，计算公式为：

$$V_{dp} = \sum_i d \cdot c_{nf} \cdot p_{fl} \cdot A_i$$

式中，V_{dp}为生态系统防风固沙价值（元/a）；d 为距离调整系数；c_{nf}为生态系统郁闭度调整系数；p_{fl}为单位面积防护林地平均价格（元/hm^2）；A_i 为第 i 类生态系统面积（hm^2）。

(15) 维持生物多样性。

采用参数调整法，计算公式为：

$$V_b = \sum_i l_f \cdot s_f \cdot r_f \cdot p_b \cdot A$$

式中，V_b 为生物多样性非使用价值（元/a）；l_f 为生态系统类型调整系数；s_f 为生态系统结构或状况调整系数，有林地和疏林地根据森林的群落结构进行调整，灌木林地根据灌木林地状况进行调整，其他林地不再进行调整；r_f 为自然保护区调整系数，属于自然保护区的森林单位面积生物多样性的非使用价值增加50%，即自然保护区森林的 r_f 为1.5，其他林地 r_f 取1；p_b 为生态系统中森林生物多样性非使用价值单价（元/hm^2）；A_i 为第 i 类林地面积（hm^2）。

七、绿色生态促进人物及领军贡献单位选介

中国能源环境高峰论坛从2008年设立以来，聚集了一大批世界级的绿色生态促进人物、形成了影响全球的系列绿色发展创新成果、优秀建言和经典案例、国际国内众多高端机构成为绿色生态共同倡导者/合作伙伴（含媒体）、推出了一大批消霾的世界级创新技术和优秀产品。在“峰会”平台上聚集的一千多位演讲嘉宾、高级专家中，有近百位全国政协领导，国家发展改革委、国家能源局、生态保护部、科技部等主管部委的主要领导，中央能源企业巨头，国务院参事，“两弹一星”元勋，两院院士，以及印度前总统，国际组织、联合国秘书处领导人，世界500强企业、跨国公司领袖，诺贝尔奖获得者等世界级的绿色生态促进人物。

这里精选历届中国能源环境高峰论坛绿色生态促进人物及领军贡献单位202位（家），其中：绿色生态促进重要人物（国家级）4位，绿色生态促进重要人物（省部级）16位，绿色生态促进重要人物（司局级）20位，绿色生态促进重要人物（中外院士、参事、诺贝尔奖获得者）19位，绿色生态促进领军人物40位（国内20位，跨国20位），另有绿色生态促进领军贡献单位103家（位）。

（一）绿色生态促进重要人物（国家级）选介

（1）曾培炎　2009年7月3日上午，中国国际经济交流中心理事长、国务院原副总理曾培炎作为全球智库峰会主席暨中国能源环境高峰论坛主席主持“峰会”。

（2）万　钢　2009年7月3日下午，中国能源环境高峰论坛特邀演讲嘉宾，时任全国政协副主席、科技部部长万钢在全球智库峰会——中国能源环境高峰论坛发表题为“能源科技创新与能源多元化”的主旨演讲。他指出，能源转型需要统筹兼顾。我们必须开发和利用面向未来的清洁能源。面向未来的一些新能源技术——太阳能热发

电技术、氢能和燃料电池的技术正在丰富着人类对于各种能源的利用，特别值得我们共同关注和支持。

（3）厉无畏　中国能源环境高峰论坛特邀演讲嘉宾，著名经济学家，时任全国政协副主席厉无畏于 2010 年 8 月 20 日上午在人民大会堂举办的第三届“峰会”发表“中国能源环境发展展望”的主旨演讲。他认为，以生态化来引领城市化的发展，要推动低碳城市的理念。

（4）阿卜杜勒·卡拉姆　中国能源环境高峰论坛特邀演讲嘉宾，印度前总统、世界著名航天科学家阿卜杜勒·卡拉姆在第四届、第六届、第七届“峰会”上致辞、发表主旨演讲、发表文章。他对于能在中国能源环境高峰论坛上致辞感到高兴，祝贺“峰会”组织者以奉献精神和不懈努力，把杰出的领导人和专家聚集在一个共同的平台上交换意见，就对全人类有深远意义的主题进行高级别的对话和讨论。

（二）绿色生态促进重要人物（省部级）选介

（1）魏建国　中国能源环境高峰论坛特邀演讲嘉宾，中国国际经济交流中心副理事长、理事会执行局常务副主任，商务部原副部长

（2）解振华　中国能源环境高峰论坛特邀演讲嘉宾，国家发展改革委时任副主任（正部级），中国气候变化谈判代表团团长、中国气候变化事务特别代表

（3）傅成玉　中国能源环境高峰论坛特邀演讲嘉宾，中国海洋石油总公司时任总经理，中石化原董事长、党组书记

（4）徐荣凯　中国能源环境高峰论坛特邀演讲嘉宾，全国人大教育科学文化卫生委员会时任副主任委员、中国国际经济交流中心副理事长，云南省原省长

（5）周生贤　中国能源环境高峰论坛特邀演讲嘉宾、环境保护部（现生态环境部）时任部长

（6）张首映　人民日报社时任副总编辑、第十三届全国政协文化文史和学习委员会委员

（7）张小影　经济日报社时任社长、第十三届全国政协经济委员会委员

（8）季晓南　国务院国有重点大型企业监事会原主席

（9）邵秉任　全国政协人口环境资源委员会原副主任

（10）张国宝　中国能源环境高峰论坛特邀演讲嘉宾，国家发展改革委原副主任（正部级）兼国家能源局局长

（11）杜祥琬　中国工程院院士、中国工程院原副院长

（12）朱之文　中国能源环境高峰论坛特邀演讲嘉宾、全国政协教育科学文化卫生委员会副主任、中国教育学会会长，教育部原副部长，时任厦门大学党委书记、校务委员

会主任

（13）尹成杰　中国能源环境高峰论坛特邀演讲嘉宾、中国农经学会会长，时任全国人大常委会委员、农业委员会副主任、农业部（现农业农村部）原常务副部长

（14）石　军　全国政协经济委员会副主任、甘肃省原副省长

（15）田中伸男　中国能源环境高峰论坛特邀演讲嘉宾、国际能源署时任署长

（16）冯之浚　国务院参事、全国人大常委会委员、环资委副主任委员

（三）绿色生态促进重要人物（司局级）选介

（1）马宏伟　人民日报社理论部主任

（2）王思强　国家能源局华北监管局局长，曾任综合司司长、能源节约和科技装备司司长

（3）王　玲　对外经济贸易大学时任党委书记

（4）王敬波　对外经济贸易大学副校长

（5）王胜熙　福建省住建厅一级巡视员、福建省乡村振兴研究会副会长

（6）史立山　国家能源局核电司副司长、新能源与可再生能源司时任副司长

（7）吕文斌　国家发展改革委投资司副司长、环资司时任副司长

（8）孙世芳　经济日报社编委、中国经济趋势研究院院长

（9）李　凯　中经网公司董事长、中国信息协会副会长、国家信息中心时任副主任

（10）李　斌　国家发展改革委国际合作司一级巡视员

（11）李　铁　国家发展改革委城市和小城镇改革发展中心理事会理事长、时任主任

（12）李俊峰　国家发展改革委应对气候变化战略研究与国际合作中心时任主任

（13）李翠玲　北京市习近平新时代中国特色社会主义思想研究中心执行副主任、北京市社科联、社科规划办一级巡视员

（14）何炳光　国家发展改革委环资司原司长

（15）张玉清　国家能源局原副局长

（16）张健华　华夏银行行长、中国人民银行研究局时任局长

（17）赵忠秀　山东财经大学校长、对外经济贸易大学时任副校长、副书记

（18）徐　强　国家发展改革委国家节能中心主任

（19）蒋庆哲　对外经济贸易大学教授、党委书记，中国石油企业协会常务副会长

（20）谢　极　国家发展改革委气候司时任巡视员，国家发展改革委资源节约和环境保护司时任副司长

（四）绿色生态促进重要人物（中外院士、参事、诺贝尔奖获得者）选介

（1）王希季　中国科学院院士、“两弹一星”元勋
（2）龙乐豪　中国工程院院士、国家月球探测工程副总设计师
（3）田昭武　中国科学院院士、厦门大学原校长
（4）叶奇蓁　中国工程院院士
（5）庄逢辰　中国科学院院士
（6）杜祥琬　中国工程院院士、中国工程院原副院长
（7）何祚庥　中国科学院院士、中科院理论物理研究所研究员
（8）余梦伦　中国科学院院士
（9）闵桂荣　中国科学院院士、中国工程院院士
（10）张洪涛　国务院参事、国土资源部（现自然资源部）总工程师
（11）周炳琨　中国科学院院士、清华大学无线电电子学研究所所长
（12）春大地（Sergio C. Trindacle）　诺贝尔奖获得者、原联合国主管科技的助理秘书长
（13）胡文瑞　中国工程院院士、中国石油企业协会会长、中国石油天然气股份有限公司原副总裁
（14）姚建铨　中国科学院院士、中国光学学会激光专业委员会副主任
（15）贾承造　中国科学院院士、中国石油学会原理事长、中石油原副总裁
（16）徐锭明　国务院参事、国家能源专家咨询委副主任
（17）梁思礼　中国科学院院士、中国导弹控制系统研制创始人之一
（18）葛昌纯　中国科学院院士、世界陶瓷科学院院士、北京科技大学教授
（19）蔡睿贤　中国科学院院士、中国民主促进会中央副主席

（五）绿色生态促进领军人物选介

国内

（1）尤　勇　工业和信息化部节能与综合利用司副司长
（2）龙敏南　厦门大学能源研究院原常务副院长、教授
（3）庄　芮　对外经济贸易大学国家对外开放研究院党委书记、教授
（4）李　明　中国空间技术研究院副院长、研究员
（5）郝瑞峰　国家能源局华北监管局副局长
（6）高世宪　国家发展改革委能源研究所副所长、研究员

（7）桑百川　对外经济贸易大学国际经济研究院院长、教授

（8）薛　熠　对外经济贸易大学科研处处长、教授

（9）张震龙　中国能源环境研究中心研究员、中鑫恒创集团副总裁

（10）赵一农　中国能源环境研究中心研究员、中国管理科学院智慧研究所所长

（11）单军艳　河北雄安绿野清风环保科技有限公司董事长

（12）林阳泰　中国台湾新环境基金会董事长、台湾科技大学教授

（13）李　风　北京荷风艺术基金会创始人、名誉理事长

（14）吴鸿清　国家开放大学（原中央广播电视大学）教授

（15）张　恪　德和泰集团（百年老字号）董事长

（16）王雪帆　金路达集团首席科学家、华中科技大学教授

（17）隆小波　山东省淄博市博山区政府副区长

（18）谢高地　中国科学院地理科学与资源研究所资源科学中心主任、首席研究员

（19）林秀梅　福建吉旺惠民集团有限公司董事长

（20）杨　洁　中关村国联绿色产业服务创新联盟秘书长

跨国

（1）Armond Cohen　净化空气任务组织发起人

（2）David Mohler　美国杜克能源公司副总裁兼首席科技官

（3）Don Flournoy　美国俄亥俄大学教授

（4）Feng Hsu　美国国家空间协会能源专业委员会主席、美国宇航局和洛克希德·马丁公司时任高级技术主管

（5）Gustav Grob　国际再生能源组织主席（日内瓦）

（6）James E. Rogers　美国杜克能源公司董事长、总经理兼首席执行官

（7）Mark Hopkin　美国国家空间协会主席

（8）Michael Ahean　美国第一太阳能公司董事长

（9）Robert Hill　世界自然基金会气候变化特使

（10）Ronald W. Cochran　美国能源部劳伦斯·利弗莫尔国家研究中心时任执行主任

（11）S. Julio Friedmann　美国能源部化石能源办公室副主任

（12）Waheed Waheedullah　联合国高级顾问

（13）艾琳娜　可持续能源全球论坛（GFSE）主席、21世纪再生能源全球网络（REN21）副主席、奥地利共和国驻中华人民共和国和蒙古国特命全权大使

（14）鲍尔·韦布斯　美国国家科学基金能源电力适应性系统项目主管（EPAS）

（15）戈岶拉斯瓦米　印度前总统卡拉姆特别助理、著名航天科学家

（16）黄琪恩　奥地利悦吉氢能工程有限公司董事长

（17）马克·霍普金斯　美国空间学会会长

（18）马蒂·贺夫特　纽约大学终身教授（清洁能源世界首倡者）

（19）孙贤胜　国际能源论坛（政府间部长级国际能源组织）秘书长

（20）杨富强　国际环保机构自然资源保护协会高级顾问、世界自然基金会全球气候变化应对计划时任主任

（六）绿色生态促进领军贡献单位选介

截至2021年8月，共有103家（人）申请加入雄安新区绿色生态促进会（筹），其中机构、公司60家（见表1-3）。

表1-3　绿色生态促进贡献单位

	单位类别	单位名录
1	首批“双一流”建设高校2所、部省合建高校1所	对外经济贸易大学及其中国能源环境研究中心、华北电力大学（保定）、山西大学
2	央企、国企、上市公司8家	中铁十八局集团有限公司、北京市热力集团有限责任公司（雄安分公司）、中国建筑第六工程局有限公司、泰通建设集团有限公司、中国建筑东北设计研究院有限公司、中城投集团生态环境工程科技有限公司及其雄安办事处、北京首创大气环境科技股份有限公司、河北天食鑫商贸有限公司
3	国家重点高新技术企业和国家级高新技术企业9家	中铁十八局集团有限公司、北斗启明（北京）节能科技服务、北京亿玮坤节能科技有限公司、中科宇杰节电设备有限公司、中亨新型材料科技有限公司、山东天壮环保科技公司、北京荟邦环保科技有限公司、北京达实德润能源科技有限公司、北京赛诺时飞石化科技有限公司
4	雄安公司14家，保定、张家口等公司7家	中铁十八局集团有限公司、北京市热力集团有限责任公司（雄安分公司）、中国建筑东北设计研究院有限公司、中城投集团生态环境工程科技有限公司及其雄安办事处、河北雄安绿野清风环保科技有限公司、河北天食鑫商贸有限公司、雄安雄源建筑科技有限公司、雄安融森生物科技有限公司、邢台县蕴鼎建材有限公司等
5	国家一级协会、国家事业机构和中国台湾行业协会5家	中国节能协会及其节能服务产业委员会、中国建筑节能协会及其电能供热专业委员会、中国管理科学研究院智慧城市研究所、中国管理科学研究院现代装备与产业创新研究所、中国台湾新环境基金会
6	国际认证机构和承接国家部委咨询职能的咨询服务机构6家	GreenCert绿证公司、北京中创碳投科技有限公司、北京关键要素有限公司、黄埔开元（北京）投资管理有限公司、绿建之窗（北京）科技有限公司、雄安前卫绿色建材展示中心
7	国际组织和跨国公司4家	净化空气任务组织、世界自然基金会、GreenCert绿证公司、西门子
8	节能环保公司、产品设备生产商等4家	任丘市创新采暖设备有限公司、山东伟豪环保科技有限公司等

第二篇 绿色技术和绿色产业促进篇

本篇由林智钦教授牵头，研究了绿色低碳发展规划框架下交通移动源排放治理及实现智能交通的方法与路径选择，推出世界先进的有机生活垃圾免堆处理技术（C-Free）、中国台湾和大陆合作研发并获得国家专利的“发动机气路活氧装置+OBD 监测系统技术”、国家煤炭消费减量替代先进技术及应用案例，中央银企同台探索解开绿色金融难“缘”绿色技术这一难题的路径。千年大计看雄安，雄安是京津冀协同绿色发展战略的重要组成部分。以上先进绿色技术率先服务于雄安，向世界展示：以生态产业化、产业生态化为途径加快构建绿色产业体系，是以雄安为重点的绿色生态促进的初衷。

专题五　绿色低碳智能交通产业打造的绿色技术选择[①]

在党中央、国务院同意，国务院批复《河北雄安新区总体规划（2018—2035年）》，河北省委、省政府印发《白洋淀生态环境治理和保护规划（2018—2035年）》，“京津冀协同发展重在疏解北京非首都功能，高标准建设雄安新区”被写入2019年国务院政府工作报告，雄安新区即将转入大规模的实质性开工建设之际，为了开好第十二届中国能源环境高峰论坛，我们组织了本课题的调研，旨在探索雄安新区绿色发展规划框架下交通移动源排放治理及实现车辆智能管理系统的方法与路径选择。

本文从分析雄安空气质量变化、交通现状和变化趋势、中国和世界的发展趋势入手，指出了推进雄安绿色发展和绿色交通的重要性和迫切性，探讨了雄安新区绿色低碳智能交通的创新解决方案：中国能源环境高峰论坛聚集高端智力服务雄安绿色发展、助力雄安绿色低碳智能交通的规划落地，并以发动机气路活氧装置为案例，提出发动机前端治理技术的选择，配以高效的智能终端——车载诊断系统（比如车载OBD系统）。为确保创新解决方案落到实处，建议对外经济贸易大学在雄安新区设立绿色发展研究与促进院，继而设立雄安校区，实行与雄安新区管委会共建共管，为建立绿色低碳智能发展的雄安模式提供决策咨询服务。

一、绿色发展和绿色交通在雄安模式中的重要地位

《雄安新区发展规划纲要》提出：到2035年，雄安新区基本建成绿色低碳、信息智能、宜居宜业、具有较强竞争力和影响力、人与自然和谐共生的高水平社会主义现代化城市。雄安新区将有效承接北京非首都功能，“雄安质量”引领全国高质量发展的作用优势明显，必将成为现代化经济体系的新引擎。

---

① 本文撰写于2019年3月，由中国能源环境研究中心雄安新区绿色发展课题组完成。课题负责人：林智钦。主要成员：单军艳、王振宇。执笔人：林智钦、王振宇（发动机气路活氧装置部分）、张铸。资料整理：刘会生（发动机气路活氧装置部分）。统稿：林智钦。原题：雄安新区绿色发展规划框架下交通移动源排放治理及实现车辆智能管理系统的方法与路径选择。

为响应习近平总书记所提出的“绿水青山就是金山银山”的理念，《雄安新区发展规划纲要》用五分之一的篇幅强调：雄安新区要严格推广绿色低碳的生产生活模式，要求使用先进环保节能材料和技术推进城市建设，筑就绿色智慧城市。雄安新区要坚持绿色低碳发展，严格控制碳排放。最终，要把智能、绿色、创新打造成雄安新区特有的元素和靓丽名片。**这符合习近平总书记“雄安要靠生态环境体现价值、增加吸引力”的指示精神。**

在雄安新区从规划阶段正式进入大规模的实质性开工建设时期，绿色交通尤其重要，其核心是资源、环境和系统的可扩展性，是从发展战略的高度去认识交通系统的发展与资源和环境的关系，包括交通系统内部的优化，以及交通系统与外部系统的协调、共生。它的发展目标是通达有序、安全舒适、低能耗低污染三个方面的完整统一结合，以及交通系统的高效性和效率的持久性。绿色交通在更深层次上的含义是和谐交通，包括交通与环境的和谐、交通与未来的和谐、交通与社会的和谐、交通与资源的和谐。

雄安新区新政发布后，其所覆盖的 3 个县及其周边县拥堵明显加剧。2019 年 1 月和 2 月，该地区的污染指数和污染物量明显高于上年同期。在长达数年的未来建设阶段，将有数以万计的施工用工程机械和渣土运输车辆及与日俱增的外来车辆和私家车辆进入雄安新区，这些车辆所排放的尾气（占大气污染源比重高达 70%，国内主要城市约 80%的一氧化碳和 40%的氮氧化合物均来源于机动车尾气排放），必会成为雄安新区建设绿色低碳智能之城的主要障碍。采用何种模式和何种绿色技术实现对交通移动源排放的有效治理，实现车辆的智能管理，是摆在雄安新区面前亟须解决的重大问题。

二、雄安绿色发展和绿色交通现状与改进的迫切性

（一）从雄安空气质量变化情况看

2018 年，雄安的空气质量有了明显的改善（表 2-1、表 2-2）。从 2018 年河北全省 168 个县（市、区）空气质量综合指数看，雄安新区的容城县、安新县和雄县综合指数分别为 7. 07、6. 58 和 6. 92，同比 2017 年 12 月的变化幅度分别为-14. 75%、-13. 88%、-10. 86%；$PM_{2.5}$平均浓度分别为 66、62、62，同比 2017 年的变化幅度分别为-5. 71%、-3. 13%、-7. 46%。从 2018 年 12 月的综合指数看，雄安新区的容城县、安新县和雄县的综合指数分别为 7. 92、7. 82 和 8. 45，同比 2017 年的变化幅度分别为-8. 66%、-6. 93%、-6. 74%；$PM_{2.5}$平均浓度分别为 86、87、85，同比 2017 年 12 月的变化幅度分别为-19. 63%、-16. 35%、-20. 56%。

表 2-1　2018 年雄安新区空气质量综合指数同比变化幅度排名

全省 168 县（市、区）排名	县（市、区）	所在城市	本期综合指数	去年同期	变化幅度（%）
110	容城县	保定市	7.07	7.74	-8.66
125	安新县	保定市	6.58	7.07	-6.93
126	雄县	保定市	6.92	7.42	-6.74

表 2-2　2018 年雄安新区 $PM_{2.5}$ 平均浓度同比变化幅度排名

浓度单位：微克/立方米

全省 168 县（市、区）排名	县（市、区）	所在城市	本期 $PM_{2.5}$ 平均浓度	去年同期 $PM_{2.5}$ 平均浓度	变化幅度（%）
125	雄县	保定市	62	67	-7.46
130	容城县	保定市	66	70	-5.71
142	安新县	保定市	62	64	-3.13

但是 2019 年 1 月和 2 月，当地的污染指数和污染物量明显高于上年同期，空气质量有变差的趋势（表 2-3、表 2-4、表 2-5、表 2-6）。从 2019 年 1 月河北全省 168 个县（市、区）空气质量综合指数看，雄安新区的容城县、安新县和雄县的综合指数分别为 9.81、9.82 和 9.69，同比 2018 年 1 月变化幅度分别为 8.16%、15.26%、13.07%；$PM_{2.5}$平均浓度分别为 119、121、109，同比 2018 年 1 月变化幅度分别为 15.53%、22.22%、14.74%。从 2019 年 2 月综合指数看，雄安新区的容城县、安新县和雄县综合指数分别为 8.22、8.55 和 8.58，同比 2018 年 1 月变化幅度分别为 6.34%、17.28%、11.43%；$PM_{2.5}$平均浓度分别为 108、117、106，同比 2018 年 2 月变化幅度分别为 10.20%、20.62%、12.77%。

在这种情况下，雄安新区采取了一系列应急措施，包括类似北京的限行措施（单双号限行、常态化 2 个尾号限行、特殊时段及重污染天气 1 级红色预警期间特殊限行措施），每天都对道路上的车辆超标情况进行检测并对超标车进行罚款。由此可以看出减少交通移动源排放、实现车辆智能管理的迫切性。

表 2-3　2019 年 1 月雄安新区空气质量综合指数同比变化幅度排名

全省 168 县（市、区）排名	县（市、区）	所在城市	本期综合指数	去年同期	变化幅度	非传输通道 34 县（市、区）排名	传输通道 134 县（市、区）排名
21	容城县	保定市	9.81	9.07	8.16%	—	18
58	雄县	保定市	9.69	8.57	13.07%	—	45
73	安新县	保定市	9.82	8.52	15.26%	—	58

表 2-4　2019 年 1 月雄安新区 $PM_{2.5}$ 平均浓度同比变化幅度排名

浓度单位：微克/立方米

全省 168 县（市、区）排名	县（市、区）	所在城市	本期 $PM_{2.5}$ 平均浓度	去年同期 $PM_{2.5}$ 平均浓度	变化幅度	非传输通道 34 县（市、区）排名	传输通道 134 县（市、区）排名
49	雄县	保定市	109	95	14.74%	—	45
53	容城县	保定市	119	103	15.53%	—	49
83	安新县	保定市	121	99	22.22%	—	74

表 2-5　2019 年 2 月雄安新区空气质量综合指数同比变化幅度排名

全省 168 县（市、区）排名	县（市、区）	所在城市	本期综合指数	去年同期	变化幅度	非传输通道 34 县（市、区）排名	传输通道 134 县（市、区）排名
67	容城县	保定市	8.22	7.73	6.34%	—	48
106	雄县	保定市	8.58	7.70	11.43%	—	84
135	安新县	保定市	8.55	7.29	17.28%	—	109

表 2-6　2019 年 2 月雄安新区 $PM_{2.5}$ 平均浓度同比变化幅度排名

浓度单位：微克/立方米

全省 168 县（市、区）排名	县（市、区）	所在城市	本期 $PM_{2.5}$ 平均浓度	去年同期 $PM_{2.5}$ 平均浓度	变化幅度	非传输通道 34 县（市、区）排名	传输通道 134 县（市、区）排名
52	容城县	保定市	108	98	10.20%	—	32
64	雄县	保定市	106	94	12.77%	—	44
96	安新县	保定市	117	97	20.62%	—	70

（二）从雄安新区交通现状看

根据高德地图交通大数据，在新政发布后，雄安新区所覆盖的 3 个县的拥堵状况均明显加重，同时周边的高碑店市、定兴县、徐水区、易县等区县的拥堵程度相比新政发布前也均有不同程度的加重。其中，2017 年，雄县每日 6~22 时的拥堵延时指数从新政发布前的 1.214 提升到了 1.359，上涨了 11.94%，拥堵涨幅位列保定市第 1 位；安新县和容城县也分别上涨了 5.65%和 3.46%，分列保定市拥堵涨幅排名第 4 位和第 5 位。

根据高德地图的监测，雄安新区设立后，用户在 2017 年清明小长假期间对雄安新区的关注度一夜暴增。相较 2016 年同期的历史交通大数据，整个雄安新区的出行关注热度增长了1223%，而2016年清明小长假期间该区域的出行关注热度仅上涨71%。雄安新区设立后，闻名中外的旅游景区——雄安新区白洋淀景区再次成为广大游客关注的焦点。据悉，2018年，白洋淀景区接待游客达到270.9万人次。

雄安新区设立后，去往新区的用户来源发生了明显的变化，来自北京用户的出行需求热度猛增，占比达到了29%，已赶超保定城区。

（三）从中国和世界的发展趋势看

中国是一个发展中国家，但人口数量居世界首位。从能源消耗的总量来说，中国排在美国后面，位居第二。根据测算，以小汽车为交通主体的模式（如美国）的年平均能源消耗量是以公共交通为主体模式（如日本）的4倍左右。到2018年，我国的小汽车保有量超过了2亿辆，机动车保有量更是达到了3亿辆。当前汽车所用的燃料基本是一次性能源，且污染排放因子很大。未来，随着机动车保有量的增加，交通拥堵情况日益严重，大气和噪声污染呈上升趋势，将会给资源和环境带来相当大的负担。因此，我们亟须从变革交通结构和交通管理入手，进一步缓解土地资源和能源资源紧缺、城市交通对环境的影响，促进城市交通走上绿色化发展的良性循环。

三、雄安新区绿色低碳智能交通的创新解决方案探讨

（一）中国能源环境高峰论坛聚集高端智力服务雄安绿色发展

中国能源环境高峰论坛组委会邀请国家发展改革委、生态环境部、交通运输部、住房城乡建设部、国家能源局、国务院国有大型企业监事会、对外经济贸易大学、中国工程院、厚朴投资、新华社、国际能源论坛和人民日报社、经济日报社的领导和院士专家，于2019年12月下旬举办第十二届中国能源环境高峰论坛，并于当年5月17日举办合作伙伴与媒体会。

会议成果通过《人民日报》《经济日报》《中国环境报》和新华社、中央广播电视总台等中央重点媒体、行业主流媒体及其他媒体向全球传播，以蓝皮书、内参方式提交给党中央、国务院、国家主管部委、相关部委，以供决策参考，为雄安绿色发展和绿色交通提供决策咨询服务，为解决雄安新区建设阶段即将可能面对的移动源污染问题，为实现车辆智能交通管理系统、探索雄安新区模式提供方法与路径选择。

（二）专家智囊助力雄安绿色低碳智能交通的规划落地

第十二届“峰会”围绕《河北雄安新区总体规划（2018—2035年）》和《白洋淀生态环境治理和保护规划（2018—2035年）》，在绿色发展、绿色交通、环保减排方面提供咨询，期盼助力雄安绿色低碳智能交通的规划落地。

寻找一套持续有效的机动车减排节能解决方案、减轻城市大气污染，是我们的目标之一。在雄安现有的单双号限行措施促成尾气减排、大力发展公共交通和推进电动车取代燃油车上路等行政手段的基础上，我们力图进一步从绿色技术和智能交通管理方面探寻一套科学合理的汽车减排解决方案，达到减少尾气污染物的排放和减少碳排放的目的，从而实现绿色交通。

目前，绝大部分的汽车减排科技及产品集中在发动机前端、发动机本体、发动机后端三个部分。但从现有的汽车尾气减排环保解决方案看，发动机后端尾气减排的相关技术已经逼近极限且无法减少碳排放，减排科技的未来发展必然需要在发动机前端寻求突破。

（三）发动机前端治理技术的选择

发动机前端治理技术是否可以高效减少机动车的污染物排放和碳排放呢？我们将为雄安新区以及全国其他地区提供一个有效的解决方案。

（1）在投递方案的企业中，发动机气路活氧装置（已经获得国家专利）已经过15年的研发，在累计超过8万台机动车上收集数据，并经过多次改进升级。该产品可以将一氧化碳、碳氢化合物、氮氧化合物等污染物排放平均减少40%以上，减少尾气排放的黑烟70%以上，降低油耗10%左右。

（2）此装置由稀土中提取的多种稀有金属纳米粉末与特殊工程塑料混合后压铸而成，能够快速充分地激发汽车进气道空气中氧分子的活性，增加氧分子与燃油分子的接触数量和接触面积，提高氧气的使用率，使空燃比更加接近14.7∶1的最佳比例，使燃油在气缸内充分燃烧，降低燃油的使用量，从而减少尾气中污染物的含量，减少碳排放。此技术在研发过程中攻克了空气动力学、流体力学、材料学、纳米技术等领域的多项技术难关，最终形成安全、高效、简便、独特的节能减排装置。

（3）该产品的环保价值可通过节油而减少碳排放来实现。按照平均10%的节油率计算，根据燃油与碳排放计算公式，如果全国2.5亿辆汽车都安装该产品，每年将减少的碳排放量非常可观：现有大车按照2000万辆计算，可减少约6453万吨；现有小车按照2.3亿辆计算，可减少约2884万吨。也就是说，每年可总共减少碳排放量约9337万吨。

（4）另外，结合机动车信息采集管理系统（OBD油耗监测系统），进而精准掌握机动车的燃油消耗（瞬时油耗、平均油耗、累计油耗）、碳排放量、发动机工作时间、车辆行驶速度、行驶路线和行驶里程等详细数据，政府主管部门和车辆使用单位的管理者可以随时通过电脑管理平台了解每台机动车的各种数据，了解雄安新区道路通行状况等信息，为雄安新区建立智慧交通平台和碳交易平台打下良好的基础。

（四）车载诊断系统（OBD系统）配套

OBD是英文On Board Diagnostics的缩写，中文翻译为“车载诊断系统”。这个系统可随时监控发动机的运行状况和尾气后处理系统的工作状态，一旦发现有可能引起排放超标的情况，会马上发出警示。当系统出现故障时，故障灯（MIL）或检查发动机（Check Engine）警告灯亮，同时OBD系统会将故障信息存入存储器，通过标准的诊断仪器和诊断接口，可以以故障码的形式读取相关信息。根据故障码的提示，维修人员能迅速准确地确定故障的性质和部位。

OBD-Ⅱ与以前的所有车载诊断系统不同之处在于有严格的排放针对性，其实质性能就是通过监测汽车的动力和排放控制系统来监控汽车的排放。当汽车的动力或排放控制系统出现故障，有可能导致一氧化碳、碳氢化合物、氮氧化合物或燃油蒸发污染量超过设定的标准，故障灯就会点亮报警。

虽然OBD-Ⅱ对监测汽车排放十分有效，但驾驶员是否接受警告全凭"自觉"。为此，比OBD-Ⅱ更先进的OBD-Ⅲ产生了。OBD-Ⅲ的主要目的是使汽车的检测、维护和管理合为一体，以满足环境保护的要求。OBD-Ⅲ系统会分别进入发动机、变速箱、ABS等系统ECU（电脑）中去读取故障码和其他相关数据，并利用小型车载通信系统（例如GPS导航系统或无线通信方式）将车辆的身份代码、故障码及所在位置等信息自动通告管理部门。管理部门根据该车辆所出现排放问题的等级对其发出指令，包括去哪里维修、问题解决时限等，还可对超出时限的违规车辆发出禁行指令。因此，OBD-Ⅲ系统不仅能对车辆排放问题向驾驶者发出警告，而且还能对违规者进行处罚。

负责车载诊断系统（OBD系统）实施的公司是深圳市成为智能交通系统有限公司。该公司创立于2006年，注册资本1115.4万元，实收资本7100万元。该公司的该项业务能力在该领域数一数二，成为业界最有竞争力的企业之一。公司自主研发的产品与服务已广泛应用于保险、物流、政企、车厂、汽车融资租赁、汽车销售等行业，并远销150多个国家和地区，赢得了广大客户的认同。

（五）河北雄安绿野清风环保科技有限公司等众多环境保护产业联合体在发动机气路活氧装置推广中的角色和作用

发动机气路活氧装置已经获得了广大消费者的认可，在北京、辽宁、宁夏、江苏、安徽、浙江等六个省份及雄安新区的近8万辆机动车上做了应用推广以及数据采集。推广产生的效果已经整理成检测报告，切实有效地减少了对空气中废气的排放，与此同时，其节能效果显著。中国能源环境高峰论坛组织相关专家莅临现场，观看了专业机构对产品的测试过程，获得了一致好评。

（六）几点建议

（1）雄安新区大规模建设之际，科技创新固然重要，但是每一项新科技成果只有迅速落地，实现产业化、普及化，才能为社会造福、为人民造福。未来行驶在雄安的每一辆机动车，都可以通过采用绿色技术（比如发动机气路活氧装置）并配以高效的智能终端（比如车载 OBD），切实有效减少废气排放，为雄安新区的大气污染防治工作贡献力量。未来，困扰全国的机动车减排环保问题将可以参照雄安新区创新绿色低碳的交通模式得以有效解决。

（2）建议对外经济贸易大学以中国能源环境研究中心为基础，以中国能源环境高峰论坛为依托，在雄安新区设立绿色生态研究与促进院，继而设立雄安校区，实行与雄安新区管委会共建共管，为建立绿色低碳智能发展的雄安模式提供决策咨询服务。

专题六　打造无废无疫城乡的绿色技术选择

一、全球领先的有机生活垃圾免堆处理技术

在第十二届中国能源环境高峰论坛上，台湾科技大学教授林阳泰、河北雄安绿野清风环保科技有限公司董事长单军艳、中国台湾叶山集团总经理邱淑静及技术部经理李宥徽等专家推出获得全球40多个国家发明专利，并在国际知名期刊《自然》（Nature）刊载的有机生活垃圾免堆处理技术（简称免堆技术，C-Free），并做了重点交流。

（一）免堆新观念

新科技的发展改善了前人堆肥化的过程，节省了堆肥化的时间及空间，有机废弃物可不经堆肥化之过程，经过直接快速（3小时内）的改造及调配有机废弃物，实现免堆处理。通过将免堆配方添加至有机废弃物中，可以快速生产出有机肥料，符合作物生长规律及安全需求。免堆技术既省时、省力、省空间，又无污水、无毒、无臭，有一举数得之功。有机废弃物的种类不同，其免堆技术及方法亦不尽相同，需依有机废弃物的特性，以物理、化学及生物的方法加以改善。

（二）理论基础

有机生活垃圾免堆处理技术（图2-1）是生物科技上的高难度课题，它集合了微生物酵素、生物与有机化学及土壤科技等创新技术，可以在3小时内将有机废弃物转制成有机肥料，并具有稳定化、无害化、有效化的特点。

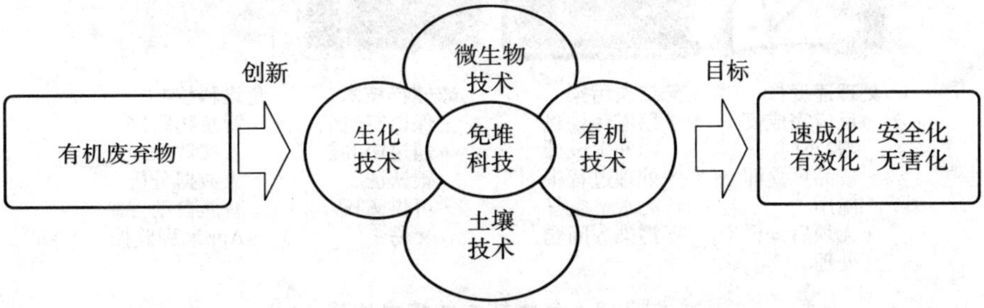

图2-1　有机生活垃圾免堆处理技术

有机废弃物种类繁多，其中最难处理的是“餐厨垃圾”。餐厨垃圾中含有丰富的油脂及汤水，主要成分为水（90%）及有机物（10%），如油脂、糖类（淀粉、纤维素等）、有机酸、蛋白质、核苷酸、木质素、骨头等有机物质，另有贝壳类及钠盐等无机物质。其中木质素、骨头、贝壳及油脂为不易被分解的物质，其他均为易被分解的物质。各种有机废弃物不能直接施用到土壤中，主要原因有：①油脂会侵害植物、土壤间的窒息性、养分不移动性的问题；②快速易分解所引起的微生物大量繁殖、土壤养分与毒性等问题；③碳氮比过高（>40）的问题；④钠盐的问题。

免堆技术的处理过程均需通过免堆技术系统设备（图 2-2）同步及持续进行。将各种有机废弃物（特别是厨余垃圾）碎解并混合酵素后，即开始对有机废弃物进行处理。为防止有机废弃物中原有细菌的生长，可将其高温裂解，成为“有机肥料”。免堆技术也可将有机废弃物中的油脂进行转化，施用后不会造成植物根部系统窒息及养分流失。厨余垃圾中的钠含量一般在 0.09%以下，而钠是许多作物嗜好的养分，可以代替钾肥。因此，施用免堆技术产生的有机肥料，不会对植物及土壤产生毒害。

a)　　b)　　c)

图 2-2　免堆技术系统设备

（三）免堆技术的技术优势

免堆技术是最符合环保观念的新方法，最大的技术优势是处理时间快速、设备所占空间小、无二次污染（无污水、无臭、无毒产生），为最有效的资源再生利用方法（图 2-3）。免堆技术处理后的肥料属于“有机肥料”，它完全利用了有机废弃物中的所

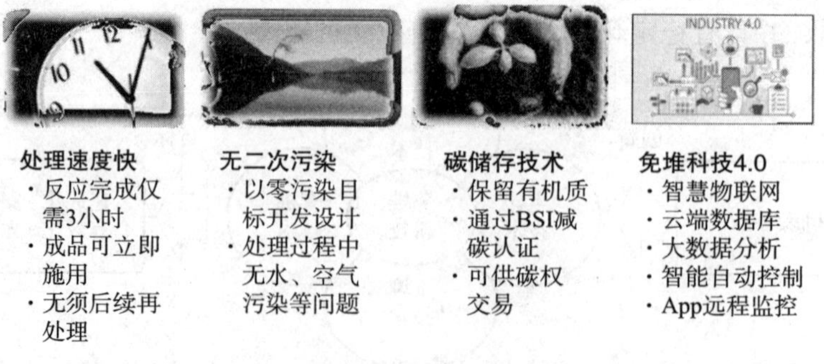

图 2-3　免堆技术的技术优势

有养分。由于肥料中所含有机养分多，可以达到最佳肥效，还可以最经济的配方进一步调整养分，使其成为全方位的“有机肥料”。

（四）免堆有机肥料的效用

免堆有机肥料可依作物之需求调整氮、磷、钾的含量。免堆有机肥料的施用方法与一般有机肥料相同，可作为作物的基肥及追肥，施用量须依作物与土壤之差异做适当调整。对作物来说，免堆有机肥料与一般的有机肥料功效相似，可依不同作物的特殊需求配合其他肥料使用，以减少化学肥料的使用。

关心资源回收议题的人都了解：世界上没有真正的垃圾，只有放错地方的资源。因为只有资源再生与循环再利用才符合世界潮流。免堆技术为有机废弃物的资源再生利用提供了一个最环保的新选择。除了解决环保问题外，利用免堆技术生产的有机肥可以直接施用于农田中，提升土壤肥力，并可减少土地退化，达到农地永续经营等多重目标，使地球资源能够真正循环与利用起来（图 2-4）。

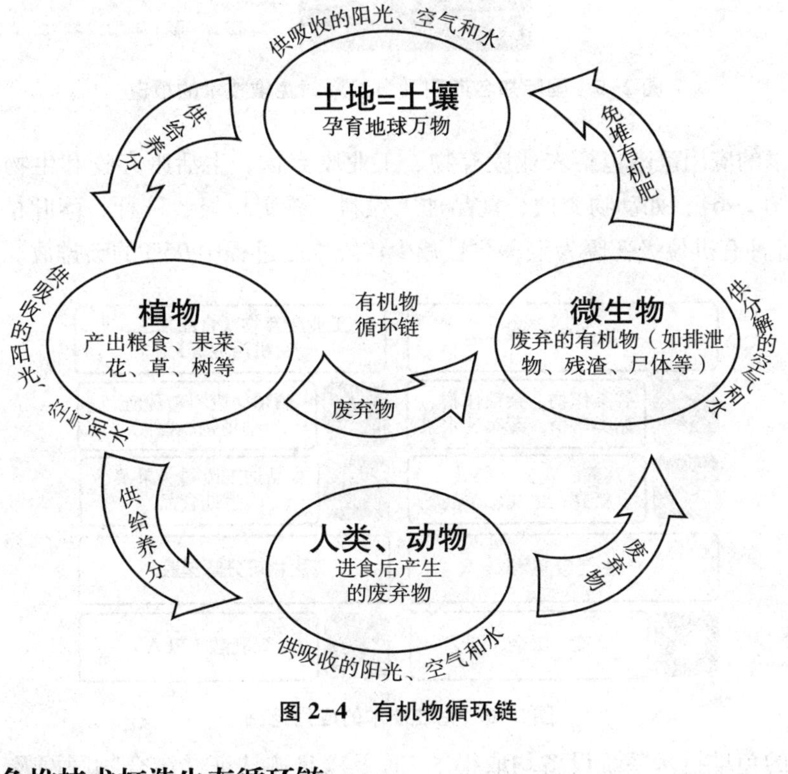

图 2-4　有机物循环链

（五）免堆技术打造生态循环链

现代人重视食品安全，却忽略了最根本的食材问题。过去，农民都会使用传统堆肥法来堆肥、施肥，让有机垃圾中的有机质回归土壤。但是，随着人口及需求增加，耗时过长的传统堆肥法已无法满足耕种需求，因此农民纷纷改用更快速、简便的化学肥料。但是，长期过量使用化肥会造成土壤板结、硬化和酸化，农作物的长势便会受到影响。为了提高产量，就必须施用更多的化肥，造成土壤不断劣化。

中国台湾叶山环保生物科技公司开发的免堆技术结合免堆酵素配方及免堆技术系统设备，模拟人体消化原理，可在 3 小时内将有机垃圾转换成可立即施用的有机肥，颠覆传统堆肥概念，时间短、无空气污染、无水质污染，获得全球 40 多个国家的发明专利，并在国际知名期刊《自然》（Nature）上刊载（图 2-5）。

Composting-free Technology : A New Dimension for Rapid Waste Recycling

Going a step further from composting the organic wastes, Professor Chiu-Chung Young recently conceptualized and developed a breakthrough in organic waste recycling technology called "Composting-free" technology. This technology sucessfully converts organic wastes to organic fertilizer within a few hours, instead of the 2-4 months needed for the natural process of composting. The end product of a messy organic waste is an odorless organic fertilizer capable of increasing crop yield, improving the physico-chemical and biological properties of soil. In addition, he also designed and developed several unique biofertilizer formulations, which have become very popular among farmers and agro-industrialists in Taiwan and Southeast Asia for producing high quality crop harvest by reducing the use of chemical fertilizer.

The Composting-free technology incorporates the physical process and biochemical changes that take place during the natural organic matter transformation. Addition of catalyst and energy needed for transformations in a right proportion triggers the degeneration process and stabilizes organic wastes into a reusable substance in an unimaginably fast and efficient way.

Prof. Young remarks that the rate at which organic waste is generated usually produce waste-water and emits odor, thus

图 2-5　国际知名期刊《自然》对免堆技术的报道

免堆技术的应用范围包括农业废弃物、工业废弃物、生活废弃物和生物可分解塑胶等废弃物（图 2-6），如动物粪便、食品加工残料、餐厨垃圾、秸秆、落叶枯枝等，可在 3 小时内将各种有机垃圾变废为宝，并且减少传统堆肥过程中 95%的碳排放。

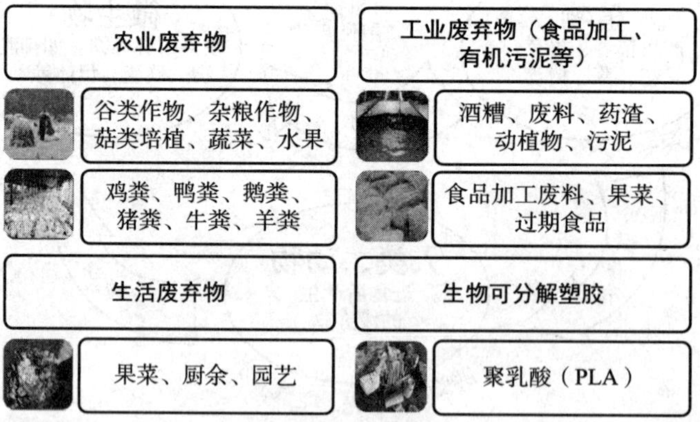

图 2-6　免堆技术的应用范围

各类型的免堆技术系统设备均取得了 CE 及碳足迹认证，结合物联网及云端数据库技术（图2-7），可实时使用智能手机远程监控运转情形，将有机垃圾快速、有效、无害、稳定地转化制成高质量有机肥，改良土壤，并提供作物所需的微量元素，创造有机生态循环链。

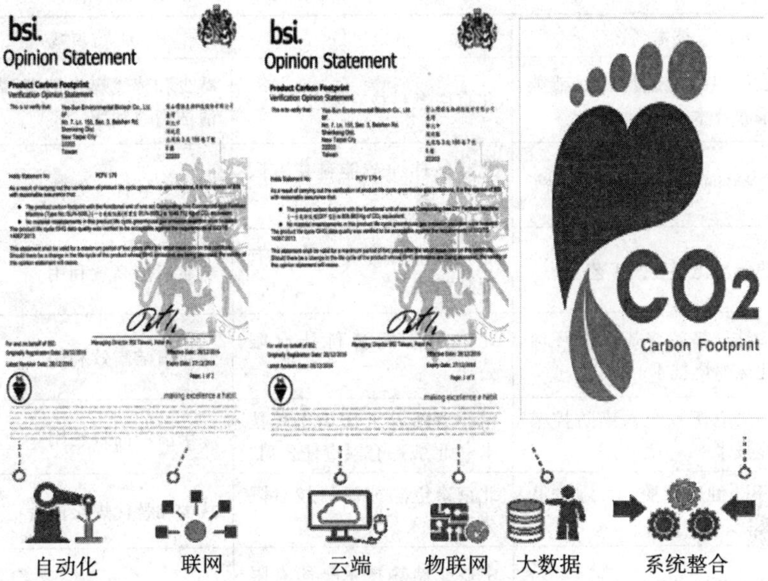

图 2-7 免堆技术的数字化应用

二、煤炭消费减量替代先进技术及应用案例

根据国家节能中心节能函〔2020〕115 号《关于征集煤炭消费减量替代先进技术及应用案例开展分省推广活动的通知》，推进重点地区煤炭消费减量替代是打赢蓝天保卫战、落实能源消耗总量和强度“双控”、加快推进生态文明建设和绿色发展的重要举措。为加快煤炭消费减量替代先进技术的推广应用，切实推进煤炭消费减量替代工作，2019 年，国家发展改革委、世界银行、全球环境基金会联合实施国际合作项目——中国能效市场机制项目，并决定开展“煤炭消费减量替代等补短板工程分省推广”活动。受国家发展改革委环资司委托，该活动由国家节能中心负责推进，中国工业节能与清洁生产协会余热利用与清洁能源供热专业委员会具体承担，中关村国联绿色产业服务创新联盟参与承担有关工作。

中关村国联绿色产业服务创新联盟是第十三届中国能源环境高峰论坛煤炭消费减量替代补短板专题的合作伙伴。该联盟依据国家节能中心节能函〔2020〕115 号，征集了一批煤炭消费减量替代先进技术及典型应用案例（含提高可再生能源效率的技术和应用案例），并分地区开展先进技术及应用案例推广活动。案例涉及农业、工业、服务业、市政、建筑、交通、公共机构、居民生活等。煤炭消费减量替代先进技术案例推荐汇总见表 2-7。

表 2-7　煤炭消费减量替代先进技术案例推荐汇总

	序号		技术名称	申报单位	所属领域	所在地
先进技术	1		农村多用途燃烧环保节能采暖技术	北京微燃科技有限公司	减少和替代煤炭消费/煤炭清洁高效利用	北京
	2		高炉冲渣水余热回收系统	北京亿玮坤节能科技有限公司	节能、环保、智能	北京
	3		热解炭化装置及工艺	北京山水青源环保科技有限公司	煤炭清洁高效利用	北京
	4		清洁、高效多流程循环流化床燃烧技术	北京热华能源科技有限公司	煤炭清洁高效利用	北京
	5		中央空调系统污染防控节能技术	中环清新人工环境工程技术（北京）有限责任公司	煤炭清洁高效利用	北京
	6		TBL-健康智照、无限物联系统	北京泰宝隆能源科技有限公司	减少和替代煤炭消费	北京
	7	①	移动蓄能供热技术	中益能储热技术集团有限公司	减少和替代煤炭消费	北京
		②	高效相变蓄能器与烟气余热深度回收技术	中益能储热技术集团有限公司	减少和替代煤炭消费	北京
	8	①	基于喷淋换热的烟气余热深度回收与减排一体化技术	北京华源泰盟节能设备有限公司	减少和替代煤炭消费/煤炭清洁高效利用	北京
		②	基于吸收式换热的热电联产集中供热技术	北京华源泰盟节能设备有限公司	减少和替代煤炭消费/煤炭清洁高效利用	北京
	9	①	DHG 煤矸石气化与能源利用技术	质源恒泰清洁能源技术（北京）有限公司	减少和替代煤炭消费	北京
		②	GCB 煤气化-燃气锅炉技术			
		③	IGTW 常压高温城市垃圾气化与能源利用技术			
	10		新型超低排放工业锅炉系统集成技术	兖矿中科清洁能源科技有限公司	煤炭清洁高效利用	山东济宁
	11		新型水煤浆循环流化高效清洁燃烧技术	青岛特利尔环保集团股份有限公司	减少和替代煤炭消费	山东
	12		污水余热供暖制冷集成技术	山东富达清洁热能科技有限公司		山东
	13		生物质气化清洁供热技术	山东源能环保科技有限公司	减少和替代煤炭消费/煤炭清洁高效利用	山东济南

续表

	序号	技术名称	申报单位	所属领域	所在地
先进技术	14	用户光伏发电系统	浙江正泰安能电力系统工程有限公司	减少和替代煤炭消费/煤炭清洁高效利用	浙江宁波
	15	循环水余热综合利用技术项目	山西光大焦化气源有限公司	余热回收	山西临汾
	16	移动供热项目	山西益博维新能源有限公司	余热回收	山西太原
	17	1号机组凝汽器真空系统节能改造	山西鲁晋王曲发电有限责任公司	电机节能改造	山西长治
	18	中深层地热+多能互补清洁供暖技术	郑州欧纳尔热力有限公司	新能源	河南
	19	多能互补+水蓄能+智慧能源综合管理系统	河南省昌通新能源有限公司	减少和替代煤炭消费/煤炭清洁高效利用	河南
	序号	案例名称	申报单位	所属领域	所在地
典型案例	1	乏汽、疏水热能回收项目	浙江宏纪能源环境科技有限公司	减少煤炭消费	浙江宁波
	2	河北献县学校储热增焓空气源加蓄热供暖项目	中益能储热技术集团有限公司	减少煤炭消费	河北献县
	3	河北献县教育系统储热增焓空气源加蓄热供暖项目	中益能储热技术集团有限公司	减少煤炭消费	河北献县
	4	安阳钢铁余热回收供热项目	中益能储热技术集团有限公司	减少煤炭消费	河南安阳
	5	新郑市龙湖镇泰山村地热清洁取暖项目	郑州欧纳尔热力有限公司	新能源	河南

三、全球领先的生活污水处理技术——旋转生物包埋菌技术

第十三届中国能源环境高峰论坛推出了多项绿色技术，包括由技术引进方惠民（福建平潭）智慧科技有限公司董事长林秀梅女士介绍的全球领先的生活污水处理技术——旋转生物包埋菌技术（REBC）。北京中环博宏环境资源科技有限公司研究员贾生元、北京航空航天大学北京嘉特科技发展有限公司董事长林厚波、河北雄安绿野清风环保科技有限公司董事长单军艳、惠民实业股份有限公司执行董事兼总经理吴万益（环境工程学博士）和台湾科技大学教授林阳泰等专家一致认为：旋转生物包埋菌技术所用到的菌活性高、密度高，可以快速出水，水质可达到国家一级标准；系统设备采用非固定处理模块，不需要后期设备，施工周期短，可依照存量用地空间弹性设计、灵活设置；大部件的安装调试及运营服务十分便捷，可实现与周边自然生态及生活、环境完美融合，杜绝传统工艺造成的脏、乱、差、有异味等现象，特别适合集成式、引流式、具有污水处理经验的城市、乡村、山区、海岛、住宅区、工业区等（图2-8、图2-9）。

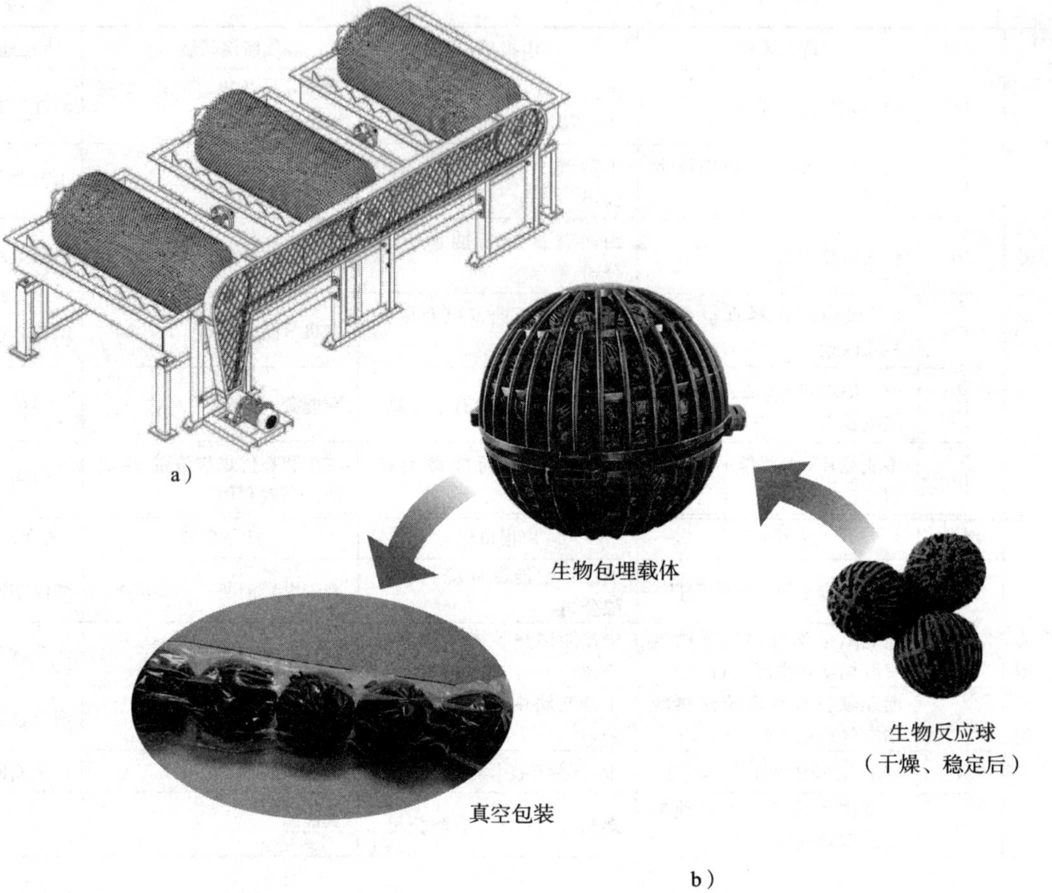

图 2-8　旋转生物包埋菌技术（REBC）原理及流程

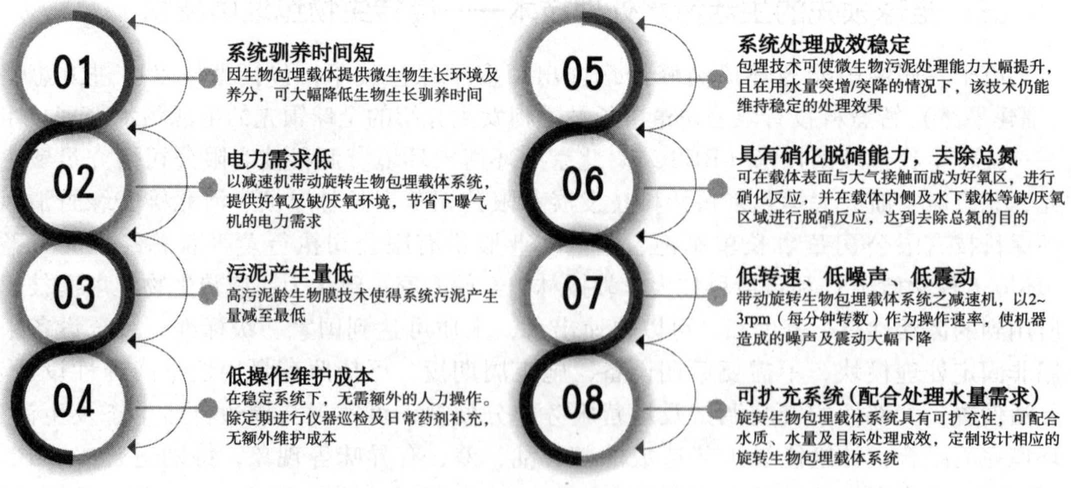

图 2-9　旋转生物包埋菌技术（REBC）的八大特色

专题七　“农商互联+绿色技术”助推绿色生态产品价值实现[①]

习近平总书记指出，“要积极探索推广绿水青山转化为金山银山的路径，选择具备条件的地区开展生态产品价值实现机制试点，探索政府主导、企业和社会各界参与、市场化运作、可持续的生态产品价值实现路径”。

在2021年7月11日召开的第十四届中国能源环境高峰论坛暨“坚持和完善生态文明制度体系研究”重大项目阶段成果发布会上，**福建吉旺惠民集团首席顾问、福建海峡环保集团股份有限公司原副总裁、高级工程师徐峰受托代表集团，发布了“‘农商互联+绿色技术’助推绿色生态产品价值实现——福建吉旺惠民绿色生态产业项目实施方案”。会前，在新疆、西藏出差的福建吉旺惠民集团董事长林秀梅对发布的文本提出了意见。**

他说，福建吉旺惠民集团积极响应习近平总书记关于“绿水青山就是金山银山”理念，参与到绿色生态产品价值实现这一国家重大战略的探索实践中。以绿色生态项目实施为抓手，探索和践行生态产品价值的发现、转化、实现和增值，从生态环境的守护者，到生态产品的搬运工，再到生态富民产业的孵化器；并进一步通过大数据平台实现一产、二产、三产的跨界融合发展，致力于搭建“绿水青山”到“金山银山”的桥梁，促进生态优势向经济优势转化，推动生态与经济双赢。

为达到此目标，福建吉旺惠民集团目前主要布局和推动**“一轴两翼三驱动”**战略。**一轴：瞄准乡村振兴，打造吉旺惠民特色的绿色生态产业的商业模式和绿色技术应用；两翼：出村进城、农商互联，绿色技术补短板、破瓶颈；三驱动：吉旺福街、旋转生物包埋菌技术（REBC）、有机生活垃圾免堆处理技术（C-Free）。**吉旺惠民集团还将积极适时启动“大数据助推器”。徐峰博士和福建菜篮子新农发展有限公司董事长陈标斯就相关问题回答了《中国经济时报》记者白雪、《商业文化》主编卢振楷和对外经济贸易大学国际关系学院副院长王波的提问。

---

① 本文为福建吉旺惠民集团绿色生态产业项目实施方案。

一、一轴：瞄准乡村振兴，打造吉旺惠民特色的绿色生态产业的商业模式和绿色技术应用

在习近平总书记“两山”理念的指导下，背靠福建优良的生态环境、商贸氛围和灵活机制，依托自身营商能力优势和自有环保专利技术，借力同样是生态优良的中国台湾绿色技术，在各级领导和有关部门正确指导和大力支持下，乘地处偏远但同样具备生态优势的中西部省份颁布的发展新型农业经营主体、构建和稳定产销衔接机制的各项政策之东风，整合和优化农业供给侧结构，打通农商供应链，搭建农商互联产销对接平台。在此过程中，推广应用适合农业生产端“面广、点散、规模小”的污水和固体废弃物处理处置和循环利用的绿色设备和技术，补短板、破瓶颈，促进吉旺惠民绿色生态产业的可持续发展。还要借助大数据和人工智能技术，通过提升产品端的优化程度和消费端的服务水平，并辐射全国，以此来不断提高绿色生态产品价值。

在此企业化市场运作的发展过程中，福建吉旺惠民集团的使命是不断探索生态产品价值的发现、转化、增值的企业机制和模式，提升对“生态优先、绿色发展”内涵的深化认识，推进并维护好生态产业化和产业生态化的过程。在政府的指导和支持下，摸索吉旺惠民可持续的生态产品价值实现路径，构建“绿水青山”转化为“金山银山”的坚实通道。

二、两翼：出村进城、农商互联，绿色技术补短板、破瓶颈

（一）出村进城，农商互联

2018 年 5 月 25 日，商务部印发《关于推进农商互联助力乡村振兴的通知》，提出六项重点工作任务：构建长期稳定的产销衔接机制，发展新型农业经营主体，培育打造农业品牌，打造全产业链条标准体系，扶持贫困地区农产品产销对接，加强农产品流通基础设施建设。

吉旺惠民致力于农商互联，有利于推动产业兴旺，促进农业现代化；有利于密切城乡联系，推动城乡融合发展；有利于提升农产品价值，拓宽农民增收渠道；有利于提升农产品供给质量，促进农产品消费升级。

践行“绿水青山就是金山银山”的理念，关键在于促进生态优势向经济优势转化，优化生态产品，提升产品价值。吉旺惠民不应只做生态产品的搬运工，或进行单一产品的深加工，而应该突破一般农产品进城的思维模式，进入以核心绿色生态产品为支持的富民产业孵化的现代互联网的思维层面，搭建服务“三农”的生态产业互联网平台，实现从生态产品到生态产业的价值转化。

吉旺惠民集团发起的“乡村振兴农商互联”项目，目前包括：吉旺福街，内含文

旅体验馆、省级食品安全示范街；技术培训学校，智力援藏；乡村劳动实践基地；81菜篮子供应链平台；“创百店，扶千生”品牌连锁孵化器。

吉旺惠民旗下子公司菜篮子新农发展有限公司是援藏企业，目前以西藏产业生态为核心，围绕青稞、牦牛、藏鸡和藏香猪等绿色农牧副产品，在福建和其他地区开展市场推广、零售协作、产品开发和再升级，以及为西藏毕业生提供培训、就业和扶助创业等，多方并举，多渠道多平台推进，从消费援藏延伸到智力援藏和孵化创业援藏，助力西藏脱贫地区的乡村振兴。

在推进闽藏出村进城、农商互联的进程中，吉旺惠民还不断得到来自新疆、内蒙古、吉林、宁夏、甘肃、海南、福建等地新的合作需求，期盼在各地复制和升级创新闽藏模式。

（二）绿色技术补短板、破瓶颈

在吉旺惠民的发展沿革过程中，始终执着于“环保、环境、生态”，秉承“环保立业、造福社会”的理念，在栉风沐雨、筚路蓝缕的创业过程中，从未放弃公司自有的环保专利技术，并不断完善。吉旺惠民集团与台湾环保工程技术方面持续深度合作，并已落地了若干项目。在实施方案时，作为环境守护者中的一员，吉旺惠民将主推旋转生物包埋菌技术（REBC）和有机生活垃圾免堆处理技术（C-Free）。这两项技术的最大特点就是特别适合广大农村地区“面广、点散、规模小”的现状，实施生活污水和农村垃圾的处理处置和资源化利用。

在吉旺惠民绿色生态产业的生产侧，上述两项环保技术的作用主要体现在：

（1）旋转生物包埋菌技术（REBC）——农村污水治理。

对农村生活污水治理而言，该技术代表了目前国内较高水平，其可在好氧、兼氧和厌氧三种生物生长环境中，最大限度地促进微生物繁殖及新陈代谢，利用生物处理生活污水，以及减碳脱氮除磷一体化。应用分级旋转笼，用1/4的时间使生物包埋菌与污水体充分接触，用3/4的时间把污染物带至空气中，使之处于好氧过程；而生物包埋菌体内部同时进行兼氧和厌氧过程，从而达到污水处理再生利用。这一技术同时实现了脱氮、除磷、消化、沉淀等功能，还实现了对污水、污泥的同时处理。

（2）有机生活垃圾免堆处理技术（C-Free）——农村生活垃圾（特别是畜禽粪便）的处理和资源化利用。

免堆技术指免去堆肥过程但又能达到堆肥品质效果的技术。传统堆肥需要较长的时间和较大的空间，而免堆技术可节省时间和空间（图2-10）。

免堆技术适用于农村生活垃圾，尤其是畜禽粪便的堆肥资源化处置。同时，免堆技术具有独有的“碳减排”和“碳贮存”作用：传统或现行使用的堆肥技术是利用微生物分解原理，长时间的堆肥发酵过程会导致二氧化碳和甲烷等温室气体的大量释放，

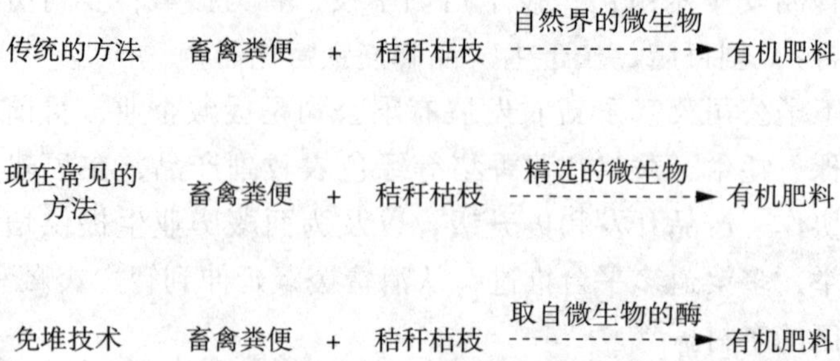

图 2-10　免堆技术与传统堆肥法的对比

有机物中的碳大量流失（50%~60%）。免堆技术引入生物酶，腐熟过程很短，因此几乎没有二氧化碳和甲烷等温室气体的释放，有机肥中的碳含量自然较传统或现行堆肥方法存留得高，起到了碳贮存的作用。这将为中国“双碳”战略目标的实现作出贡献。

农村污水和生活垃圾（包括畜禽粪便）治理在我国政府历次推动的“美丽乡村”“农村人居环境整治”等运动中不断得到改善，但由于广大农村地区的污水和垃圾治理都面临“面广、点散、规模小”的实际限制，始终未能寻求到一条合适的治理路径。吉旺惠民集团坚信，经过前人多次筛选、实践、完善、提升，以及在东亚范围内多项业绩的验证，旋转生物包埋菌技术（REBC）和有机生活垃圾免堆处理技术（C-free）适用于目前中国广大农村地区污水和生活垃圾（包括畜禽粪便）的处理处置和资源化利用，一举突破多年未能真正解决的“面广、点散、规模小”困难。吉旺惠民生态产业中的绿色种植、畜禽养殖、循环经济等方面正需要这两项环保技术，来破解农村污水排放和农村畜禽粪便对扩大产能、升级质量的限制，具有补短板、破瓶颈、可持续的实际意义。

三、三驱动：吉旺福街、旋转生物包埋菌技术、有机生活垃圾免堆处理技术

（一）吉旺福街

要想实现生态产品价值转化，要优先解决产品终端消费问题。在福州核心商圈，要规划实施“乡村振兴农商互联”项目的“入口”——吉旺福街，从体验生态产品、消费健康产品、乡村振兴人才的培训、食品安全的富民小吃孵化开始，通过大数据平台，延展到乡村产业基地，以中央有关文件精神和福建省经济产业发展战略为指导思想，巩固脱贫成果，加快乡村振兴（图 2-11）。

吉旺福街作为援藏、援疆、八闽大地和对口扶持的省外县域在福州的招商窗口，通过“乡村产业+互联网”的方式，实现文旅交流、产品流通、产业互联“走出去”。

通过政府指导、市场运营、社会参与，打造一个“乡村振兴、农商互联的展示、体验、交易、服务平台”，惠利于父老乡亲，引领百姓健康生活。

吉旺福街总面积超 1 万平方米，业态涵盖以援藏、援疆为核心的民族馆、福建八闽大地馆和以地方支柱产业为支撑的地方品牌富民小吃。打造食品安全示范街体现了文旅、地方特色名优农牧产品及食品安全核心价值，为市民提供了健康生活示范。

通过“德汤央厨”供应链平台及智能装备技术，发挥福建地方特色小餐饮连锁品牌优势，孵化且带动各地方特色产品、小吃品牌化发展，到劳动实践基地改造，从而实现了整体农商互联项目生态圈良性循环运转。吉旺福街重点打造沙县小吃健康升级版和西藏吖咕嘟连锁品牌。

福州核心商圈示范基地建成后，可在全国核心商圈复制推广“农商互联示范基地”模式，不限于援藏、援疆、八闽大地和对口扶持的省外县域的特色产品流通，而是可以扩大规模和范围。

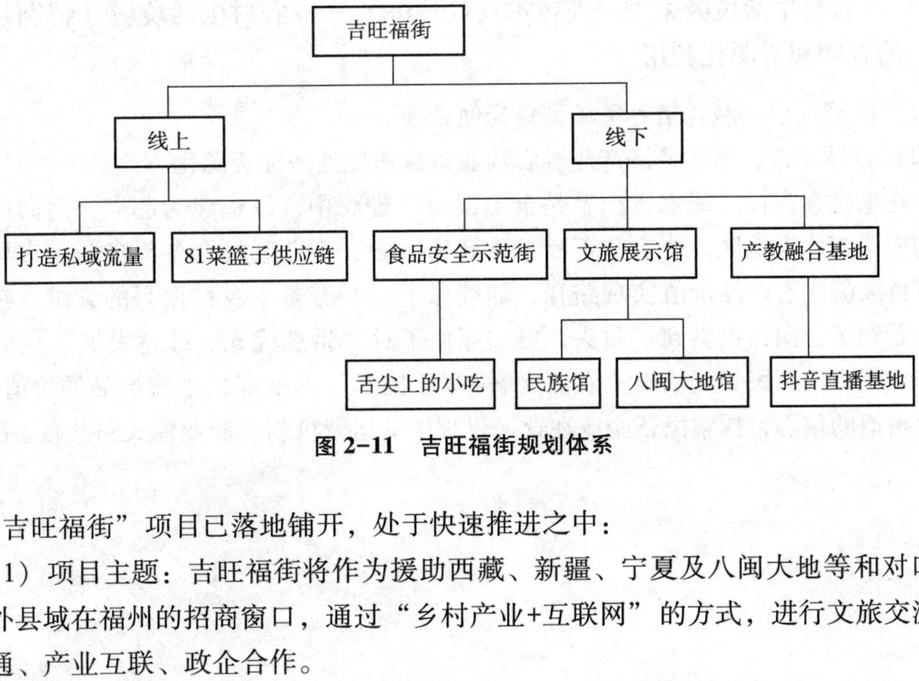

图 2-11 吉旺福街规划体系

“吉旺福街”项目已落地铺开，处于快速推进之中：

（1）项目主题：吉旺福街将作为援助西藏、新疆、宁夏及八闽大地等和对口扶持的省外县域在福州的招商窗口，通过“乡村产业+互联网”的方式，进行文旅交流、产品流通、产业互联、政企合作。

（2）档次定位：该项目将打造出一个乡愁文化、福建文化与网红打卡点结合的体验地、旅游的观光地、商业的消费地、美味的品尝地、休闲的聚集地，成为一处中高档次的商业经营场所。

（3）板块规划：文旅特产板块（包括民族馆、八闽大地馆，以文旅交流、地方特色产品展示、体验为主）；“味在八闽”板块（打造成省级食品安全示范街，以特色健康餐饮为主）；产教融合板块（乡村创业带头人培训、大学生创业工作室、直播带货基地、“创百店，扶千生”、健康膳食大讲堂等）；线上营销板块（建立菜篮子溯源大数据中心、81 菜篮子供应链平台①）；配套服务板块（设有党建文化展示区、公益基金区以及配套仓库、冷库、厨余物处置中心等）。

（4）资金来源：项目资金由企业自筹一部分；政府有关部门整合政策资金，扶持一部分；大学生、复转军人国家扶持政策扶持及自筹一部分。这些资金用于乡村振兴农商互联项目的运营与发展，服务于福建老百姓的健康生活，减少因病返贫，共享国家红利。

（二）旋转生物包埋菌技术（REBC）——农村污水治理

（1）平潭岛大练乡：工程建设已完成，正在验收，即将正式投产。

（2）西藏八宿：藏香猪养殖场污水处理。

（3）吉林三道：循环经济产业群农牧业污水处理。

（三）有机生活垃圾免堆处理技术（C-Free）——农村生活垃圾（特别是畜禽粪便）的处理和资源化利用

（1）西藏八宿：藏香猪养殖场畜禽粪便处理。

（2）吉林三道：循环经济产业群农牧业畜禽粪便处理和资源化。

吉旺惠民在践行“绿水青山就是金山银山”理念中，以福建为起点，面向已实现脱贫的中西部广大地区，认定和不断探索政府主导、企业和社会各界参与、市场化运作、可持续的生态产品价值实现路径，陆续做了一些有益于乡村振兴的尝试，在企业经营上看到了方向，也尝到了甜头，更加深化了对“生态优先、绿色发展”内涵的认识，坚定了吉旺惠民集团依靠“农商互联+绿色技术”助推绿色生态产品的价值发现、转化、增值的信心，探索民营企业在这一过程中的运营机制、商业模式和共赢道路。

① 这是一个由福建省菜篮子新农发展有限公司联合闽藏援（八宿）高原生物科技产品开发有限公司和西藏金谷农业高科有限公司共同组建的供应链平台。

专题八　绿色产业打造与绿色金融

一、绿色金融为何难“缘”绿色技术?

为支持环境改善、应对气候变化和资源节约高效利用，党的十九大报告中已明确提出发展绿色金融，支持市场化的绿色金融创新体系，以引导资金流向节能环保产业的绿色技术。政策支持力度不断加大，但为何绿色技术依然面临融资难题？又该如何解决？

第十二届中国能源环境高峰论坛设置了“绿色技术对话绿色金融”议题，中国节能协会副秘书长谌树忠、亿玮坤节能公司董事长刘森、北斗启明节能公司董事长王洪光、中科宇杰节能公司董事长郝泽忠、山东天壮环保科技公司董事长王丽红等专家和实业家对话中国金融学会绿色金融委员会副秘书长安国俊、华夏银行绿色金融中心主任张勇森、东方金诚国际信用评估有限公司技术委员会主任俞春江等金融家，并由石军省长和谢极司长做点评指导。《中国能源报》记者李玲对“绿色技术对话绿色金融”活动进行了报道。专家们发表了各自的看法和观点。

（一）发展的主要痛点

来自包括工业余热利用、油气罐区 VOCs 治理、节电设备制造等节能环保领域的上述多个企业，在论坛上不约而同地道出当前企业发展面临的最大瓶颈——资金不足。

华夏银行绿色金融中心主任张勇森谈道，2002 年，他曾作为主要参与人研究如何破解节能服务公司融资难的问题，但这么多年过去了，在节能服务产业对于整个产业结构调整和经济发展做出重大贡献的情况下，我们依然在谈节能产业融资难的问题，这背后的原因是什么？张勇森的一番发问引发热议。

北斗启明（北京）节能科技服务有限公司董事长王洪光认为，发展的痛点是现金流和市场很难匹配。比如，2020 年公司仅和中石油、中石化、中航油这三家企业签订的订单就有 20 亿元，但由于特殊的体制问题，项目必须得公司先干完，产品安装、验收合格后，甲方才能付款，中间至少得 1 年时间，导致现金流不够、资金压力很大，这是公司发展的瓶颈问题。

北京亿玮坤节能科技有限公司总经理陈传红认为，发展的主要痛点就是缺钱，公司用自己的专利技术，把钢厂尾气余热取出来后送给城市供暖，项目前期投入特别大，但得在后期才能逐年收回投资。比如，当下的供暖季，公司目前有陕西某钢厂余热给城市供热、山东某钢厂余热给海边渔民养殖海水加温、东北某钢厂给城市供暖等项目，几个项目加起来投资有20亿元。由于供暖市场稳定，这个项目的未来收益是长期稳定的，但对于一个年轻的公司来说，投资压力确实太大。

（二）绿色情怀转化为绿色金融支持的选择

为给绿色产业创新提供金融支持，当前我国已发展了绿色信贷、绿色债券等绿色金融产品。以绿色信贷为例，据介绍，在整个银行的信贷资产质量里，绿色信贷的质量远远高于银行总体的信贷资产质量。

华夏银行绿色金融中心主任张勇淼说，像华夏银行（7.150，0.03，0.42%），绿色信贷的不良率只有整体平均不良率的1/3，这说明绿色产业的企业、项目总体来讲是优质的。作为金融机构，首先我们非常愿意支持绿色行业的发展。但作为银行来讲，如果投资一个行业长期持续、风险可控，这样的资产是非常难寻的，我们面临好资产难寻的局面。在他来看，**有的优质项目就像好看的女子藏在深闺中**，有的虽然已经亮相了，但并没看到她的内涵，这需要借助政府、平台、第三方公共机构去评估和展示。

中国金融学会绿色金融委员会副秘书长安国俊认为，当前，绿色技术相关的政策部门协调机制并没有建立，**财税投融资的激励机制亟待突破和建立**。此外，绿色技术的评价指标体系、环境效益的评估以及科技成果转移转化的激励机制等都是亟须补充和完善的。

东方金诚国际信用评估有限公司技术委员会主任俞春江认为，光凭美好的愿望不足以促成金融支持的产生，这中间缺一道机制。隔行如隔山，绿色技术能不能让投资人挣到钱，能不能有足够的现金回报，就需要依靠绿色评级来解决这个问题。

（三）建立一种促进绿色情怀与绿色金融支持结合的商业模式

商道融绿董事长郭沛源认为，他做绿色金融十多年，越来越感觉它的本质还是金融，要尊重金融的一些基本规律。**不要觉得有了“绿色”就能去找钱**，首先要找到合适的一种商业模式。“绿色”只是商业模式中的一个特点，只谈“绿色”和情怀，短期内肯定是找不到钱的。现有很多业务模式可以跟“绿色”结合起来，比如很多银行会推出能效融资，本质上还是一个金融产品，不过还款来源是节能之后的效益、未来的现金流。节能环保企业可以考虑创新的融资模式，比如订单融资、供应链融资、未来现金流的质押等，各种各样的创新都可能去探索。要找到市场上对“绿色”有偏好的钱，它追求的不是短期收益，而是长期稳定的回报。又比如说，有银行发“绿色金融债”，意味着募集到的几十亿、上百亿元一定要专门投向“绿色”，企业可以看哪家银行发行了“绿色金融债”。还有一些货币政策，可以把“绿色”和普惠的资产作为抵押物，实际上是降低了资金成本。

张勇森则建议，**企业融资必须是一揽子的总体考虑**。融资一定是多种融资形式的组合，具体问题有具体解决的方案。比如，若主要给“三桶油”进行相关服务，由于他们有良好的信用，走供应链金融一定是最合适的。也就是说，企业融资时既要用好自己的信用，也要用好对方的商业信用。

二、消除瓶颈制约，发展沼气产业

2017 年，中国天然气全年消费量 2300 多亿立方米，其中进口近 1000 亿立方米，而当前沼气生产能力就达 1000 亿~1500 亿立方米，基本可以抵消当年天然气进口量。

沼气是指利用包括畜禽粪污、农作物秸秆等在内的农业废弃物，经过厌氧反应生成的甲烷含量在 55%~60%的气体，经提纯后甲烷含量可高达 95%以上，既能满足农村地区气、热、电等清洁用能需求，又能用于工业发电、车用燃气等领域，是消纳农业废弃物并填补清洁能源空缺的有效措施。此外，腐熟有机肥作为沼气副产品，还可重新用于农业生产。

但当前我国沼气发展并未成规模，超过一半的农业废弃物未被有效消纳。是什么因素阻碍我国沼气的发展，未来将如何推动沼气发挥更大作用？在第十一届中国能源环境高峰论坛上，农业和农村部农业生态与资源保护总站首席专家李景明提出了自己的思路与建议。《中国能源报》记者李玲、王升做了报道。

（一）资源利用率低

在政府资金的支持下，沼气工程从一家一户逐步发展为中小沼气工程服务体系，沼气原料来源和应用领域呈现更加多样化的发展趋势，沼气生产潜力也越来越大。但当前我国沼气并未实现规模化发展，多为中小型工程，且多数仍仅用于农村地区。据农业农村部统计，截至目前，全国各类沼气工程约 11 万处，其中中小型超 10 万处，大型不足 1 万处。农村户用沼气池约 4000 万户，但市场需求和使用率已经连续多年下降。相应地，我国农业废弃物利用率也不高。农业农村部 2017 年发布的《全国农村沼气“十三五”发展规划》显示，全国每年产生农作物秸秆 10.4 亿吨，可收集资源量约 9 亿吨，尚有 1.8 亿吨的秸秆未得到有效利用，多数被田间就地焚烧；规模化畜禽养殖场每年产生畜禽粪污 20.5 亿吨，未利用资源量超一半。

（二）经济性是主要问题

李景明认为：沼气工程涉及的产业链长，从上游原料的收、储、运，到下游终端市场培育，这中间都存在一些问题。当市场需求量大时，原料价格涨得越高。但当市场需求小时，多余的农作物秸秆和畜禽粪便对养殖企业是没有用的，还会产生环保负担。沼气工程企业本是替上游处理废弃物，具有社会环保效益，但这部分成本却被转嫁到企业，产生较大成本压力。

目前，原料的收、储、运问题对整个沼气工程运营成本的影响占比超过50%。对下游市场端而言，当前沼气产品主要有四种消纳途径：直接用于工业发电、农村地区的沼气工程通过区域管网送至用户、靠近城市的工程接入城市燃气管网、压缩成CNG并用撬装车送至CNG加气站。但沼气在市场中的消纳并不顺畅。

天然气的终端市场多具垄断性质，虽然提纯后的沼气在性质上和天然气并无差异，但燃气公司一般不愿意接收，有的即便接收，也会把价格压得很低，沼气生产企业几乎没有谈判的余地。

另外，由于农村地区的基础设施较为薄弱，因此区域性管网也通常是由沼气企业负责建设，这进一步抬升了成本。

在此背景下，沼气工程的产品消纳得不到保证，又无法获得可期收益，许多已经闲置，也没有新的企业愿意进入这一行业。

（三）政策激励机制待完善

从国际上看，生物天然气产业的发展很大程度取决于国家政策，凡是生物天然气产业发展较快的国家，都有较为完善的激励政策。据悉，德国颁布了《可再生能源法》，对生物天然气予以产品补贴。为了鼓励车用生物天然气，德国还在税费方面给予优惠，使生物天然气的售价远低于汽油和柴油。瑞典也是利用沼气作为汽车燃料最普遍的国家。

反观我国，虽然当前政府对沼气工程建设予以相应的财政补贴，在一定程度上降低了建设成本，但后续运行过程中对终端产品的价格补贴力度不够或无补贴。

有业内人士称，我国曾出台关于农业废弃物发电上网的相关补贴政策，但在落实时却常常被告知只针对秸秆发电，不包含沼气发电。财政部曾于2008年出台了《秸秆能源化利用补助资金管理暂行办法》，然而执行不到三年便停止了。

如何纾解当前沼气工程面临的困境。李景明认为：到目前为止，沼气还处于“九龙治水”的状态：之前一直由农业部门承担，现在由于沼气功能扩大到城市、工业、商业、交通领域，其他部门也开始介入；但不同部门的管理思路和方式迥异，对待农业废弃物的立足点也有很大差异。当务之急是要做好顶层设计，完善政策激励机制，依靠政策发力做好上下游市场的培育，打通沼气全产业链。建议各部门应相互协调，统一布局。对上游，应创新原料收集保障模式，确保原料来源及价格的稳定；对下游，应构建沼气多元化消费体系，强化与常规天然气衔接并网，尽快推动沼气的市场化，比如可以考虑对天然气企业实行配额制度。

三、推进中国绿色制造体系建设，走绿色发展道路

“构建遵从自然、绿色发展的生态体系，始终做世界和平发展的建设者、全球发展的贡献者、国际秩序的维护者”是中国坚持推动构建人类命运共同体的庄严承诺。习近平总书记的绿色发展理念为中国经济指明了方向。

第十二届中国能源环境高峰论坛上，北京关键要素咨询有限公司总经理卓列光认为，虽然近年来我国绿色发展取得了历史性的成就，但仍是经济发展的短板，大气质量、土壤环境状况不容乐观，固体废弃物排放惊人，资源利用效率偏低。推进中国绿色制造体系建设，走绿色发展道路仍然任重道远。就此，他提出了三点建议：

一是尊重自然，保护环境、绿色发展。积极推进大气超低排放的治理工作，主动按照法律要求处置工业危险废物，增加环保设施保证废水零排放。

二是积极推进中国绿色制造体系建设，创建绿色工厂、绿色园区、绿色供应链，促进整个工业领域的高质量绿色发展。一方面，中国工业企业要不断创新，在工艺、技术装备、经济技术和环保指标达到世界一流水平与跨国企业比肩。另一方面，进一步加大推动绿色环保产业发展，做好绿色技术推动工作，全面构建绿色低碳循环可持续的绿色发展新格局。

三是坚持技术创新，研发绿色生态产品。以技术创新为手段，增强未来的企业核心竞争力，瞄准城市矿山，大力发展废物综合利用，打造新的绿色产业链条。此外，在生态环保指标约束下，探索产品全生命周期绿色设计与制造的技术与方法，设计出低碳、可循环的工业产品。

第三篇 清洁低碳和安全高效能源促进篇

清洁低碳和安全高效能源是推动经济社会发展全面绿色转型、加快构建绿色产业体系的重要支撑。本篇分析了中国能源行业节能战略与政策、国家重点节能“百千万”行动、能源节约与资源综合利用、京津冀能源监管的最新战略和政策，分析了世界及中国氢能源科技产业发展、碳利用技术的发展、清洁能源发展，展望了无刷双馈电机系统节能、供热技术体系、区块链等安全高效节能技术的前景。

专题九　能源节约与能源监管

一、中国能源行业节能战略与政策

图 3-1　王思强发言

能源行业节能是 2018 年第十一届中国能源环境高峰论坛最重要的主题。围绕这个主题，**时任国家能源局能源节约和科技装备司司长（现任国家能源局华北监管局局长）王思强发表了“中国能源行业节能战略与政策”的主旨演讲（图 3-1），分析了改革开放 40 年能源行业节能的实践与成就、面临形势与存在问题、政策导向和思路**[①]。国际能源论坛［政府间（部长级）国际能源组织］、国家节能中心、工业和信息化部节能与综合利用司专家做了主题演讲。

王思强希望大家用好中国能源环境高峰论坛这个交流平台，不断开阔思路，创新形式，促进能源行业节能和能效提升，为打赢蓝天保卫战、打好污染防治攻坚战，建设“美丽中国”、实现中华民族永续发展作出应有的贡献。

我国是世界上最大的能源生产与消费国。能源行业既是能源生产者，也是能源消费者，其能耗占我国全社会能耗总量的 1/3 左右。节能对我国，特别是能源行业，具有特殊、重要的意义。党中央、国务院历来高度重视能源和节能工作，改革开放 40 多年来，我国能源发展和节能都取得了举世瞩目的成就，电源结构持续向结构优化、资

① 2019 年 2 月 11 日，《经济日报 · 中经智库专版》以“节能提效推动绿色发展”为题发表了王思强的署名文章，并为此文加了编者按：“近日，由中国能源环境研究中心、经济日报社中国经济趋势研究院、国家信息中心中国经济信息网共同主办的第十一届中国能源环境高峰论坛在北京举行。该‘峰会’连续 11 年举办，已经成为我国能源环境领域的重要交流平台之一。本届论坛上，与会嘉宾围绕能源行业节能和能效提升、打赢蓝天保卫战、打好污染防治攻坚战、建设‘美丽中国’、实现中华民族永续发展等话题深入交流，贡献了不少有价值的思路及观点。现摘登国家能源局能源节约和科技装备司司长王思强在论坛上的主旨演讲，以飨读者。”

源节约化方向发展，形成了水火互济，风、光、核、气、生物质并举的电力能源结构，多项指标世界第一。特别是党的十八大以来，将生态文明建设纳入中国特色社会主义事业“五位一体”总体布局，节能成为推进绿色发展、建设生态文明的重要组成部分。我国能源行业节能政策的顶层设计不断完善，结构调整和产业升级加速能效提升，技术创新促进企业节能取得显著成效，能源开发、生产、加工、转化、储存和输配效率稳步提高。据初步统计，2012—2017 年，煤炭、电力、石化三个领域累计实现节能量约 2.8 亿吨标准煤，减排二氧化碳 7.4 亿吨，为我国节能工作、推进绿色发展和建设生态文明作出了巨大的贡献。

但我们也应清醒地认识到，我国能效水平与世界先进水平还有不小的差距。目前我国单位 GDP 能耗强度是世界平均水平的 1.7 倍，日本的 4.4 倍、德国的 3.7 倍、美国的 2.4 倍。这一巨大的差距固然有发展阶段以及 GDP 可比性等因素的影响，但毫无疑问，我国仍要长期坚持节能优先方针，大幅提高能效，能源行业尤其要进一步加大节能工作力度。在持续节能挖潜后，能源行业节能投入的边际效益也在持续下降，节能工作已进入深水区，面临很多新挑战：一是能源发展不平衡不协调，影响先进产能发挥效率；二是分领域节能空间收窄，综合节能技术推广困难；三是行业节能监管有待加强，企业节能管理有待提高；四是亟待建立绿色科技创新体系和节能技术供需平台；五是全球减碳压力加大，海外能效市场“蓝海”亟待开发。

对此，**王思强司长提出以节能提效为引领推动能源行业高质量发展**。他说，当前，面对深入推进能源革命及绿色发展的挑战和机遇，必须把节能与提效放在更加突出的位置，以节能提效为引领，推动能源行业发展质量、效率和效益全面提升。

一是进一步加强顶层设计，推动能源行业节能提效。能源行业应以提高发展质量、提升整体效率和增加企业综合效益为目标，进一步强化节能和提高能效是最清洁、最经济、最低碳能源的理念，研究制定能源行业节能发展战略，完善政策体制机制，把节能和能效提升纳入能源发展规划评价指标体系，促进我国能源行业由注重保障能力提升向兼顾能源系统效率、效益转变。健全能源生产消费预测预警机制，提高预测预警的及时性、精准性和可操作性，加强国内、国际能源绿色节能技术发展和长期战略研究，向节能和能效要动力，支撑清洁低碳、安全高效的能源体系建设。

二是进一步推广跨领域节能技术，促进能源系统节能。创新能源行业节能管理体制可推动能源各领域生产、加工、转化、储存、输配环节的融合，鼓励推广能源综合服务新业态、新模式。抓紧研究制定电厂、炼厂中低温余热资源回收用于北方地区冬季取暖或工业园区的支持性政策。运用工业互联网、大数据、云计算、人工智能等现代信息技术提升改造传统能源企业，推广煤油共炼等跨领域节能先进技术，发展能源互联网、智能电网、智能热网、智能油气管网，开展电力、热力、天然气、可再生能源和储电、蓄热、蓄冷、储氢相结合的多功能互补项目示范，研究区块链技术用于分布式能源定价和交易的可能性，通过部署研发一系列先进技术，帮助企业持续提高发展效率和效益。

三是进一步强化节能监管，提升节能管理水平。统筹能源行业节能提效工作，加强能源行业节能和能效管理，提高能源行业节能工作的系统性、协调性，推动能源行业高质量发展和绿色转型。研究制定与节能“双控”目标相匹配的能源行业节能监管政策。制定能源行业的能效对标行动计划，制定或修订一批符合能源行业节能标准和技术规范，通过对标达标活动来推动能源企业绿色转型。充分发挥行业协会和第三方机构在节能监督管理和能效标准制定等方面的作用。

四是进一步加强能源科技和节能技术推广平台建设，促进供需对接。研究构建以市场为导向的能源行业绿色科技创新体系，打通先进绿色技术创新、研发、示范、推广和应用环节。借助互联网、大数据、人工智能等现代信息技术，打造节能技术采购方与技术供应商、服务商开展交易的电子商务平台，打通电子商务平台与国家信用体系的对接，推动节能技术和产品交易便利化、规范化。组织行业制定能源行业节能低碳技术推广目录，并定期对目录实施效果进行评估。

五是进一步强化能源国际合作，推动先进节能技术、装备、工程“走出去”。与美国、日本及欧洲等地区的发达国家开展智能电网、智能热网、分布式能源系统、电力需求侧响应等前沿能源科技研发合作。按照优势互补、互利共赢的原则，推进“一带一路”重点国家能源合作，鼓励高效清洁燃煤发电、低损耗智能电网、风力发电、光伏发电等先进技术装备输出到发展中国家，推动与周边国家跨境电力通道节能升级改造，为全球节能低碳和绿色发展作出贡献。

新时代要求绿色发展、高质量发展，能源行业节能工作面临新情况，迎来新机遇。做好节能工作使命光荣、责任重大、任务艰巨，需要社会各方面共同参与、共同行动。

二、京津冀能源监管与雄安绿色发展

在2019年12月28日的第十二届中国能源环境高峰论坛上，国家能源局华北监管局副局长郝瑞锋发表了“加强能源监管促进京津冀（雄安）绿色发展”的演讲。

他说，京津冀地区是我国能源消费中心之一，煤炭消费占能源消费比重较大。京津冀地区装机主要为火电，另有相当规模的风电和光伏，电力市场化交易已稳步开展多年。2017年，京津冀三地联合印发《京津冀能源协同发展行动计划（2017—2020年）》，首次提出了“八大协同”。其中能源绿色发展协同明确，优先安排张家口可再生能源示范区等可再生能源和清洁能源上网，实现在京津冀区域一体化消纳。保障京津冀尤其是首都的天然气、电力等能源供应任务艰巨。

促进京津冀（雄安）绿色发展，首先，深入挖掘清洁能源消纳潜力。华北电力调峰辅助服务市场于2018年12月底起试运行，通过市场手段激励，实现了“花小钱，办大事”的效果。其次，着力拓宽清洁能源消纳路径。2018 年 11 月，启动京津冀绿色电力市场化交易，为清洁采暖和冬奥场馆提供了绿电支持，拓展了新的消纳路径。再次，不断创新清洁能源消纳机制。2019 年 12 月 12 日，启动第三方独立主体参与华北电力辅助服务市场试点，创新提出负荷侧调节资源参与清洁能源消纳的新机制。最后，持续推进清洁能源送出工程。推动建设张北—雄安 1000 千伏特高压工程和张北柔性直流工程。2019 年 12 月 24 日，张北柔性直流电网试验示范工程已正式启动张北—北京端对端系统调试，实现“用张北的风点亮北京的灯”。

就雄安新区而言，要立足雄安新区能源发展现状，未来发展实现“四个转向”：能源结构转向清洁低碳，能源利用转向集约高效，能源设施转向坚强完备，能源管理转向智慧协同。从市场和治理两个维度规划雄安新区能源发展新蓝图。一是形成促进多种能源融合互补的市场体系，通过构建有效的市场机制，以价格信号为引导，打造电源侧多能互补，电网侧灵活调控，负荷侧柔性互动的用能平台，实现网、源、荷、储的即时响应。二是建立维护市场公平竞争的现代治理体系，切实贯彻京津冀协同发展国家战略，推进三地能源一体化建设，破除省间壁垒，充分发挥市场在区域内资源配置中的决定性作用，根据京津冀功能定位，建立全面完善、可操作性强的监管制度。

三、能源节约与资源综合利用最新战略和政策

在 2018 年第十一届中国能源环境高峰论坛上，工业和信息化部节能与综合利用司处长（现任副司长）尤勇受杨铁生副司长的委托，在会上发表了题为“能源节约与资源综合利用最新战略和政策”的演讲。他说，推动能源消费革命，发展壮大区域能源产业、实施工业绿色发展是一项系统工程，要汇聚全社会力量。中国能源环境高峰论坛要同相关部门、企业和行业协会加强合作，凝心聚力，共同高举绿色发展大旗，为建设制造业强国和“美丽中国”作出新的贡献。

党中央、国务院高度重视生态文明建设和绿色发展，习近平总书记在 2018 年 5 月的全国生态环境保护大会上强调，绿色发展是构建高质量现代经济体系的必然要求，是解决污染问题的根本之策。我们必须像保护眼睛一样保护生态环境，像对待生命一样对待生态环境，树立绿水青山就是金山银山的绿色发展观。

“十二五”以来，工业和信息化部建立健全绿色低碳循环发展经济体系，形成资源节约和环境保护的空间格局、产业格局、生产方式和生活方式。全行业累计节约能源约 7500 亿元，实现了经济效益和生态效益的双赢。“十三五”以来，持续推进传统行业能效能源高效低碳化改造；充分利用阶梯电价能源审计等手段，倒逼钢铁水泥等行业节能降耗；积极构建绿色制造体系，制定了一批节能、节水、绿色制造等领域急需的国家和行业标准，实施了 400 多项标准项目研究，遴选培育了 111 家国家制造的第三方支撑机构；绿色知识体系初见成效。

但随着工业化进程的开展，我国消耗了大量能源资源，2017 年全国能源消费总量达到 47. 9 亿吨标准煤，其中煤炭消费总量占全部能源消耗总量的 60. 4%，天然气、水电、核电、风电等能源消费总量占能源消费总量的 20. 8%，我国石油和天然气对外依存度分别达到 67. 4%和 39%，铁矿石对外依存度达到 88. 7%，部分地区资源环境承载能力已接近或达到上限。以京津冀和周边地区为例，其国土面积仅占全国的 7. 2%，却生产了全国 43%的钢铁和 45%的焦炭。

工业是我国能源消费的主体。2017 年规模以上工业能源消耗 27. 89 亿吨标准煤，标准煤消费占我国全社会一次能源消费的 62%。从趋势上看，2016 年、2017 年和 2018 年前三季度工业能源消费同比增长 1. 42%、2. 9%、3. 4%，增速逐年增高。国家“十三五”规划要求 2020 年能源消费总量控制在 50 亿吨标准煤以内，非化石能源比重要达到 15%，任务十分艰巨。2015 年，习近平总书记在巴黎气候大会上庄严承诺，中国将于 2030 年左右使二氧化碳排放达到峰值，并争取尽早实现。可见，无论是在控制能源消费总量、减少温室气体排放方面，还是在优化能源消费结构、实现能源清洁低碳化方面，我国都任重道远！

我国产业结构和空间布局亟待优化，要破解资源环境的约束，实现高质量发展，我们必须积极贯彻党中央生态文明建设的总体部署，摒弃以破坏环境换取一时利益的增长方式，按照工业绿色发展“十三五”规划和绿色制造工程实施指南，加快构建绿色低碳循环的产业体系，不断加大清洁能源比重，走工业绿色发展道路。

推动能源消费革命是实现工业绿色发展的必然要求。从主要工业行业能源消费和成本支出来看，我国主要工业能源行业消耗强度近年呈下降态势。2012—2017 年，火电厂供电煤耗由每千瓦时的 320 克标准煤下降到 309 克标准煤，吨钢综合能耗由 601 克标准煤下降到 571 克标准煤，水泥电耗由 117 千克标准煤下降到了 112 千克标准煤，合成氨综合能耗由每吨 1402 千克标准煤下降到 1207 千克标准煤，部分行业和企业能源消耗水平已跃居世界前列。但是由于我国工业区域和发展行业发展不平衡，与发达国家相比，我国主要工业能源消耗强度能源成本占比仍有较大差距，特别是能源支出成本比较高。目前，我国钢铁、电解铝和生产电池等主要高耗能行业能源消耗成本分别约占总成本的 30%、40%和 70%。**要实现“十三五”规模以上工业增加值能耗下降 18%的目标，企业能源节能降本、提质增效的任务任重道远。**

尤勇认为，要完成这些目标，实现经济低碳转型，推动高质量发展，必须按照党中央的要求，落实节能优先的方针，把节能贯穿于经济社会发展的全过程和各领域，着力优化能源消费结构，不断提高清洁能源消费比重，积极培育绿色增长新动能，实现能源的消费革命，努力做好以下工作：

第一，加大结构调整力度，着力推进能源清洁低碳化。一是加快产业结构调整步伐，要综合运用能耗环保等综合手段，依法淘汰落后产能，化解过剩产能，着力推动产业结构和产品结构高端化。二是优化工业能源消费结构，加快清洁能源装备产业发展步伐，大力发展新能源汽车等。

第二，以技术进步为支撑，着力推动工业能效的持续提升。一是加大先进节能技术推广应用力度，始终将工业能效提升作为落实能源消费革命的关键措施。二是以工业窑炉和电机为重点，推动主要用能设备能效提升。目前我国各类工业窑炉能耗约占工业总能耗的60%，保有量约12万台。

第三，实施互联网+能源战略，利用信息化手段促进工业能效提升。积极利用工业互联网、大数据、云计算等新技术新手段，继续在水泥、石化、钢铁等重点用能行业加快企业能源管理中心建设，推动企业能源数字化、信息化、智能化，加大绿色数据中心创建力度，加快推广普及绿色数据新技术、新模式，不断提升绿色数据内容中心的能耗。

第四，加快建设智能微电网。当前，随着风能、太阳能等装机容量大幅提升，中低品位余热开发利用不断深入，建设智能微电网，实现多种能源的综合调度，已成为推动能源清洁阶段化的关键。需要突破大规模储能技术，将不连续、低密度的可再生能源化解为稳定、连续的电力。

第五，强化能源管理，夯实企业能源能效提升基础。推动重点民营企业加强能源管理制度建设，积极构建能源管理信息平台，强化能源计量基础，定期开展能源计量审计诊断和统计体系建设，实施工业节能和绿色标准化行动计划，继续支撑标准研究，完善工业节能标准体系，充分发挥标准的引领作用。继续在钢铁和建材行业开展能效非标达标，遴选能效领跑者。加大强制性能效标准的执法力度，实施国家重大节能监察。争取在“十三五”期间，实现对重点高耗能行业节能监察的全覆盖。

第六，努力创建新体制、新机制，全面推动绿色体系建设。一是创新公司模式，加大对工业节能和绿色发展评价中心合同能源管理公司等第三方服务机构的培育力度。二是组织第三方评价机构为广大企业，特别是中小企业，提供综合能源诊断服务，组织节能服务公司利用合同能源管理等方式，推广高效节能技术和清洁能源，完善绿色信贷机制。

第七，强化国际能源合作。着重与“一带一路”国家开展国家能源合作，鼓励引进高效燃煤发电智能电网风电等先进技术设备，引领相关国家为全球的节能和减排以及绿色发展作出贡献。

四、加强“双控”目标考核，深入推进重点用能单位开展“百千万”行动

所谓“双控”，是指控制能源消费总量和控制能源消费强度。总量就是我们国家发展经济消耗了多少能源，以标准煤为单位；强度是每生产1万元GDP，我们用了多少能源。“双控”是节能领域最核心的一项工作，在国家层面有约束性指标。比如，到

2020年，要把全国的能源消费量控制在50亿吨标准煤以内，单位GDP能耗在2020年要比2015年下降15%。这是两个约束性指标。国务院每年都要向全国人大汇报这个目标的完成情况，具体任务落在国家发展改革委及其环资司，国家节能中心协助国家发展改革委环资司围绕实现“双控”指标开展工作。

重点用能单位是一个法律范畴的概念，在《中华人民共和国节能法》里被定义为“年综合能耗在1万吨标准煤以上的单位”。这些单位主要集中在六大高耗能行业，如钢铁、电力、石化等，当然也包括一些第三产业的，比如商场、宾馆、超市。这个群体是我们开展节能工作最重要的对象，全国数量为1.6万家左右，他们的能源消费量占到全国能源消费总量的60%~65%，只有把这1万多家高耗能企业的节能工作做好，各个地区的双控指标乃至国家层面的“双控”指标才会顺利完成。

“十三五”期间，国家将重点用能活动进一步改版升级，叫作“百千万”行动。“百”就是年能耗300万吨以上的用能单位，全国有100家左右，由国家层面直接进行考核；“千”是年能耗50万吨以上，由省级政府进行管理；“万”由地市一级的地方政府部门进行管理，实行分级管理。“百千万”行动开展以来，企业积极开展节能工作，设立岗位、配备人员、实施节能技改、开展内部奖惩考核与班组绩效挂钩等，取得显著成效。十几年的节能工作实践表明，考核是一个非常有效的工作机制，大批先进高效的技术装备得到了推广应用，有效带动了节能环保产品、设备、服务以及投资需求。抓好重点用能单位这个群体的节能工作，有助于推动节能环保产业的发展，使之将来成为国民经济的支柱性产业，这是我们的目标。

在第十一届中国能源环境高峰论坛上，国家节能中心综合业务处处长时希杰认为：现在有些工作还处于起步阶段，需要我们进一步加大工作力度。当然，这里面也有中国能源环境高峰论坛“新百千万万”活动的贡献。在“百千万”行动取得显著成效的同时，我们也要清醒地看到，从“十三五”期间的“双控”指标完成进度看，目前压力还是很大的，因为经济下行压力比较大。根据边际效益递减规律，很多人认为企业的节能潜力挖得差不多了，如果再向下，指标就无法完成了。但根据我们的了解和业内专家的测算，事实上，重点用能单位普遍还存在着10%以上的节能潜力，即便是节能技改比较充分的钢铁和化工等高耗能行业，也有百分之十几的节能空间。此外，在不同行业不同地区之间，能效水平也不一样。即便是能效最领先的企业，也还有提升空间，一些低能效的中小企业会有更大的提升空间。所以，中小企业的节能工作也越来越受到各方关注。另外从地域来看，东部发达地区的节能工作开展得比较好，但中西部地区工业刚起步或偏资源利用型企业的节能水平还有很大的提升空间，所以，节能潜力还是有的。我们需要用更先进的技术、更有效的管理，推动节能工作不断向纵深发展。

专题十　清洁低碳能源

一、促进清洁能源发展

近年来，能源发展的时代背景在变化。第一个背景是2015年全球近200个国家签署了《巴黎协定》，主要目标是将21世纪全球平均气温上升幅度控制在2℃以内。

协议的签署标志着应对气候变化已经从一种社会共识上升为一种政府间承诺，成为世界范围内的一种强制性政策。协议签署后，各国在减排降耗、清洁能源的使用方面都进行了大量的探索。在此背景下，能源企业（尤其是石油企业）积极响应，在上中下游多个环节积极践行承诺。

另一个背景同样值得关注。从2016年年中开始，全球油价大幅下跌，每桶从100多美元下降到60美元左右，最低甚至降到了27美元。经济放缓、油价下跌造成了石油公司经营困境。新的风险因素不断出现，包括产油国的政治动荡、地缘政治风险等，这些变动又受市场波动的影响而变得更加复杂。

2018年12月15日，第十一届中国能源环境高峰论坛上，国家能源局原党组成员、副局长张玉清分析了世界及中国油气发展形势，谈了中国天然气发展问题：根据国家能源发展规划，到2020年中国的天然气在一次能源消费中的比例是10%，到2030年要达到15%。根据专家分析预测，中国天然气应该还处于快速发展的阶段。存在的问题：一是天然气对外依存度不断攀升，二是天然气与替代燃料价格的竞争性问题，三是中国天然气勘探开发前景问题。他认为：**中国石油产业处于稳定发展期，2亿吨石油稳产还是有资源基础的；天然气产业处于快速发展期；关键是要体制创新、技术创新、管理创新，不能仅靠政策扶持。**

国际能源论坛（IEF）秘书长孙贤胜参加了2018年12月15日在北京开幕的第十一届中国能源环境高峰论坛，之后又参加了2019年3月11日在美国能源城市休斯敦开幕的、由IHS Mark it主办的第三十八届剑桥能源周（CERAWeek）。会后，他接受新华社和《中国石油报》记者张景瑜、王馨悦联合采访的文稿（《中国石油报》，2019年3月19日）在中国能源环境高峰论坛发布。

谈及国家石油公司在能源转型中的实践，孙贤胜认为，几乎所有的国家石油公司都在能源转型过程中面临着巨大挑战，中国的国家石油公司在能源转型上已进行了大量探索，取得的成绩实属不易。在此背景下，国家石油公司面临五个方面的历史性重任。

一是保障国家能源安全。不同于其他性质的公司，除了完成企业职责外，国家石油公司还有一个更高的要求：保障国家能源安全供应。对中国来说，无论是中国石油还是中国石化，这种责任与义务都不容推脱。事实告诉我们，中国的国有企业在多重困难的情况下依旧担起了这样的重任。

二是应对世界范围内的能源贫困。解决能源短缺乃至能源贫困问题是国家石油公司的职责所在。目前，全世界范围的能源短缺问题依然严重。世界上有20亿人还没有用上现代能源，12亿人没用上电，还在依靠烧柴烧煤解决生活问题。能源与人民生活息息相关，努力提高人民的生活水平是国有企业不可推卸的责任。

三是携手同行应对气候变化。“中国是全球气候变化的敏感区和影响显著区”“中国所做出的承诺会100%完成，而且会争取做得更好一些”。这些对发展低碳绿色经济的明确承诺彰显了中国石油等一批国有企业的责任与担当。在国际舞台上，越来越多的能源企业把能源发展和绿色发展放在同等重要的位置，这对于促进人类社会的可持续发展具有重要意义。

四是调整能源结构、促进能源转型。能源驱动的方式随着时代进步不断变化。人类社会经历了煤炭、油气年代，也必会经历可再生能源、太阳能、风能的时代，这是一个逐步替代、逐步推进的过程。这一过程要求不断提高供给质量，改善能源结构，着重提高替代能源的可持续发展能力。同时，能源体系不但要追求清洁低碳，更要追求安全高效。

五是科技创新、效率提升。国家石油公司的战略设计和经验储备都较为完备，其目标也不完全是片面追求利润，还有更多的能源保障、能源发展、解决能源贫困的义务。因此，国家石油公司更有责任加大科技投入，推动能源技术发展，提高行业整体效率。更重要的是，在勘探开发、科技研发基础上的投入，是保持长期、稳定、可持续发展的能源供应的必由之路。

二、加大碳利用技术的发展

我国正处于工业化和城镇化的重要时期，在大力发展经济的同时能源环境以及由此产生的碳排放问题也成了国内外普遍关注的热点。一直以来我国高度重视碳排放问题，并积极加入世界碳减排潮流，为应对气候变化不断做出贡献。根据国际能源机构（International Energy Agency，IEA）提供的数据，为了实现2050年全球升温幅度不超过2℃的目标，每年的碳排放量应当控制在150亿吨以内。为达到这一目的，从碳排放源的角度看，通过提高能效和使用可再生能源等途径减排已是当前能源发展的一大趋势。从排放端来看，如今每年只有约14%的二氧化碳排放被捕集处理，仍有大量的二氧化碳被直接排放至大气中。因此，加快碳利用技术的发展也是当今低碳发展的重要手段。

在全球减排压力日益突出的背景下，加强低碳技术的研究是提高高能耗、高碳排放企业竞争力的重要手段。中国作为能源大国，在满足市场能源产品需求的同时面临着巨大的减排压力，尤其是“碳配额”的概念，促使企业不得不以积极的姿态应对全国碳交易市场的到来。在应对气候变化的大环境中，研发和推广低碳技术被视为减少碳排放的重要方法。就碳利用技术而言，面临着一些不容忽视的压力。首先，碳利用技术可行性与有效性评价不成熟。如CO_2-EOR不仅面临着对陆相沉积油藏，高密度高原油的强化采油增产效果不理想的问题，还存在着全国范围内大规模应用结果差异大，对技术使用条件认识不充分的问题。其次，部分碳利用技术过程中的关键技术没有突破，造成技术无法大规模应用和推广。如二氧化碳驱提高采收率的大规模管网输送与井组布置技术尚不成熟致使当前碳利用技术的减排效果不明显，难以满足中国低碳发展的迫切需求。最后，高投资限制了部分碳利用技术的推广。大多数碳利用技术流程复杂，涵盖范围广，具有较长的产业链，产业内各行业间的相关性较强。

因此，宋昭峥、马倩等建议尽快推动中国碳利用技术健康全面发展，促进这一技术发展成为市场，通过减少成本而产生收益。一旦碳利用技术开始大规模应用，将会形成很大的市场，不但在中国拥有大规模的应用潜力，它的潜在市场还包括美国、澳大利亚、印度及一些欧盟国家等。针对在低碳发展中如何实现高绩效的问题，基于对市场前景的探索，如果中国可以提前占领碳利用技术的高地，那么借助过去多年所积累的经验，中国完全可以在未来碳利用技术推广的市场中占领一席之地，中国企业也可借此进军国际市场。一方面，建立跨部门、跨行业协调机制，分阶段、分重点逐步推进碳利用技术的商业化进程。一般而言，碳利用技术项目的开展涉及多部门、跨行业的配合和协调，成立专门的跨部门协调机构，统筹规划、研究、评估、立项等环节中不同部门之间的协调工作，设计合理的成本、效益和责任分担机制，以规模化应用为驱动，以大规模减排为目标，在“十四五”期间，开展中国碳利用整体布局和规划工作。另一方面，出台鼓励和补贴政策，探索市场化激励机制。碳利用技术的发展需要解决商业化应用之前的巨额研发资金投入，建议出台政策，实施经济鼓励和补贴，探索市场化激励政策，开通银行贷款绿色通道，引进社会资本，建议设计合理的融资机制和政策，克服碳利用技术投资与运行成本高的障碍。

三、促进氢能源科技产业发展

据中国投资咨询网消息，近年来，随着氢能利用技术发展成熟以及应对气候变化压力持续增大，氢能在世界范围内备受关注。氢能已经纳入我国能源战略，成为我国优化能源消费结构和保障国家能源供应安全的战略选择。

2016年，国家发展改革委、国家能源局联合印发《能源技术革命创新行动计划（2016—2030）》，将氢能与燃料电池技术创新作为重点任务。中国拥有全球最丰富的氢能源，同时拥有全球最大的汽车市场，因此氢能源科技在中国有十分广阔的发展前景。

在第十一届中国能源环境高峰论坛上，据淄博晓兰氢能源科技有限公司副总经理陆旭昊、德和泰集团董事长张恪等介绍，淄博晓兰正致力于联合打造联合国氢能源科技产业示范园（图3-2）。

图3-2 联合国氢能源科技产业示范园

淄博晓兰氢能源科技有限公司是第十一届中国能源环境高峰论坛的协办单位，该公司由晓兰公司与德和泰集团共同成立，致力于氢能综合利用，逐步缩小我国在氢能源的推广应用方面与世界发达国家先进水平的差距，为保护地球生态环境、控制全球变暖做出贡献。

目前，氢能产业链上各厂家局限在某一生产环节，大家都在等其他环节和配套成熟，才敢规模化生产，不敢冒险走出第一步，仅靠国家和地方补贴求生存，不在市场中挖潜力。为此，淄博晓兰致力于搭建一个解决这一核心问题的平台，由平台负责提供资金与相关配套，引进国内外该领域的先进技术和团队，通过自主创新与全球技术整合，打造一个具有划时代意义的“氢能产业示范园”，创造全新的氢能源产业新高地。

联合国氢能源科技产业示范园项目将由联合国开发计划署、中国国际经济技术交流中心、淄博市博山区人民政府、北京环境交易所、中美绿色基金、淄博晓兰氢能源科技有限公司、中国北辰星国际实业控股集团有限公司共同参与，致力于从核心技术突破、短板补齐、建立示范点等方面推动氢能产业发展。

目前，意向合作企业包括拥有世界领先氢能源科技技术的日本丰田、日本三菱化工机、日本岩谷、日本东芝、挪威 Nel·、美国 Proton、法国液化空气集团、加拿大麦格纳、韩国 ILJIN Compoites、广东晓兰、富瑞氢能、晓龙新能源、晋城阿邦迪等，涉及氢能产业的“制储运用”等环节（图 3-3）。

图 3-3　联合国氢能源科技产业示范园意向合作企业

专题十一　安全高效节能技术

在第十二届中国能源环境高峰论坛上，有30多位专家现场发言，并提交千字文稿建言。涉及安全高效节能技术的有北京热力集团、金路达集团有限公司、中国海洋石油总公司经济技术研究院、国家电网浙江省电力有限公司电力科学研究院的专家和实业家等。

一、节能、减排、新能源供热技术

北京热力集团雄安公司总经理杨东升介绍了北京热力集团的自主知识产权供热技术体系和节能、减排、新能源供热技术。

北京热力集团是全国最大的国有供热企业，隶属于北京能源集团，担负为北京市市民和中央党政军机关及各国驻华使馆、北京市党政机关、大型企事业单位的供热保障职责，是中国城镇供热协会理事长单位。北京热力集团集供热生产运营、供热规划设计、供热工程建设、供热技术研发、供热设备制造于一体，拥有供热运营分公司9家，全资子公司18家，控股子公司4家，参股子公司4家，员工8000多名。2019年，集团总资产488亿元，供热总面积4亿平方米，用户总数230万户，管网长度2015千米，热力站4929座。

供热技术研发优势：通过总结集团60年的核心供热技术，吸收北欧等国家的先进供热经验，形成集智能供热、绿色供热、大数据信息化于一体的符合中国国情的自主知识产权供热技术体系。北京热力集团共拥有供热方面的专利121项、著作权49项、注册商标18项。多年来，北京热力集团一直主导编制全国供热行业技术标准，主持和参加编写国家、行业、地方标准28项。

智能供热：形成基于“源、网、站、户”一体化系统大型智能热网的运行、调节、管控技术。通过多热源联网运行技术，优化调度模式，实现供热经济运行，提高管网输配优势，保障供热系统安全稳定运行。通过热力站无人值守系统和“一站一日一计划”调度系统，实现对热力站在线的自动监控和有效调节。

绿色供热：北京热力集团在节能、减排、新能源供热技术方面遥遥领先，引领行业发展。

以能源管控中心为核心的节能模式：实现能源系统分散的数据采集和控制、集中的管理调度和能源供需平衡及所需能源预测功能，从而更好地实现生产运营全过程中的节能、降耗和环保。

国内领先的超低排放技术："低氮燃烧技术"可使烟气中的氮氧化物排放值低于每立方米 30 毫克，率先在国内达到新的环保标准；"烟气余热回收技术"实现了热能的深度利用，大幅降低烟囱冒白烟现象。

多种新能源供热的示范工程：地源热泵供热及制冷、太阳能供热、空气源热泵供热等新能源供热技术，已成功在集团落地实施，实现集团在非化石能源供热方面的尝试与突破。

大数据信息化：大数据信息化技术的应用，为集团供热系统精细运行、管理高效决策、效益稳步提升提供了有效的支撑作用，同时将服务延伸至了用户末端。集团率先在北京市开展了公建热计量及居住建筑热计量工作，通过智能卡刷卡用热，在创新缴费方式的同时，实现了用户自主用热，提高了供热服务质量，极大降低了能耗水平。集团自主研发的"掌上热力"手机系统可控制计量设备、安防、智能家电，采集末端用户生活环境、身体健康数据，解决社区服务"最后一公里"难题；"掌上热力"通过与热计量设备集成，可提供暖通空调控制方案、安防电气解决方案、改善用户体验、培养用户习惯、促进合理用能，最终达到节能减排的效果。

二、金路达无刷双馈电机系统节能技术

2017 年，中国用电总量 63077 亿千瓦时，风机、泵、压缩机用高压电机耗能占整个社会用电量的 49%，即 30000 多亿千瓦时。如果以上设施全部采用金路达集团有限公司的节能技术，可节电 30%~60%，即每年节约用电 9000 亿~18000 亿千瓦时，合 9000 亿~18000 亿元人民币。

在第十一届中国能源环境高峰论坛金路达集团有限公司（华中科技大学与德和泰集团产学研结合的成果转化平台）"绕线转子无刷双馈电机系统技术"发布会上，**山东省淄博市博山区政府副区长隆小波宣布该技术正式产业化。**

金路达集团有限公司是第十一届中国能源环境高峰论坛的协办单位，**首席科学家、华中科技大学教授王雪帆、德和泰集团董事长张恪**引领公司以节能降耗促进可持续发展为公司的重要目标，突破了电机节能技术的瓶颈，攻克了全世界公认的电机领域的顶级难题，**推出领先全球的金路达节能电机技术——"绕线转子无刷双馈电机"技术。**

科学技术的推广与完善离不开企业的合作与政府的支持，金路达集团有限公司是百年品牌德和泰集团与华中科技大学产学研结合的成果转化平台，也是山东省淄博市政府和博山区政府全力培植的高科技创新企业。

集"产、学、研、用"为一体，依托华中科技大学新型电机国家重点专业实验室，

由世界著名电机专家王雪帆教授领衔，快速完成无刷双馈系列产品的产业化。金路达集团的电机制造厂是中国最早的专业电机制造厂家，于 1942 年生产出第一台电动机，为中国的国防事业和机械工业作出了重要贡献。

“绕线转子无刷双馈电机”技术采用低压变频技术直接控制高压电机转速，堪称电机领域“皇冠上的明珠”。这项技术势必将为节能环保事业作出重大的贡献。此技术的主要优势可见图 3-4。

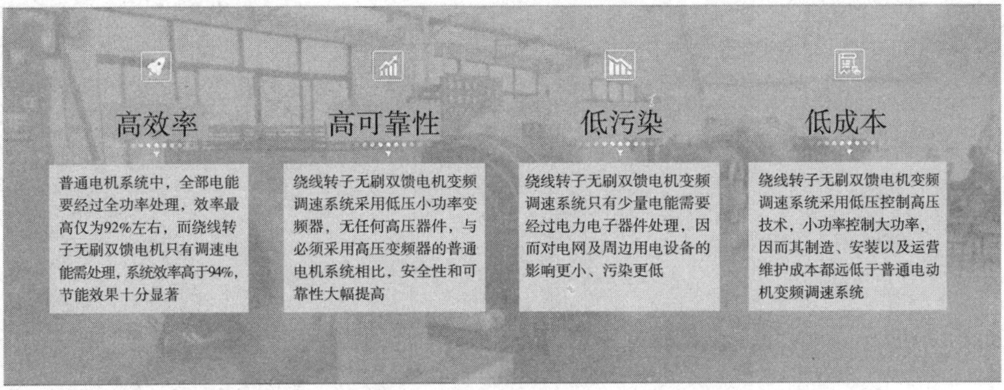

图 3-4　绕线转子无刷双馈电机技术的主要优势

“绕线转子无刷双馈电机”技术的应用相当广泛：在发电机领域，可应用于风力发电机、水力发电机、船舶轴带式发电机、舰船柴/电推进系统、新能源微电网调峰发电等方面；在电动机领域，可应用于大型水利系统智能调控泵站电机、工业泵类、风机、压缩机等中高压电机以及坦克等大型装甲车辆的电动传输系统等方面应用（图 3-5）。

图 3-5　工程履带车电动传输系统

第四篇 绿色文化和绿色新闻促进篇

文化科技绿色化是绿色生态促进的基础，要使绿色生态文化成为社会主流文化。本篇汇集了中央重点媒体、行业主流媒体和新媒体对中国能源环境高峰论坛（简称“峰会”）历届活动（2018—2020）的报道。“峰会”还通过官方微信等自媒体向“万万益众”速递中央重点媒体、行业主流媒体和新媒体的重要信息、各方专家对绿色文化的建言等。“峰会”以主要负责人林智钦教授为主，完成了绿色生态文化的传播，并将进一步规范自媒体的发展，加强中英文网站管理，清退与吸收并举，扩大自建的群友通讯录、保持自建的微信群，规范退出与加入保持已有的微信群和群友通讯录的动态平衡，将“万万益众”的目标推向更高层次和水平。

专题十二　绿色文化促进：绿色生态创新成果借力中央重点媒体、行业主流媒体和新媒体速递全球

一、第十四届中国能源环境高峰论坛暨“坚持和完善生态文明制度体系研究”重大项目阶段性成果发布交流会

人民网、中国发展网以及《中国经济导报》《中国电力报》等**聚焦“绿色生态促进”主题，第十四届中国能源环境高峰论坛暨“坚持和完善生态文明制度体系研究”重大项目阶段性成果发布（图 4-1）。**

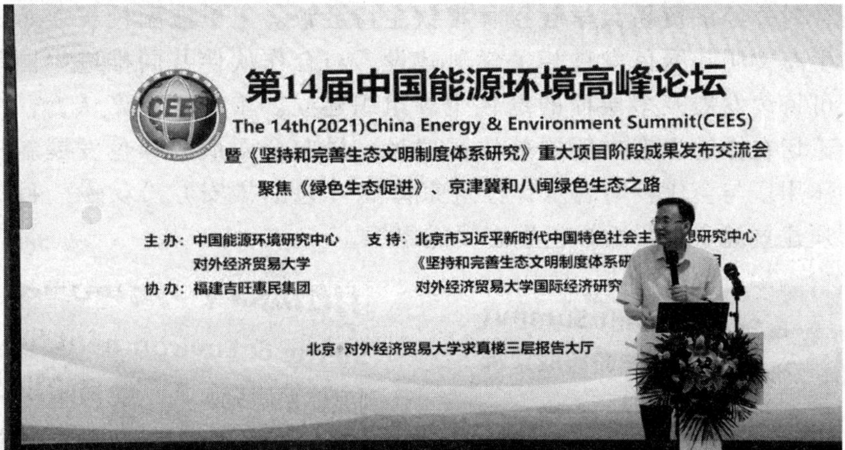

图 4-1　林智钦主持会议

奋斗 13 年，坚定不移走生态优先、绿色发展之路，促进经济社会发展全面绿色转型。建党百年，启航新征程，第十四届中国能源环境高峰论坛暨“坚持和完善生态文明制度体系研究”重大项目阶段成果发布交流会（简称“峰会”和重大项目）于 2021 年 7 月 11 日在对外经济贸易大学求真楼三层报告大厅举办（图 4-2），聚焦绿色生态促进。会议由中国能源环境研究中心、对外经济贸易大学主办，

图 4-2　会议现场

北京市习近平新时代中国特色社会主义思想研究中心重大项目、对外经济贸易大学国际经济研究院等支持，福建吉旺惠民集团协办。**对外经济贸易大学副校长王敬波（图 4-3）、国务院国有重点大型企业监事会原主席季晓南（图 4-4）致辞。北京市习近平新时代中国特色社会主义思想研究中心研究员、中国能源环境研究中心主任、对外经济贸易大学教授林智钦主持会议。**王敬波副校长表示，学校将持续加强生态文明和绿色发展相关学科建设，与合作伙伴共同推进中国能源环境高峰论坛可持续发展及多层面的绿色生态组织建立。季晓南主席认为，中国能源环境高峰论坛在推进生态文明制度体系建设、导向全面形成绿色发展新格局中发挥了重要作用。与会代表均表示，推进京津冀（包括雄安）“双碳”目标的提前实现，亟须建立健全多层面绿色生态促进组织。

图 4-3　王敬波致辞

图 4-4　季晓南致辞

会上，**林智钦（图 4-5）**发布了“峰会”和重大项目三项重要阶段成果：**一是“坚持和完善生态文明制度体系研究”重大项目取得重要阶段性成果。**《绿水青山就是金山银山 发掘良好生态的经济价值（新知新觉）》一文发表在 2021 年 3 月 26 日的《人民日报·理论版》，已经形成了“坚持和完善生态文明制度体系 稳步促进‘两山’理念的生态价值转化”的理念。作为中国能源环境高峰论坛第四部蓝皮书《绿色生态促进》的重要组成部分，《区域自然资源生态系统评估研究报告》的主要内容将在国家级出版社出版，并在核心期刊发表。**二是确定第十四届中国能源环境高峰论坛暨“坚持和完善生态文明制度体系研究”重大项目研讨交流会将于 2021 年底在对外经济贸易大学召开。**届时，将邀请国家领导，国家发展改革委、人民日报社、中共北京市委、北京市习近平新时代中国特色社会主义思想研究中心、国家能源局、生态环境部、自然资源部、工业和信息化部、住房城乡建设部、农业农村部、福建及其他省市和外国政府的领导，国内外院士、专家、实业家，聚焦绿色生态促进、京津冀和八闽等区域绿色生态之路；发布生态产品价值实现的区域实践与探究、低碳绿色生态产业价值发现和实现的区域践行福建和其他区域实施方案，推进绿色生态促进组织和平台在各个层面的构建，推进自然资源价值评价在京津冀应用等。**三是《绿色生态促进》蓝皮书将在第十四届“峰会”上首发。**该书以林智钦教授承担的“坚持和完善生态文明制度体系研究”（北京市习近平新时代中国特色社会主义思想研究中心、北京市社会科学基金 2020 重大项目）的阶段性成果为重点，以“两山”理念、生态优先、价值转换为研究视角。全书由“绿色发展和生态文明促进篇”“绿色技术和绿色产业促进篇”“清洁低碳和安全高效能源促进篇”“绿色文化和绿色新闻促进篇”“实践探索和成就展示篇”等内容构成。

图 4-5 林智钦发言

福建吉旺惠民集团首席顾问、福建海峡环保集团股份有限公司原副总裁、高级工程师徐峰（图 4-6）发布了"'农商互联+绿色技术'助推绿色生态产品价值实现——福建吉旺惠民绿色生态产业项目实施方案"。他说，福建吉旺惠民集团积极响应习近平总书记关于"绿水青山就是金山银山"的理念，参与到绿色生态产品价值实现这一国家重大战略的探索实践中。为了这个目标，**目前，吉旺惠民集团主要布局和推动"一轴两翼三驱动"战略。徐峰博士和福建菜篮子新农发展有限公司董事长陈标斯**（图 4-7）就相关问题回答了《中国经济时报》记者白雪、商业文化主编卢振楷和对外经济贸易大学国际关系学院副院长王波的提问。

图 4-6　徐峰发言

图 4-7　陈标斯发言

重大项目课题组成员、中国科学院地理科学与资源所、对外经济贸易大学、全国能源基础与管理标准化技术委员会、科技部中国科学技术发展战略研究院、国家开发银行、国务院发展研究中心、国家能源集团、国际欧亚科学院等 30 多位院士、专家在会前提交研讨文稿，与重大项目负责人林智钦教授进行视频初步交流，并在会议期间围绕上述相关主题展开了研讨交流（图 4-8）。

图 4-8　参会代表积极讨论

二、第十三届中国能源环境高峰论坛暨“坚持和完善生态文明制度体系研究”重大项目开题论证会

2020 年是“十四五”开局之年，在党的第十九届中央委员会第五次全体会议后，**第十三届中国能源环境高峰论坛主要负责人、北京市习近平新时代中国特色社会主义思想研究中心研究员、中国能源环境研究中心主任、对外经济贸易大学林智钦教授申报的项目“坚持和完善生态文明制度体系研究——基于‘两山’理念、生态优先、价值转化的视角”，被北京市习近平新时代中国特色社会主义思想研究中心、北京市社会科学基金确定为 2020 重大项目**（项目编号：20LLYJA007；项目周期：2020 年 12 月 15 日至 2023 年 12 月 15 日）（图 4-9）。2021 年 12 月 26 日上午，在对外经济贸易大学求真楼三层报告大厅成功召开了开题论证会（内部）。林智钦教授介绍了项目情况、主持会议，并回答了咨询专家提出的有关问题。

图 4-9 “坚持和完善生态文明制度体系研究”开题论证会

北京市习近平新时代中国特色社会主义思想研究中心执行副主任、北京市社科联副主席李翠玲女士（图 4-10）**出席了论证会并做总结发言，肯定了开题论证的成效。**7 位专家出席论证会现场，2 位专家提交书面意见。

图 4-10 李翠玲发言

论证会之后，重点围绕坚持和完善生态文明制度体系、促进“两山”理念的生态价值转化，以线下和部分环节线上结合

的方式召开了第十三届“峰会”，展开研讨和对话等活动（图 4-11）。出席“峰会”的有：对外经济贸易大学党委书记、中国国际低碳经济研究所所长蒋庆哲教授，《人民日报》理论部部务委员、经济社会编辑室主编张怡恬，国家发展改革委国际合作司一级巡视员李斌，国务院国有重点大型企业监事会原主席季晓南教授，国家能源局原党组成员、副局长张玉清，对外经济贸易大学国家对外开放研究院党委书记庄芮教授、对外经济贸易大学科研处处长薛熠教授等。中国工程院院士、原副院长杜祥琬发来寄语。

图 4-11　第十三届“峰会”研讨和对话现场

“峰会”由蒋庆哲书记（图 4-12）、李斌司长致辞。蒋书记在致辞中说，今年是中国能源环境高峰论坛设立十三周年。自 2008 年中国能源环境高峰论坛设立以来，发起了中国能源环境“百千万万”和“新百千万万”活动，形成了影响全球的系列绿色发展创新成果、优秀建言、经典案例、消霾创新技术、系统的绿色发展理论和一系列“峰会”蓝皮书。“峰会”产生的绿色发展理论创新成果在中央“三报一刊”发表，被各级政府采用。2019 年 3 月，中国国际低碳经济研究所隆重揭牌，着力建设中国绿色低碳发展的高端智库。今后，学校将继续加强相关学科和研究

图 4-12　蒋庆哲发言

基地建设，与社会各界共同推进绿色发展研究，更好地实现“政产学媒众”深度融合，促进中国绿色改革发展。

林智钦主任（图 4-13）主持并介绍了“坚持和完善生态文明制度体系研究”等。在“中国能源环境高峰论坛（2008—2019）回顾与新一轮展望”的主旨报告中，他做了深入回顾：过去一轮（2008—2019）的成果获得了众多中外国家级、部省级领导在内的绿色生态促进重要人物、国家主管部委局、中央重点媒体及行业主流媒体的支持；百项绿色创新技术、千位优秀专家进入党中央、国务院和国内外高层决策或决策视野，益众超亿；众多系统的绿色发展理论创新成果在中央“三报一刊”发表，还以蓝皮书（《绿色生态促进》《绿色发展全球梦》《绿色发展消霾论》《绿色发展革命》）和绿皮书（《探索全球智库之路》等）等方式出版、发布，被中央和地方各级各界采用，推进生态文明制度体系建设，导向全面形成绿色发展新格局。

图 4-13　林智钦发言

全国相关科研院所、金融机构、国企央企及优秀民营企业共同参与、探讨，宣传、交流、展示生态优先绿色发展经典案例、绿色创新技术、绿色制造技术。

“峰会”分享了中国科学院地理科学与资源研究所资源科学中心副主任、首席研究员谢高地带来的“中国区域自然资源生态系统评价的改进”这一主题。

“峰会”推出了多项绿色技术，包括由**技术引进方惠民（福建平潭）智慧科技有限公司董事长林秀梅女士**（图 4-14）介绍的来自中国台湾的生活污水处理领先技术——旋转生物包埋菌技术。会场对话点评资深专家贾生元、林厚波、单军艳、吴万益、林阳泰等专家一致认为：旋转生物包埋菌技术所用到的菌活性高密度高，可快速出水，水质可达到国家一级标准；系统设备采用非固定处理模块，不需要后期设备，施工周期短，可依照存量用地空间弹性设计、灵活设置；大部件的安装调试及运营服务十分便捷，可实现与周边自然生态及生活环境的完美融合，杜绝传统工艺造成的脏、乱、差、异味等现象，特别适宜具有集成式、引流式污水处理需求的城市、乡村、山区、海岛、住宅区、工业区等。《中国环境报》《中国电力报》记者和中国农业大学研究生现场进行了提问和互动。

图 4-14　林秀梅发言

“峰会”进行了“煤炭消费减量替代补短板”（国家发展改革委、世界银行项目）对话，**分享了国家能源基础与管理标准技术委员会顾问张管生教授的“煤炭减排与绿色发展”报告、国家开发银行行务委员郭濂的“推动世界经济绿色发展和生态品价值化”报告，以及中国能源环境研究中心研究员、中关村绿色产业联盟副秘书长张震龙等的看法。**

张管生说：“在煤炭消费量高，石油天然气又严重依赖进口的背景下，加快我国能源转型是必由之路。如今，煤炭减量途径从总量去产能已进入到结构去产能的新阶段。主要是提高清洁能源的利用水平，难度较大，要求更高。未来，我们要实现可再生能源、新能源与传统能源的包容式发展。在传统能源方面，煤电、煤化工和散煤是煤炭使用的主要方面，其中散煤占煤炭消费总量的1/3，清洁化利用成为急需解决的问题。”专家经过讨论认为，我国是一个多煤、贫油、少气的国家，石油和天然气对外依存度高。随着我国向清洁能源转型，在可预见的未来，天然气对外依存度将进一步提高。但是，目前我国煤炭在能源消费中的比重仍然较高。“十四五”期间，推进能源革命与能源转型仍然任重道远（图 4-15、图 4-16）。

元方泰创始人、董事长乔海涛介绍，煤制甲醇是煤清洁化利用的重要突破口，而甲醇制氢技术的成熟将有利于我们达到这一目的。为解决国家急需清洁能源、减少煤炭消耗之急，元方泰醇氢能源可全面满足企业能源需求，达到安全、环保、省钱、便捷的目的。

图 4-15 专家讨论

图 4-16 与会专家合影

第 13 届"峰会"由中国能源环境研究中心、对外经济贸易大学中国国际低碳经济研究所主办，国家主管部委、对外经济贸易大学及其国际经济研究院支持，中关村国联绿色产业服务创新联盟、惠民（福建平潭）智慧科技有限公司、中国节能协会等协办。

三、第十二届中国能源环境高峰论坛

为了进一步贯彻落实党的十九大精神，坚定不移地推进绿色发展革命，促进雄安新区绿色发展，2019 年 12 月 28—29 日，由中国能源环境研究中心、对外经济贸易大学中国国际低碳经济研究所主办的，国家发展改革委国家能源局、雄安新区管委会、对外经济贸易大学及其国际经济研究院等支持的“聚焦以雄安新区为重点的绿色发展（绿色生态）促进——第十二届中国能源环境高峰论坛”在京胜利召开，这次活动同时得到了中国节能协会、河北雄安绿野清风环保科技有限公司、首融控股有限公司等单位的协助。出席这次活动的领导和嘉宾有：**中国工程院院士、原副院长、国家能源咨询专家委员会副主任、第三届国家气候变化专家委员会名誉主任杜祥琬，国务院国有重点大型企业监事会原主席季晓南，第十二届全国政协经济委员会副主任、甘肃省原省委常委、副省长石军，对外经济贸易大学党委副书记李茂国，国家能源局原党组成员、副局长张玉清，国家发展改革委原气候司巡视员谢极，国家能源局华北监管局副局长郝瑞峰，河北雄安绿野清风环保科技有限公司董事长单军艳等（图 4－17、图 4－18）。中国能源环境研究中心主任、北京市习近平新时代中国特色社会主义思想研究中心研究员、对外经济贸易大学教授林智钦主持会议并报告雄安新区绿色发展（绿色生态）促进会筹备情况。**300 多位来自政界、产业界、学界和媒体界的嘉宾和绿色生态促进者参加了主论坛和分论坛。

图 4-17 雄安新区绿色发展（绿色生态）促进高端对话

（从左到右：林智钦、季晓南、杜祥琬、张玉清、谢极）

图 4-18　与会嘉宾发言

（从左上到右下：李茂国、郝瑞峰；林智钦、张琪）

中国气候变化事务特别代表、国家发展改革委原副主任解振华发来贺词。雄安新区管委会副主任吴海军派专员出席会议听取专家建议。

本次论坛围绕以雄安新区为重点的绿色发展（绿色生态）促进，加强能源监管，促进京津冀绿色发展。与会专家指出：**雄安要靠生态环境体现价值、增加吸引力，亟须组建雄安新区绿色发展（绿色生态）促进会。**中国能源环境高峰论坛 12 年“峰会”聚集的百项绿色技术、千位高端专家、上万媒体和本届“峰会”近百家（位）绿色生态促进人物和单位，为雄安新区绿色发展（绿色生态）促进会建立奠定了一定基础。**林智钦主任**介绍了雄安新区绿色发展（绿色生态）促进会的宗旨、范围和机制构想。

论坛形式丰富多彩，有领导致辞、专家献策，**对外经济贸易大学党委副书记李茂国代表党委书记蒋庆哲致辞**并指出，今后对外经济贸易大学也会继续将绿色发展研究作为高校义不容辞的责任，同时学校将加强相关学科建设，与合作伙伴共同推进中国能源环境研究中心的建设，推进中国能源环境高峰论坛可持续发展以及雄安新区绿色发展（绿色生态）促进会的成立。更好实现“政产学媒”深度融合，促进雄安新区以及中国绿色改革发展。

国家能源局华北监管局副局长郝瑞峰发表题为“加强能源监管 促进京津冀（雄安）绿色发展”的报告，指出要从市场和治理两个维度规划雄安新区能源发展新蓝图。一是形成促进多种能源融合互补的市场体系，通过构建有效的市场机制，以价格信号为引导，打造电源侧多能互补，电网侧灵活调控，负荷侧柔性互动的用能平台，实现网、源、荷、储的即时响应。二是建立维护市场公平竞争的现代治理体系，切实贯彻京津冀协同发展国家战略，推进三地能源一体化建设，破除省间壁垒，充分发挥市场在区域内资源配置中的决定性作用，根据京津冀功能定位，建立全面完善、具有可操作性的监管制度。

在本次论坛上，季晓南主席、杜祥琬院士、张玉清局长、谢极司长进行了高端对话。杜祥琬院士给雄安提出了三点建议：一是绿色低碳循环。建议雄安利用好地热。制氢时应该用可再生能源制氢，实现无排放。二是“无建筑不光伏”。三是打造“无废城市”。季晓南主席建议，要根据国情来发展，要把绿色发展、经济发展、美好生活统一起来。张玉清局长建议，在雄安新区跨界融合、灵活应变，落地综合能源服务。谢极司长在杜院士的建议上做了补充，他建议雄安新区应自行消耗城市内的垃圾排放，建立循环机制，引入免堆技术，在这个区域实现“零排放”。

论坛交流了绿色技术板块的活氧技术、垃圾处理技术、建立方装配式科技。绿色技术创新是绿色发展的重要动力，与会代表踊跃发言（图4-19）。河北雄安绿野清风环保科技有限公司董事长单军艳（图4-20）发表“发动机气路活氧装置和免堆技术在我国的应用”的主题演讲。河北雄安绿野清风环保科技有限公司副总经理兼技术总监王振宇博士发表“发动机气路活氧装置+OBD监测系统技术”的主题演讲。中国台湾科技大学教授林阳泰、台湾叶山集团总经理邱淑静、台湾叶山集团技术部经理李宥徽等专家推出获得全球40多个国家发明专利并被国际知名期刊《自然》（Nature）刊载的免堆技术。泰通建设集团副总裁、建立方集团总裁、泰通装配式建筑研究院院长章赐红发表题为“建立方装配式科技助推绿色建筑高质量发展”的主题演讲。雄元建设总经理、雄安融森生物董事长解龙发表“绿蛙无毒装饰材料在国家重点项目的应用”的主题演讲。会议的最后，第十二届全国政协经委副主任石军和谢极司长做了点评（图4-21）。

图4-19　与会代表踊跃发言

（从左上到右下：林阳泰、王振宇；李宥徽、解龙）

图 4-20 单军艳发言

图 4-21 绿色技术对话绿色金融

（上排从左到右：石军、谢极、谌树忠）

此次论坛邀请了《人民日报》《经济日报》和中央广播电视总台的记者、编辑制片人等现场报道和交流（图 4-22）。

图 4-22　媒体交流现场

四、第十二届中国能源环境高峰论坛合作伙伴与媒体会

2019 年 5 月 17 日，第十二届中国能源环境高峰论坛在对外经济贸易大学科研楼五层校董会会议室举办合作伙伴与媒体会（图 4-23）。会议由中国能源环境研究中心主办，河北雄安绿野清风环保科技有限公司协办，对外经济贸易大学、北京荷风艺术基金会、中国节能协会节能低碳专家联盟、国际能源论坛等支持。会议围绕绿色低碳智能交通的方法与路径，绿色文化与传统文化、国际文化的接轨，沙特峰会（绿色能源和交通、绿色金融、绿色基础设施等）等主题展开。对外经济贸易大学党委书记、中国石油企业协会常务副会长蒋庆哲致辞。北京市习近平新时代中国特色社会主义思想研究中心研究员、中国能源环境研究中心主任林智钦主持会议。50 多位来自国家机构、国际组织、高等院校、大中型企业的著名专家、实业家，中央重点、主流媒体等出席了会议。

图 4-23 第十二届中国能源环境高峰论坛

蒋庆哲书记说，今年是中国能源环境高峰论坛设立 12 周年。12 年来，绿色发展消霾梦成了中国能源环境高峰论坛的论坛梦，也成了全面形成绿色发展新格局的催化剂。“峰会”设立 12 年来，发起了中国能源环境“百千万万”和“新百千万万”活动，形成了影响全球的系列绿色发展创新成果、优秀建言、经典案例、消霾创新技术、系统的绿色发展理论和一系列“峰会”蓝皮书。“峰会”还联合国家能源环境主管部门等共同倡导绿色发展革命，推出了百项消霾的创新技术和平台；凝聚了《人民日报》《经济日报》和新华社、央视等数千家媒体、上万家机构以及数以千计的国内外大学生，共同传播绿色化发展改革理念、政策和技术，推动全球绿色发展。雄安新区是千年大计、国家大事。这次论坛也聚焦雄安新区绿色发展规划和绿色低碳智能交通，研究探讨创新解决方案，为把雄安新区建成国际一流的绿色、现代、智慧城市贡献一分力量。国家“双一流”学科建设高校——对外经济贸易大学也将绿色发展研究与绿色人才培养作为义不容辞的责任，促进中国绿色改革发展。我们希望更多的专家学者、政府领导，特别是企业高管、世界 500 强企业专家能够走进大学，把绿色发展理念和技术研究、创新手段带进大学的绿色创业实践，让更多大学生亲身参与设计出更多经济实用、有市场需求与自然和谐发展的绿色技术和产品，造福人类。蒋书记也希望中国能源环境高峰论坛深度探讨绿色发展新路，促进绿色发展、绿色文化和节能减排，增强国内外合作，不断探索绿色发展新路，推动天更蓝、地更绿、水更清、城市更宜居、环境更优美的“美丽中国”建设！

林智钦主任重点介绍了“雄安新区绿色低碳发展规划框架下交通移动源排放治理及实现智能交通的方法与路径选择调研”的成果与建议。他从分析雄安新区的空气质量变化、交通现状和变化趋势以及中国和世界的发展趋势入手，指出了推进雄安绿色发展和绿色交通的重要性和迫切性，探讨了雄安新区绿色低碳智能交通的创新解决方案及其保障措施建议。随后，他介绍了第十二届中国能源环境高峰论坛初步框架。第十二届“峰会”于 2019 年第四季度在对外经济贸易大学召开，大会围绕绿色低碳智能交通的方法与路径，绿色文化与传统文化、国际文化的接轨，沙特峰会（绿色能源和交通、绿色金融、绿色基础设施）等主题，邀请国家发展改革委、生态环境部、雄安新区管委会、国家能源局、国务院国有大型企业监事会、交通运输部、住房城乡建设部、对外经济贸易大学、中国工程院、厚朴投资、国际能源论坛领导或领导型专家发表演讲、交流讨论、对接合作等。会议成果经《人民日报》《经济日报》《中国环境报》《中国改革报》《中国石油报》《证券时报》《中国石油石化》《商业文化》《人民交通》和新华社、中央广播电视总台、腾讯视频、腾讯视频、国际能源网等中央重点媒体、行业主流媒体和立体媒体向全球传播，以蓝皮书、内参方式提交党中央、国务院、国家主管部委、相关部委决策参考，为绿色发展和绿色交通提供决策咨询服务，为雄安及全国其他地区交通移动源排放治理及实现车辆智能交通管理系统提供方法与路径选择。

会上，合作伙伴以减排效果显著的发动机气路活氧装置为案例提出发动机前端治理技术的选择，配以高效的智能终端——车载诊断系统（比如车载 OBD 系统）。河北雄安绿野清风环保科技有限公司董事长单军艳发表“发动机气路活氧装置在河北等七省市 8 万辆汽车使用的效果”的演讲，并接受了中国经济网、腾讯视频的采访。她说，生态优先、绿色发展、保护环境、节约能源是社会的责任，也是我们的责任。由林阳泰博士发明的发动机气路活氧装置经过多年完善和测验，已经确定可有效减少内燃机设备的尾气排放。基于提高内燃机缸内气体的活氧量和燃烧充分性原理，还能有效提高运作效能，减少能源消耗。这是一项利国利民的事业。为此，雄安绿野清风环保科技有限公司专门组建团队整合各方资源，对装置进行试用和推广。研发团队历经 15 年潜心研究，累积七省市超过 8 万辆机动车的数据，多次改进升级，最终研发出的产品可以将一氧化碳、碳氢化合物、氮氢化合物等污染物排放平均减少 40%以上，减少尾气排放的黑烟 70%以上，降低油耗 10%左右。公司已经在北京、沈阳、银川、石家庄等汽车保有量比较大的城市进行推广，并取得了用户的一致好评。

发动机气路活氧装置发明人，中国台湾新环境基金会法人代表、董事长，中国台湾科技大学机械工程系主任林阳泰教授介绍了国家专利——发动机气路活氧装置。他说，发动机气路活氧装置是国内外多名专家经过15年的共同研发推出的一项节能环保新技术。此技术在研发过程中攻克了量子力学、空气动力学、流体力学、材料学、纳米技术等领域的多项技术难关，最终形成了安全、高效、独特的节能减排装置。发动机气路活氧装置安装于汽车的空气过滤器后端的进气管中，不改动车辆的油路和电路，是一种特别设计的流线型叶片装置。此装置由稀土中提炼的多种纳米化的特殊金属粉末制造而成。自然界空气中的氧分子并不是独立存在的，而是几十个氧分子互相吸附在一起形成氧分子团。在这种状态下，氧分子团进入发动机气缸内与燃油分子结合时，氧分子团中间的氧分子与燃油分子接触不到，造成燃油分子和氧分子不能充分燃烧，因而造成一氧化碳和积碳增加，污染环境。安装发动机气路活氧装置后，该特殊材料会瞬间将通过该装置的气流中的大氧分子团细微化（将大氧分子团拆分成小分子团），增加了氧分子与燃油分子的接触数量和面积，因此可提高氧分子的利用率，使燃烧效率提升约20%，从而达到节省燃油（节油率达10%）、增加动力、降低尾气排放（降低尾气排放50%左右）的效果。这项技术适用于以汽油、柴油、天然气为燃料的各种内燃机车辆和设备，是一种符合国家绿色发展的独有技术。

深圳市成为智能交通系统有限公司副总经理李鹏介绍了OBD系统。他说，OBD是“车载诊断系统”的缩写。这个系统可以随时监控车辆的运行状况，一旦发现有可能引起排放超标的情况，会马上发出警示。人们可以通过标准的诊断仪器和接口读取相关信息。根据信息的提示，维修人员能迅速准确地确定故障的性质和部位。汽车的动力或排放控制系统出现故障时，有可能导致一氧化碳、碳氢化合物、氮氧化合物或燃油蒸发污染量超标，故障灯就会报警。开发OBD系统主要目的是使汽车的检测、维护和管理合为一体，分别进入发动机、变速箱等系统中读取相关数据，并利用车载通信系统通告管理部门，管理部门根据该车辆排放问题对其发出指令，如去哪里维修，解决问题的时限等，还可对违规者的车辆发出禁行指令。因此，OBD系统可以很好地配合有关部门对车辆进行全面管理。石家庄交广汽车俱乐部有限公司胡少军总经理从汽修维修工程师的角度谈了内燃机增氧装置的作用。接受记者提问的还有河北雄安绿野清风环保科技有限公司董事长单军艳、总经理田向华，以及发动机气路活氧装置辽宁省总代理单乃权等。单乃权重点谈了沈阳市综合性能检测站现场测试安装的实况。中国管理科学研究院智慧城市研究所所长赵一农等也做了发言。会后，发动机气路活氧装置研发团队、雄安绿野清风技术团队等为受邀参加会议的嘉宾和媒体记者现场免费安装发动机气路活氧装置，得到大家赞赏。

围绕绿色文化与传统文化、国际文化的接轨，**北京荷风艺术基金会创始人、理事长李风**发表题为“绿色文化与艺术教育的融合创新”的演讲。他说，雄安的建设需要5~10年，那个时候，现在的原住居民就是这座城市的主人。10年之后，今天的小学生都已是成人。大家一定要清楚，决定这座城市未来品质的一定是这座城市的主人，一定是居民的素养和品位！艺术教育以及艺术的其他功能会使人们的思维方式、行为方式发生重大变化：艺术可以使一座城市充满创新精神，艺术是人所必需的精神营养，艺术也是一座城市充满爱意和美好的能量来源。

伏羲文化如何与绿色文化、国际文化接轨？国家开放大学教授，伏羲教育创始人吴鸿清用“做好自己”这四个字回答这个问题。相传，伏羲为人文始祖，广义的伏羲文化就是中国优秀传统文化，具有超时空的力量。只有学好、用好中华优秀传统文化，实现中华文化的伟大复兴，才能真正做到人与环境和谐共进，走上持续发展之路，才能进行国际文化交流，自立于世界民族之林。

就智能交通问题，中冶空铁轨道交通有限公司总经理张震龙发表了题为“空铁高新技术与展望”的演讲。他认为，空铁是未来城市轨道交通发展新方向，发展空铁意义深远。同时，他展示了空铁效果，介绍了中冶空铁的核心技术。另外，AI 微轨专家、中国移动通信联合会秘书长乐业生发表题为“智能微轨交通系统”的演讲。

《经济日报》《人民日报》《证券时报》《中国改革报》《中国环境报》《中国石油报》《商业文化》《中国石油石化》《人民交通杂志》以及人民网、中国经济网、人民交通网、腾讯视频、国际能源网等媒体（图 4-24）现场提问、互动交流，并做了图文视频报道。

图 4-24　现场交流

五、2019 不忘初心 绿色发展系列活动暨迎新春毛泽东诗词书画展大型综艺(公益)活动

“2019 不忘初心 绿色发展系列活动暨迎新春毛泽东诗词书画展大型综艺（公益）活动”于 2019 年 1 月 18 日在对外经济贸易大学国际交流大厦隆重召开。中国能源环境研究中心、对外经济贸易大学中国能源环境研究中心作为联合主办单位之一，**中心主任、中国能源环境高峰论坛副主席兼秘书长、对外经济贸易大学教授林智钦（图 4-25）代表联合主办方发表了“不忘初心 砥砺前行 坚定绿色发展”的主旨发言。中央纪委国家监委驻农业农村部纪检组原组长（副部长）宋树友、农业农村部原副部长路明、中央纪委国家监委监察部副书记闫海民、中国诗词书画研究会会长晨崧、国家发展改革委智库研究中心秘书长王萍、江西省原副省长孙西岳等领导莅临会场。**路明围绕“绿色农业”，海峡两岸产业经济合作委主任王新亚就“民族团结、和谐发展”，凤凰通讯社孙逊社长就“绿色发展国际化”进行演讲。与会领导、专家，**毛主席亲属（毛小青、毛坚平、毛凤）和曾在毛主席身边的工作人员（毛泽东原警卫员赵同江等），**书画艺术家和江苏宜兴的紫砂大师等共 300 余人参与本次活动（图 4-26）。本次活动的联合主办单位还包括爱国工程研究院、国家发展改革委中国投资协会新能源产业投资促进中心等。

图 4-25 林智钦代表联合主办方做主旨发言（张铸/摄）

图 4-26　活动现场（张铸等/摄）

林智钦秘书长说，中国能源环境高峰论坛在过去 11 年里砥砺前行，不断推进绿色发展和生态文明建设，获得了一大批世界级绿色生态促进人物的支持，形成了影响全球的系统理论和实践成果，并联合能源环境主管部门和机构共同倡导和传播绿色化发展改革，推出了百项处于世界前沿的绿色技术，数千家媒体、上万家机构携手传播绿色生态理念、政策和技术（图 4-27）。

图 4-27　绿色发展成果

“峰会”创立 11 年来，成果丰硕：在《超越 WTO——社会市场经济与可持续发展》绿皮书中提出“超越 WTO”理念；在勾画生态、社会和经济协调发展的蓝图的基础上，形成了系列的绿色发展论，包括《探索全球智库之路》和《绿色发展全球梦》《绿色发展消霾论》《绿色发展革命》这 3 部中国能源环境高峰论坛蓝皮书；《人民日报》《光明日报》《经济日报》和新华社发表书评；成果被中国政府网采用，中共中央编译局以汉语、英语、法语、德语、西班牙语、俄语、日语、阿拉伯语 8 个语种全球传播；还集合了千篇（项）以上系列绿色发展创新成果、优秀建言、经典案例。

在谈到未来发展时，林智钦秘书长说："我们将不忘初心，坚定绿色发展。未来五年，"峰会"将在 2012 年 10 月开始实施的'百千万万'活动基础上实施'新百千万万'活动（推出百项绿色技术、优秀建言和经典案例，发布千位优秀专家的科研成果，巩固发展'万万益众'）。中国能源环境高峰论坛'新百千万万'活动将全方位服务国家发展改革委重点用能单位（包括'百千万'行动在内）的节能工作。"

实施"新百千万万"活动，需要选择中外百位核心专家，推出百项创新的绿色技术、绿色发展改革优秀建言、经典案例；发布千位优秀专家的科研成果；以百家中外重点媒体、行业主流媒体、"5000+"微（信）友、"百万+"群友、微博以及高校大学生、研究生，带动数千家媒体和万家实体机构传播、转载、采用绿色化发展理念、政策和技术，在巩固发展"万万（亿）益众"的基础上，让中国能源环境高峰论坛在更高层次上实现绿色可持续发展，推动全球绿色发展。

在党中央、国务院同意，国务院批复《河北雄安新区总体规划（2018—2035年）》，河北省委、省政府印发《白洋淀生态环境治理和保护规划（2018—2035 年）》之际，中国能源环境高峰论坛组委会于 2019 年 1 月 12—13 日组织前往河北雄安白洋淀湖区和行政服务中心进行考察（图 4-28）。通过对河北雄安新区建设成果的实地考察和分析展望，从雄安总设计师规划的区域、推行的绿色节能低碳环保高效科技和行政服务中心管理模式、推行的生态基础设施（包括构筑的建筑风格、采用的交通模式、智能治理设施等）和房地产政策新模式等，向中国和世界传递雄安"绿水青山就是金山银山"的理念，坚定绿色发展、构筑"生态—社会主义市场经济"蓝图。

图 4-28　林智钦调研考察雄安新区

林智钦秘书长介绍了 2019 年 1 月 16 日下午习近平总书记视察雄安新区的情况："习近平总书记来到雄安新区'千年秀林'大清河片林一区造林区域，乘车穿行林区察看林木长势，登上秀林驿站二层平台远眺林区全貌，同当地护林员代表亲切交流。他说，蓝天、碧水、绿树，蓝绿交织，将来生活的最高标准就是生态好。雄安新区过去有一定的基础，现在搞'千年秀林'，将来这里一定是最宜居的地方。绿水青山就是金山银山，雄安新区就要靠这样的生态环境来体现价值、增加吸引力。"

六、第十一届中国能源环境高峰论坛

为了进一步贯彻落实党的十九大精神，坚定不移地推进绿色发展革命，实施"新百千万万"活动，第十一届中国能源环境高峰论坛于 2018 年 12 月 15—16 日在对外经济贸易大学举办（图 4-29、图 4-30），论坛**由中国能源环境研究中心、经济日报社中国经济趋势研究院、国家信息中心中国经济信息网等主办**，并由德和泰集团联合主办。对外经济贸易大学及其国际经济研究院、国家发展改革委国家节能中心、山东省淄博市人民政府、金路达集团有限公司等支持。**国家能源局监管总监李冶发来贺词，祝贺大会取得圆满成功。对外经济贸易大学副校长丁志杰（代表对外经济贸易大学党委书记、中国石油企业协会常务副会长蒋庆哲）、经济日报社内参编辑部主任兼中国经济趋势研究院院长孙世芳致欢迎辞。德和泰集团董事长张恪致辞。**大会围绕绿色发展和能源绿色革命，举办发布会和项目启动会等。中国能源环境高峰论坛副主席兼秘书长、中国能源环境研究中心主任、对外经济贸易大学教授林智钦主持大会，并介绍了《绿色发展革命》的主要内容。

图 4-29　第十一届中国能源环境高峰论坛会场

图 4-30　与会嘉宾会前在贵宾室合影

能源行业节能是这届“峰会”最重要主题。围绕这个主题，与会嘉宾踊跃发言（图 4-31）。**国家能源局能源节约和科技装备司司长王思强发表了“中国能源行业节能战略与政策”的主旨演讲，分析了改革开放 40 年能源行业节能的实践与成就、面临形势与存在问题、政策导向和思路**。国际能源论坛（政府间部长级国际能源组织）秘书长孙贤胜发表题为“能源政策与转型”的演讲。**国家节能中心处长时希杰、工业和信息化部节能与综合利用司节能处处长尤勇分别**代表两个单位的领导发表了题为“加强‘双控’目标考核，推进国家重点节能‘百千万’行动”“能源节约与资源综合利用最新战略和政策”的演讲。

a）丁志杰　　b）孙世芳　　c）王思强　　d）孙贤胜

图 4-31　与会嘉宾发表演讲

e）林智钦　　f）张恪　　g）时希杰　　h）尤勇

i）隆小波　　j）王雪帆　　k）张玉清　　l）李景明

图 4-31　与会嘉宾发表演讲（续）

举办颠覆性电机节能技术产业发布会、氢能源科技产业示范园项目启动会是本届“峰会”的特色活动。**山东省淄博市博山区政府副区长隆小波**在会上宣布，金路达集团有限公司无刷双馈电机系统节能技术正式产业化、淄博氢能源科技产业示范园项目正式启动。

华中科技大学教授、博士生导师，金路达集团有限公司首席科学家王雪帆介绍了绕线转子无刷双馈电机系统技术，淄博晓兰氢能源科技有限公司副总经理陆旭昊介绍了淄博氢能源科技产业示范园项目。《中国电力报》《中国工业报》《中国科学报》和国际能源网记者现场提问，《中国科学报》记者做了专题采访。中国能源环境高峰论坛执行秘书长张震龙主持了演讲环节，林智钦秘书长主持了记者提问环节。

绿色技术和产业投融资是本届“峰会”的重要主题，由石油天然气、生物质能/发电、新能源汽车等议题构成。围绕这些议题，**国家能源局原党组成员、副局长张玉清分析了世界及中国油气发展形势；农业和农村部农业生态与资源保护总站首席专家李景明介绍了我国沼气/生物天然气发展机遇与挑战；哈尔滨现代吹灰技术有限公司高管代表总经理刘向东（图 4-32）推出锅炉吹灰技术，**介绍其发展历史及在垃圾焚烧炉上的应用；国家能源局中电传媒能源情报研究中心研究员张立宽（图 4-33）介绍了我国煤炭工业绿色低碳发展的三大方向。与会的院士、专家们还在能源转型、标本兼治污染、新能源整车、乘用车和煤炭工业绿色发展等方面发表了演讲。在MAKA报名系统提交信息中有意向在环保科技、新能源科技、油气技术、空气净化技术、水体一体化治理等领域进行合作的5位公司董事长、总经理或科学家现场介绍、讨论合作事宜。

图4-32 刘向东发言

图4-33 张立宽发言

“峰会”为中外相关产业与行业、城市和城镇交流合作搭建高端平台，有力促进绿色发展和绿色技术、资本、产业对接，促进能源绿色革命、气水土污染治理，推动天更蓝、地更绿、水更清，城市更宜居、环境更优美的“美丽中国”建设，为全球生态安全做出贡献。推动首都和全国高校研究生、大学生树立绿色发展理念，为实现绿色中国、“美丽中国梦”建设储备人才，是历届“峰会”实现的目标之一。“峰会”设立11年来，以微信、群友、网络、高校BBS等方式向全国高校传递大会信息，数千来自国内外高等学校的研究生、本科生积极报名，当实习生、志愿者，在微信群中进行互动交流。这届“峰会”及其两个系列活动吸引了对外经济贸易大学、中国石油大学、中国地质大学、中国科学院大学、北京化工大学、华北电力大学、北京外国语大学、清华大学、北京大学、中国人民大学、华东师范大学、悉尼大学、澳大利亚国立大学等的90多位专业硕士、博士研究生和本科生报名参加实习和志愿活动，其中30多位被安排到筹备组各个部门。通过实习，他们提高了动手操作能力和社会适应能力，更重要的是树立了绿色化发展改革的理念和创新思维理念。

这届“峰会”取得了一系列丰硕的成果。2018年6月9日，第十一届中国能源环境高峰论坛绿色发展形势分析会暨《绿色发展革命》蓝皮书首发（中国能源环境研究中心、经济日报社中国经济趋势研究院联合主办），确立“新百千万万”活动全方位服务国家发展改革委重点用能单位节能工作，提出了实施“新百千万万”活动和绿色发展及其相关的绿色、环保、节能技术开发应用的具体行动措施。**对外经济贸易大学党委书记、中国石油企业协会常务副会长蒋庆哲，经济日报社内参编辑部主任兼中国经济趋势研究院院长孙世芳，国家能源局原党组成员、副局长张玉清等出席分析会。**

作为第十一届中国能源环境高峰论坛的重要组成部分（分论坛），民用核技术绿色发展论坛于2018年11月26日在北京贵都大酒店16层报告厅召开。论坛由**中国电力发展促进会核能分会、中国能源环境研究中心联合主办，中国核科技信息与经济研究院、生态环境部核与辐射安全中心联合承办，积极响应中央加快推动军民融合深度发展的意见，旨在促进“政、产、学、研、用”各界跨界交流，共谋发展。中国电力发展促进会副会长邱建刚、核能分会副会长兼秘书长田力，生态环境部核电安全监管司司长汤博、叶奇蓁院士等10多位司局级领导、院士专家及20多位核技术行业权威专家出席并发表演讲**。论坛介绍了我国核技术在医学、加速器、空气净化、乏燃料后处理、核废料处理、防护材料、供热、仪器仪表等方面的最新应用，特别是在军民融合发展方面做出的积极贡献，还介绍了核技术产业园发展规划、辐射环境安全评审与监督、核安全的社会接受性等政府和民众关心的问题，并对我国核技术的未来发展进行了展望。

包括中外专家（含绿色技术持有者、政府官员）、企业家、投资家和新闻媒体人员在内的380余人参加了“峰会”主论坛及其系列活动。

（七）第十一届中国能源环境高峰论坛绿色发展分析会暨《绿色发展革命》蓝皮书首发

2018年6月9日下午，第十一届中国能源环境高峰论坛绿色发展分析会暨《绿色发展革命》蓝皮书首发在对外经济贸易大学召开（图4-34）。会议由中国能源环境研究中心、经济日报社中国经济趋势研究院联合主办，对外经济贸易大学及其国际经济研究院、国家节能中心和中央主流媒体支持。围绕实施“新百千万万”活动、共赢绿色发展新时代，**对外经济贸易大学党委书记、中国石油企业协会常务副会长蒋庆哲，经济日报社内参编辑部主任兼中国经济趋势研究院院长孙世芳代表主办方致辞。中国能源环境高峰论坛“新百千万万”活动顾问、国家能源局原副局长张玉清发表演讲。“新百千万万”活动常务副主席、中国能源环境研究中心主任、对外经济贸易大学教授林智钦主持并发布《绿色发展革命》蓝皮书和“新百千万万”活动最新进展**。来自国家发展改革委、交通运输部科学研究院、广东珠海凡特科技有限公司、新疆敦华石油、山东大学化学与化工学院、北京环境交易所、对外经济贸易大学等单位的60多位专家、领导以及《经济日报》《中国能源报》《中国石油报》《中国电力报》及新华网等中央主流媒体嘉宾和记者参加了“新百千万万”活动核心专家谈、《绿色发展革命》蓝皮书发布、蓝皮书作者谈、“新百千万万”活动专家谈、媒体提问，并与同行专家、投资机构进行互动交流，提出了实施“新百千万万”活动和绿色发展及其相关的绿色、环保、节能技术开发应用的具体行动措施。

图 4-34　第十一届中国能源环境高峰论坛绿色发展分析会暨《绿色发展革命》蓝皮书首发

1. 绿色发展革命：新时代绿色发展的深刻革命

坚持绿色发展是发展观的一场深刻革命。中国经济出版社 2018 年 5 月出版的中国能源环境高峰论坛第三部蓝皮书《绿色发展革命》（林智钦主编）提出了绿色发展革命的核心概念、总体战略构想、路径选择、年度评价思路，构想了绿色发展之“美丽中国”、终极目标、能源革命、空间变革、国际合作和行业转型升级，深入探讨了能源革命之油气改革、中外电改、节能减排，生态环境治理之生态环境综合治理、全球环境治理与 CCUS、煤炭总量控制与散煤污染治理、气水土污染治理与生态修复等，交流了中国能源环境高峰论坛十年来推出的绿色创新成果、优秀建言、经典案例和绿色节能环保低碳再生高效技术。全书共 30 万字，由“绿色发展革命综合篇”“绿色发展构想篇”“生态环境治理篇”“能源革命篇（油改和电改）”“绿色成果交流篇”构成。绿色发展主管部委及相关部委部级、司厅级领导、世界 500 强和全球智库领袖任系列丛书编委或顾问；图书汇集了国内外百位著名专家、高级官员和实业家的智慧，得到中央和地方各级政府、社会各界的广泛关注。本书对于协调推进绿色发展和生态文明建设具有深远且重大的意义。

对外经济贸易大学党委书记、中国石油企业协会常务副会长蒋庆哲教授指出，绿色发展之路任重而道远，正如习近平总书记视察长江时所说的，“绿色发展，从曾经的‘选择题’成为此时的‘必答题’”。中国能源环境高峰论坛过去 10 年致力于绿色发展和能源环境的研究和实践，其第三部蓝皮书《绿色发展革命》总结了过去 10 年的绿色成果，推出了一大批具有世界影响力的绿色发展理论成果、优秀建言、经典案例，得到了中央和地方各级政府、社会各界的重视，包括《人民日报》《经济日报》和新华社等数千家媒体、上万家机构以及数以千计的国内外大学生。通过论坛的官网、微信、微博、优酷视频，共同传播绿色发展革命的理念、政策和技术，实现了“万万益众”的目标。对外经济贸易大学也一直高度重视绿色发展、能源环境的研究和人才培养工作，将之作为义不容辞的责任。2017 年，对外经济贸易大学与国家主管部委、经济日报社和国家节能中心共同推动建立中国能源环境高峰论坛“新百千万万”活动。参与者将继续完善相关机构、扩大研究力量，更好地实现政、产、学、媒深度融合，为绿色经济发展和政府部门提供智力支持，共赢绿色发展新时代。

《绿色发展革命》蓝皮书主编林智钦教授在回顾了中国能源环境高峰论坛十年历程和取得的成果、简要介绍了蓝皮书构架的基础上，分析了新时代绿色发展的新特点、新形势和新对策，展望了中国能源环境高峰论坛“新百千万万”活动。他说，过去 10 年，中国能源环境高峰论坛已成功举办了 10 届、11 次“峰会”和一次网络大会，重点取得了以下绿色成果：**一是获得了包括党和国家、国家能源/环境/科技主管部委主要领导等在内的世界级绿色发展人物支持。二是在国家发展改革委、国家能源局、对外经济贸易大学、国家信息中心、经济日报社和国家节能中心的领导推动下建立了中国能源环境“百千万万”和“新百千万万”活动，**随后确立了中国能源环境高峰论坛“新百千万万”活动全方位服务国家发展改革委重点用能单位“百千万”行动。**三是形成了影响全球的系统绿色发展理论和实践成果，**特别是《绿色发展消霾论》《绿色发展革命》等蓝皮书在《人民日报》发表书评，得到党中央、国家部委、地方各级、国内外和社会各界的普遍重视。**四是联合国家能源环境主管部门等众多机构共同倡导绿色发展革命，推出了百项处于世界前沿的创新技术和平台。五是《人民日报》《经济日报》和新华社、央视等数千家媒体、上万家机构以及新媒体共同传播绿色发展革命的理念、政策和技术，实现了“万万益众”目标。**

2. 做好绿色发展的“必答题”

《绿色发展革命》蓝皮书的部分作者围绕“绿色发展及其相关的绿色、环保、节能技术开发与应用”发表了自己的观点。

林智钦教授从 2018 年上半年福建宁德、广东深圳之行的启示谈起，认为**绿色发展终将是硬道理**。他说，在国家严厉的绿色发展、生态环保的高压下，有些地区还在试图以非绿色发展的方式、以健康和生命安全为代价取得经济增长。因此，绿色发展革命任重道远。习近平总书记在考察长江时再次强调了生态文明建设的重大意义，绿色发展从曾经的“选择题”变为此时的“必答题”。要做好绿色发展这道“必答题”，必须认识到绿色发展是发展观的一场深刻革命，是构建高质量现代化经济体系的必然要求，是解决污染问题的根本之策。首先，推进绿色发展，必须建立健全绿色发展体制机制，以绿色引领资源配置、技术创新和国际合作，协调推进新型工业化、信息化、城镇化、农业现代化和绿色化。其次，推进绿色发展，要把绿色发展的理念创新、理论创新和前沿支撑技术的创新转化为中国实现绿色发展的战略构想创新。再次，推进绿色发展，必须以绿色发展引领技术创新，促进高质量发展，实现整个国民经济体系的绿色化，为社会提供更多优质生态产品。最后，推进绿色发展，还要进一步完善绿色发展指数和公众满意程度的评价，规范、促进地方绿色发展革命行动，实现对地方绿色发展和生态文明建设的有力监督，引导地方把精力用于技术治理，杜绝一些地方执法机构集体监管失效、纵容非绿色发展，真正做到“发展不逆绿色，官产学不逆淘汰”，持之以恒地朝着绿色发展方向发展。

石油天然气是能源革命、绿色发展的重要抓手。就这一话题，多位领导、专家、业界人士给出了精彩的论述。

国家能源局原副局长张玉清：很高兴应邀参加这次活动。习近平总书记在党的十九大报告中提出五个新发展理念，即创新、协调、绿色、开放、共享；同时，习近平总书记在十九大报告中指出，推进能源生产和消费革命，构建清洁低碳、安全高效的能源体系。根据本次活动的主题，结合自己过去从事的工作，我谈谈对绿色发展这一问题的看法。

绿色低碳发展也是世界能源发展转型的重要趋势之一。有关资料显示，2010—2016年间，可再生能源和天然气占世界能源消费增量的2/3左右；到2040年，可再生能源、天然气以及核电将满足能源消费增量的85%；根据BP的预测，到2040年，石油、天然气、煤炭、非化石能源将各占能源消费量的1/4，非化石能源发挥着越来越重要的作用。

天然气是最清洁的化石能源，需要加快我国天然气产业发展和利用步伐。加快天然气利用对我国调整能源结构、治理大气污染、减少雾霾、低碳绿色发展至关重要。从天然气市场利用的角度分析，宏观来讲，我国的潜力是比较大的。目前，天然气占世界一次能源消费中的比例大约为24%，而我国只有7%左右。要持续推进我国天然气的利用步伐，需要做好两个方面的工作。

一方面是国内资源勘探开发，当然也包括基础设施建设。从资源的角度上来讲，应该说我国天然气资源潜力还是很大的：一是天然气资源的探明程度比较低，勘探有潜力，应该属于增储上产的快速发展期；二是我国相当一部分天然气探明储量还没有开发动用，当然它属于低品位的难动用储量，开发难度大，需要科技创新，开展技术攻关，降低成本，提高单井产量，以及体制机制创新、管理创新和政策支持，使这些未动用储用储量早日实现商业化生产，以增加国内天然气产量，减缓对外依存度的增长；三是要加快输气管道的互联互通以及管道和LNG接收站对第三方的公平开放；四是要加快储气调峰能力建设，避免发生“气荒”，保证供气安全。

另一方面是要引进国外资源，包括进口管道天然气和LNG资源。虽然我国天然气产量不断增长，但是仍不能满足日益增长的需要，必须要引进国外资源来满足经济社会发展的需求，而且我国也具备多元化选择进口天然气资源的条件。从全球范围来讲，天然气资源是比较丰富的，尤其是美国的页岩气革命打破了世界能源供应格局，增加了天然气供应，使美国从天然气进口国变成出口国，也急需要开发中国这个潜在的大市场，其他LNG出口国也看好中国市场，国际LNG供需形势比较宽松，是供大于求的。同时，周边国家，尤其是俄罗斯的天然气资源也非常丰富，也需要我国的市场，很希望扩大管道气对我国的出口规模。对我国来说，既有扩大管道气进口的可能性，也有增加LNG进口的可能性。我们要充分利用好我们的市场优势，统筹规划、优化选择，采取多元化的进口策略，最大程度上降低我国进口天然气资源的成本，提高天然气与替代燃料的竞争性，以利于市场开发。

广东珠海凡特科技有限公司总经理、高级电力工程师王砚云发表了题为“让综合能源经营管理插上科技智能的翅膀”的演讲。他说：在当前的“新电改”中，凡特公司以多年研发实施电力软件为技术积淀，很快推出满足新电改市场需求的实需软件，即“配售电经营综合能源全过程管理和发电厂经营分析竞价智能管理”软件，以独特专业技术实力确定业内领先地位。公司将秉承“随需应变服务客户，打造优质品牌软件”的企业理念，以科技助力客户，让客户的投资得到最有价值的回报！

交通运输部科学研究院发展中心部副主任张毅发表了题为“打造新时代绿色交通运输体系、推进交通强国建设”的演讲。他说：交通作为当今三大重点用能行业之一，与能源、环境的关系密不可分，在治理灰霾等环境问题上，交通领域的任务越来越重，也越来越关键。党的十九大报告中提出“建设交通强国”，绿色交通应在其中发挥引领作用。因此，我们要进行新时代绿色交通发展的三大革命性“战役”：一是交通能源革命（以新能源车为代表），使交通能源清洁化；二是交通模式革命，使交通工具共享化；三是运输服务革命，建立立体综合的运输体系，使运输服务便利化。同时，应从新型城镇化发展、“美丽中国”建设的角度看待交通问题，从国际贸易、产业发展等全产业链角度思考和看待交通能源问题，这对能源结构、世界能源格局都十分重要。

新疆敦华气体工程有限公司常务副总经理周晓俊代表新疆敦华石油技术股份有限公司发布了《探索CCUS　引领全球环境治理的中国方案和中国贡献研究报告》（2万字）。他说：敦华石油主要致力于探索CCUS（碳捕获、利用与封存）治理方案。作为全球应对环境气候变化的关键技术之一，CCUS已经受到了世界各国的重视。未来，我们要撬动行业里的牵引式转移，并配合“一带一路”倡议的产业战略延伸，在西亚和北非石油带的影响力上做出一定的贡献。

山东大学化学与化工学院教授朱维群发表了题为“化石燃料环境友好工业路线开发”的演讲。他说：在当今时代，二氧化碳排放量已经远远超过了大自然自身平衡的能力，降低化石燃料利用过程中的二氧化碳排放，进而降低大气中的二氧化碳浓度，已成为全球面临的重大挑战。在此背景下，一种经济可行的二氧化碳封存利用工业方法就是二氧化碳的直接转化。该技术可以使化石燃料的物质和能量全部得到利用，促进现有化石能源经济的发展，为绿色能源发展提供时间、空间。其中，将化石能源转化为碳封存产品的氢能，是环境友好的能源工业路线；将化石燃料或二氧化碳封存产品三嗪醇继续合成低内能的三嗪类高分子材料，是环境友好的材料工业路线。

华南理工大学电力经济与电力市场研究所所长陈皓勇发表了题为“构建与绿色发展和新型工业化相适应的电力市场机制”的演讲。他说：电力市场化改革以来，各方面进展喜人，但随着改革进入深水区，许多深层次问题也逐渐暴露出来。目前，电力市场设计和规则制定已成为电力市场改革决策部门所面临的关键问题。但是，“市场设计”的观念尚未建立起来，有关部门也还未掌握电力市场设计的科学方法论。因此，我提出了“电力市场设计学”的概念及其基本框架，以构建适应绿色发展和新型工业化的电力市场机制。“电力市场设计学”以中国特色社会主义政治经济学作为总体指导思想，树立系统观并掌握系统工程方法，具体设计过程则包括基于经典微观经济学和金融学的电力市场体系初步设计、基于拍卖理论和博弈论的电力市场交易机制设计、基于计算经济学和实验经济学的电力市场仿真和电力市场交易的实地研究等步骤。电力市场设计学的基本方法已应用于南方区域电力市场体系和交易品种的设计等工作。

对外经济贸易大学教授董秀成：第一，从整体上来看，我国当前在绿色发展方面缺乏一个整体的概念，可以说从政府层面来说没有一个定位，导致有好多悖论，甚至导致政策上的矛盾，应该引起重视。比如，2017 年的气荒，我认为是政策矛盾造成的，就是说你一方面要发展天然气，另一方面天然气和绿色发展（包括治理环境）之间存在矛盾，因为根据国务院的“大气十条”，由环境部指导，出台了一系列的大气治理政策，但这些政策和国家发展改革委的整体政策不相符，所以在很短的时期内就出现了失衡，即政策上的失衡。第二，现在的体制（包括电力体制）是有问题的，体制改革进展相当缓慢、步履维艰，国家必须加大力度推动体制改革。

中国空间技术研究院研究员侯欣宾代表中美空间太阳能领域的合作伙伴发表了意见。他说：人类从太空获得绿色能源将成为解决人类长期能源和环境问题的重要战略，是绿色化发展改革不可忽视的重要领域。2011 年以来，中国空间技术研究院就成为中国能源环境高峰论坛的合作伙伴。很多中央主流媒体和新媒体对空间太阳能做了很好的宣传，给研究院带来了传播效应，发展空间太阳能电站的倡议也得到了国内外越来越多的专家和领导的重视和支持。在国际上，我们是国际空间太阳能电站的一个重要组成部分，该空间站的参与建设国家还包括美国、日本、韩国。加强国际交流与合作对于科技发展具有重要意义。

3. 共赢新时代“新百千万万”活动

在中国能源环境高峰论坛“新百千万万”活动专家谈环节，许多专家提出了进一步推进“新百千万万”活动实施、共赢绿色发展新时代的具体措施。

国家发展改革委国家节能中心综合业务处处长时希杰：我重点就中国能源环境高峰论坛“新百千万万”活动如何与国家发展改革委重点用能单位“百千万”活动结合，推进重点用能单位节能工作，谈几点具体的意见。

国家发展改革委作为国家节能主管部门，在加强重点用能单位节能管理方面有全面系统的工作部署。“重点用能单位”是一个法律概念：《中华人民共和国节能法》明确规定，年综合能耗1万吨标准煤以上的用能单位称为重点用能单位。我们国家的很多法律法规、规章制度，包括一些政策、举措，都是围绕这个群体出台的。把全国16000多家重点用能单位的节能工作做好，我国的节能目标就能完成，就会对绿色发展和生态文明建设起到积极的推动作用。

落实国家在重点用能单位节能方面的工作部署是国家节能中心的职能之一。在法律法规方面，一个是修订节能法，另外一个是修订《重点用能单位节能管理办法》。后者是一个部门规章，2018年2月出台，2018年5月1日实施。在专项工作方面，“十三五”期间，国家发展改革委组织实施重点用能单位“百千万”节能行动，目标是把这些重点用能单位的节能工作做好，来助推国家节能目标的实现。在2017年第十届“峰会”召开的时候，我一听到“新百千万万”这个词，第一时间就想到了国家发展改革委重点用能单位“百千万”行动。目前，“百千万”行动正在有序推进，后面还有很多工作要做。“百千万”行动以节能目标考核为主要抓手，要对重点用能单位实行能源消费总量和强度“双控”，带有一定的行政色彩。就是说国家给这16000多家用能单位定了一个能源消耗方面的约束性指标，如果超过的话，可能要通过交易的方式去购买。类似碳交易，现在国家也在组织用能权交易试点。企业发展需要能源，但不是想用多少就用多少。习近平总书记讲过，要坚决控制能源消费总量，我们就是要落实中央的决策和部署，对地区和企业用能进行合理控制。

除了“百千万”这个带有行政考核性质的专项行动外，国家发展改革委还组织实施了节能自愿承诺活动，这是一个自愿的、倡导性的活动。用能单位向社会作出一些承诺，自愿按照承诺书的内容做到一些事，比如遵守法律法规、加强节能管理、提升能源管理信息化水平，等等。从“百千万”到自愿承诺，实际上体现了国家层面在节能工作思路上的一种丰富，或者说一种转变——从原来的只是通过行政手段去要求企业，到逐步探索一些能够激发企业节能内生动力的市场化机制，这是令人可喜的进步。

2017年第十届“峰会”举行后，林智钦教授就“新百千万万”活动如何全方位服务国家发展改革委重点用能单位“百千万”活动跟我做了多次沟通。我想，这两个活动可以形成良性互动。"新百千万万"活动集中了很多专家的智慧（技术、案例、建言、成果等），可以用这些专家资源、技术成果等为这16000多家重点用能单位服务，帮助他们提高节能管理水平，加强节能技术改造等。业内可以根据企业整体需求，为企业提供节能、低碳、环保、循环经济、综合利用等一揽子解决方案，为企业绿色发展服务，为生态文明建设服务。

中国能源环境研究中心研究员、北京环境交易所总裁助理张震龙：一个企业是"真绿"，还是"假绿"，还是"染绿"，这是我们特别关心的一个问题。林智钦教授在《绿色发展革命》蓝皮书中，从理论上回答了这些方面的问题。要以绿色引领资源配置，以绿色引领技术创新，以绿色推动国际合作，推进国民经济体系绿色化。从我的角度来看，"新百千万万"活动是非常重要的，因为首先你得有绿色技术的支撑，然后将国内外优秀的减排技术通过"新百千万万"活动再应用到这些重点的用能单位，你的优秀理论也可以通过这个平台应用于实践。在北京环境交易所的重要工作内容里，第一个就是碳交易（碳减排），第二个就是排污权的交易，等等。前面一位专家提到，2017年的二氧化碳排放量与2016年的数据差不多。从这个角度来说，如果把这些技术都应用到"新百千万万"的活动当中，其实能产生巨大的减排价值，而不是简简单单的一点经济价值。同时，建议将"新百千万万"活动发展到相应的绿色消费领域。

上述许多专家在发表主题演讲时，也结合自己的专业和业务工作，就未来如何共同推进"新百千万万"活动提出了具体的方案和操作措施，共赢绿色发展新时代。

在提问和互动环节，来自《经济日报》《中国能源报》《中国石油报》《中国电力报》《中国石油石化》和新华网等媒体的记者就"新百千万万"活动及《绿色发展革命》蓝皮书向有关专家进行提问。多位投资家、专家和实业家进行了互动交流。

八、绿色生态促进：重点区域和行业促进

【绿色生态促进·北京·瑞雪兆"百年"】2019年之前的69年，北京平均每年大雪及以上日数仅有0.4天，大概每三年才能见到一场大雪。据中国新闻网报道，从北京市气象局统计数字看，1976年前的10年间北京年均降雪日数达16天。2010年前的10年间，北京平原地区年均降雪日数只有10-12天（这个数字通常还包括了雨夹雪、冰粒等。因此，普通人感受到的降雪可能还要少）。2016年前的10年间，年均降雪日数下降至10天。

2021年11月7日，立冬当天，初雪（图4-35）莅临北京，比往年提前23天降雪，瑞雪兆"百年"（中国共产党成立100周年）！

图 4-35　2021 年的北京初雪

【绿色生态促进·雄安新区】2021 年 10 月 11 日，北京市习近平新时代中国特色社会主义思想研究中心研究员、中国能源环境研究中心主任林智钦教授前往雄安新区改革发展局，按照“坚持和完善生态文明制度体系研究——基于“两山”理念、生态优先、价值转化的视角”重大项目原设计方案，就区域绿色生态促进机制的雄安模式及建立雄安绿色生态促进组织等问题，与雄安新区改革发展局及其能源组多位相关负责人进行了交流讨论（图 4-36）。同时，就雄安新区作为重大项目的案例或分课题、第十四届中国能源环境高峰论坛有关合作等交换了意见；就“双碳”目标下雄安氢能、光伏产业和“千年秀林”发展等相关问题进行了深度研讨，形成了初步的意见。

图 4-36　林智钦在雄安新区调研

【绿色生态促进·雄安调研座谈】习近平总书记指出，建设雄安新区是千年大计。新区首先就要“新”在规划、建设的理念上，要体现出前瞻性、引领性。2021 年 10 月 10 日，中国能源环境高峰论坛主要负责人林智钦前往河北雄安新区调研，召开绿色生态促进雄安座谈会（图 4-37）。“峰会”副秘书长单军艳、中国地质矿业有限公司河北分公司副总经理兼中安环球国际保安集团有限公司副总经理张英海、中铁十八局集团津冀指挥部雄安经营部副总经理王春斌、北京热力集团有限责任公司雄安分公司负责人于士民、白洋淀旅发集团副总经理田德红、雄安天食双创产业园法人代表兼副书记张玉欣、雄县农业农村局原局长唐铁宝等 10 多位行家参与了交流讨论。大家就绿色生态促进相关的高标准、高质量建设（住建“精雕细琢”）、城市移动安保、绿色能源、绿色食品与安全、绿色教育文化、改造“气水土”三圈、“精神绿色”、市民获得感等问题进行了交流讨论。

图 4-37　绿色生态促进雄安调研座谈会

期间，林智钦实地调研了北京市热力集团有限公司雄安分公司（图 4-38 右上）、中国地质矿业有限公司河北分公司（图 4-38 下左）、中安环球国际保安集团有限公司雄安站、雄安天食双创产业园区展示中心（图 4-38 下中、下右）等。当地 10 多位负责人一同考察，企业工作人员做了讲解，林智钦教授对雄安新区相关企业发展近况有了深入了解，从绿色生态角度提出了切实的提升建议。

图 4-38　雄安新区企事业单位实地调研

【绿色生态促进·蓝皮书】中国能源环境高峰论坛与中国经济出版社就中国经济出版社作为第14届中国能源环境高峰论坛的联合主办单位及“峰会”召开前出版《中国能源环境高峰论坛蓝皮书——绿色生态促进》等问题达成共识，并在2021年8月下旬签署了协议。2021年9月24日上午，“峰会”主要负责人就协议议定的“峰会”筹备和蓝皮书编辑有关问题，与中国经济出版社、中国经济书店有关负责人进行了阶段成果交流。双方将携手共同做好蓝皮书编辑、出版工作，确保该书在峰会召开前出版发行，并在“峰会”上举行首发式。同时，双方就峰会筹备及下一步合作，包括邀请石油化工领域的部级、司局级领导、绿色生态促进人物出席开幕式、增补央企作为“峰会”支持单位、以氢能等为主抓手推动石化领域“两碳”目标实现等，讨论了下一步的工作实施方案。

【绿色生态促进·衢州】2021年9月15—16日，北京市习近平新时代中国特色社会主义思想研究中心重大项目“坚持和完善生态文明制度体系研究——基于‘两山’理念、生态优先、价值转化的视角”项目组到达“南孔圣地”浙江衢州调研。重大项目负责人、北京市习近平新时代中国特色社会主义思想研究中心研究员、中国能源环境研究中心主任林智钦一行于9月15日上午在衢州市政府会议室与徐利水副市长等就生态产品价值发现和转化进行了交流讨论（图4-39）。徐副市长重点介绍了“两山银行”“一县一品（生态产品）”“两山转化GEP核算”“生态大脑”等项目。

图4-39 衢州交流现场

中国能源研究会节能与企业能源管理专业委员会副主任张管生、中国交通建设集团中鑫恒创集团副总裁张震龙等工作组成员，衢州市发展改革委领导、调研员周宪华、资环处处长刘红飞、市“两山银行”专班朱志俊等行家和实业家参与了交流讨论，先后一同前往巨化集团（氢能产业发展）、智造新城（产业综合体、能源大数据中心碳账户建设）、常山县和开化县等地考察调研（图4-40），并采取走、看、听、问和座谈交流等方式进行，就生态产品价值发现和转化进行了深入交流讨论。衢州市发展改革委领导、调研员周宪华表示，希望将衢州生态文明建设元素注入第十四届中国能源环境高峰论坛暨坚持和完善生态文明制度体系研究重大项目阶段成果研讨交流会。

在衢州市常山县，调研组重点考察了辉埠矿地整治修复、柚香谷、“两山银行”智慧展厅，肯定了衢州“两山银行”探索生态产品价值实现机制、产业生态化新路子，打造“两山”转化“助推器”，真正让沉睡的“资源”变成“资产”“资本”“资金”，带来源源不断的“红利”。一同研讨交流和考察的有常山县县长张少华、县委常委戴根林、副县长黄晓彬，常山县发展改革局负责人何海丽、县农村投资集团董事长朱建红、副总经理任小伟、县“两山银行”江君君以及三个调研点的主要负责人等近20位行家。

在衢州市开化县，调研组重点考察了金星村钱江源党建治理及民宿产业、金星千年古银杏、花牵谷“两山银行”模式、下淤村乡村休闲产业和根源小镇。“开化是个好地方”，习近平总书记2016年2月在中央一次重要会议上这样点赞。在开化醉根山房（根雕国家文化产业示范基地），林智钦与开化县县委书记鲁霞光等就绿色生态颂（“一县一品”之生态产品何田清水鱼）、生态产业化、文化绿色化、红色文化、氢能发展、“两山转化GEP核算分析”及其在第十四届中国能源环境高峰论坛展示进行了交流讨论，形成初步共识。开化县委办公室主任汪蔚翔、县发展改革局副局长孙哲忻、县生态产品价值实现机制研究中心主任上官田媛等20多位行家及两山集团、华埠镇、音坑乡、金星村、下淤村的负责人参与了交流讨论，并一同进行现场调研。

图4-40 衢州调研现场

【绿色生态促进·福建】2021年8月2日，中国能源环境高峰论坛主要负责人、中国能源环境研究中心主任、北京市习近平新时代中国特色社会主义思想研究中心研究员林智钦（图4-41左2）前往福建调研，就“绿色生态产品价值实现的福建区域践行与探究”课题，与福建省住建厅一级巡视员、福建省乡村振兴研究会副会长王胜熙（图4-41左1）进行了深入交流与探究。第十四届中国能源环境高峰论坛将邀请王胜熙副会长发表主题演讲，并在“绿色生态产品价值实现的区域（福建等省市）践行”对话做点评，同时就建立绿色技术研发中心、绿色生态促进中心等问题提出构思。多项绿色技术国内外专利持有者、福建吉旺惠民集团董事长林秀梅，福建吉旺惠民集团首席顾问、福建海峡环保集团股份有限公司原副总裁、高级工程师徐峰等参加了讨论。福建省菜篮子新农发展有限公司董事长陈标斯随后也提出了建议。

图 4-41　福建调研现场

8 月 3 日上午，林智钦主任到福山郊野公园七溜八溜处（图 4-42）查看福州的青山绿水，重温习近平总书记 3 月 24 日在福州进行山水城市调研的精神。林智钦还走访了紧挨郊野公园的福州软件园及位于其中的福建迈顶信息科技有限公司等。下午，林智钦通过会谈了解了福建广源再生资源回收有限公司的有关情况，与福建日报社、福州大学、中国建设银行福建省分行、福建省作家协会等单位多位有关人士、专家交流对“两山”理念、绿色文化、乡村振兴的看法。

图 4-42　林智钦走访福山郊野公园

【绿色生态促进·福建】2021年3月30日至4月7日，**林智钦主任前往福建、浙江、江苏等地调研。**在福建调研期间，林智钦实地调研了福建平潭综合试验区，并在福建省发展改革委、住建厅，福建省乡村振兴研究会、美丽乡村发展促进会，福建菜篮子新农发展有限公司，福建宁德市、福安市、柘荣县等进行了多场调研座谈。**座谈主题围绕福建绿色生态产品价值实现的区域践行与探究而展开。**

4月1日，**林智钦在福州与福建省政协原副主席、中共宁德地委原书记陈增光（图4-43）品茶交流。陈主席高兴地向林智钦赠送了《生态之路——前进中的全国首个国家生态文明试验区福建》一书。**

图 4-43 林智钦与陈增光座谈交流

4月4—5日，**林智钦在宁德福安与福建省住建厅一级巡视员、福建省乡村振兴研究会副会长王胜熙等多位领导和专家就生态产业化、产业生态化以及论坛合作、课题咨询等问题进行座谈交流。**

福建调研期间，福建省发展改革委、福建平潭综合试验区有关负责人，重大项目课题组成员林宏赡，福建省美丽乡村发展促进会副会长章筠研，《中国建设报》福建记者站站长刘萍，福建省惠一建设工程有限公司执行董事兼宁德分公司负责人、福州市环保项目总负责人王武斌，污水处理、绿色食品、绿色农业、茶叶龙头企业的有关专家和实业家，“唱响福建”有关负责人，福安潭头南岩村领导等30多位相关专家和人士参加了多场座谈。

【绿色生态促进·文化促进】文化科技绿色化是绿色生态促进的基础，要使绿色生态成为社会主流文化。党的十九大召开之前，第十届中国能源环境高峰论坛举办了“万+百万+网络”大会，建立了“万+”微友、“百万+”群友通讯录，网络新媒体受众的数量和质量跨越式突破。得到中央重点媒体、行业主流媒体的关注和报道。截至

2021年5月20日，“峰会”建立完善了中文、英文网站，“峰会”总部本部的群友接近5000名，加入数百个超大的群友通讯录、数百个微信群，还有视频、微博等，网络受众上亿。未来的发展方向是：绿色和高质量发展，加强中英文网站管理，清退与吸收并举扩大自建的群友通讯录、保持自建的微信群，有选择性地退出一些群和加入更具绿色生态性的群，保持动态平衡。

【绿色生态促进·国际能源变革】2018年10月18-19日，“一带一路”能源部长会议和国际能源变革论坛期间，中国能源环境高峰论坛副主席兼秘书长林智钦在江苏省苏州市向主持“一带一路”能源部长会议第三专题的国际能源论坛（政府间部长级国际组织）秘书长孙贤胜介绍了中国能源环境高峰论坛背景、十年来走过的历程、组织机构概况和未来发展构想，重点介绍了第十一届“峰会”的主题、议题和演讲嘉宾。孙秘书长表示，未来将加强多领域的紧密合作，与联合国其他机构一起共同支持推动中国能源环境高峰论坛的发展，推进中国和世界的能源绿色革命和绿色发展。

【绿色生态促进·能源绿色革命】2018年7月30日，应《BP世界能源统计年鉴》（2018版）北京发布会邀请，中国能源环境高峰论坛常务副主席兼秘书长、中国能源环境研究中心主任林智钦教授在发布会召开前，在中国大饭店贵宾室与BP集团首席经济学家戴思攀（Spencer Dale），BP中国投资有限公司董事长、总裁杨筱萍，BP中国区首席经济学家陈巧玲，就石油天然气发展、中国能源转型等能源环境和绿色发展问题进行交流讨论，并就双方感兴趣的论坛活动和研究领域达成合作意见。

专题十三　绿色文化实践活动

一、艺术启蒙推动社会“绿色”建设进程

在第十二届中国能源环境高峰论坛上，北京荷风艺术基金会创始人、理事长李风就艺术启蒙推动社会“绿色”建设进程谈了自己的意见和建议。他说：“坊间有这样一句话：80年代看深圳，90年代看浦东，新时代的中国看雄安。作为荷风人，我为此感到自豪！”荷风艺术基金会（以下简称荷风）对雄安有着特殊的感情——在雄安新区成立之前，荷风就把第一个家安在了这里，不只因为这里是李风的故乡，还因为当地领导们给予他以大力支持。

2013年，荷风在安新县端村成立了荷风的第一个乡村儿童全科艺术教育实验校——端村学校，这个模式被荷风称为“雏菊工程”。端村学校开设了管弦乐、芭蕾、合唱、美术等艺术课程。端村学校芭蕾舞班的孩子们荣获了第八届“华北五省（市、区）舞蹈大赛”少儿组表演和编导双金奖，这是乡村孩子首次夺得这一规模舞蹈大赛的奖项，而且还是双金奖。2016—2018年，6名端村学校芭蕾舞班的学员先后被辽宁芭蕾舞学校、河北艺术职业学院、石家庄市艺术学校三所专业艺术类院校录取。同时，《田埂上的芭蕾》也得到了社会各界的广泛报道，其中央视多个频道和地方电视台均对此进行报道，百余家平面媒体发布及转载相关报道。在“雏菊工程”的基础上，为了让更多孩子享有艺术教育，荷风又开辟了“桃李工程”。“桃李工程”为乡村中小学教师提供短期艺术课程培训，使其逐步掌握艺术教育的知识和要领，经过培训的老师回到学校后，再把所学的知识应用到学生身上。

全世界范围内的大量事例告诉我们，艺术教育与社会发展息息相关，因为艺术教育能够滋润和丰沛孩子的心灵，提高孩子的自信心和审美能力，激发孩子的创造力，加深孩子对爱的理解，这对孩子的一生有着长远的影响。

6年半过去了，荷风公益项目已覆盖了全国23个省（区、市）103个县，2000余所乡村学校。社会各界朋友为荷风的成绩所鼓舞，但是这离荷风的目标还很遥远。全国有22万所乡村学校，95%以上的乡村学校没有专业的艺术教师或艺术课程无法开展，导致了物质贫困、精神贫困和代际贫困的传播。对于孩子们来说，艺术教育就是经受

洗礼的绿色工程。

绿色是大自然赠予我们人类的宝贵财富，绿色是人类文明的摇篮。人人都渴望拥有一个美好的家园，人人都希望生活在人与自然和谐发展的文明环境里。党和政府已经把环境保护列为一项基本国策。中共中央、国务院对雄安新区建设的要求是，要践行“绿水青山就是金山银山”的理念，打造中国绿色城市的“样板间”。创建绿色城市，不仅要有优美的硬件环境，更要靠一代代成长起来的雄安人。只有培养了绿色思维的人，才能建设绿色的雄安，而这恰恰是荷风的愿景——以艺术启蒙推动社会进步。荷风愿陪伴一代代雄安孩子共成长！

二、伏羲教育和绿色环保有机结合对雄安新区建设的深远意义

在第十二届中国能源环境高峰论坛上，国家开放大学教授、伏羲教育创始人吴鸿青发表了演讲。以下是他的演讲内容摘要。

雄安新区的设立和建设是千年大计。2017 年，习近平总书记在安新召开座谈会的时候就指出：“雄安新区将是我们留给子孙后代的历史遗产。”

千年大计，最重要的是什么？春秋时期著名的政治家管仲说：“一年之计，莫如树谷；十年之计，莫如树木；终身之计，莫如树人。”这句著名的治国名言虽然是 2600 多年前说的，但也说出了育人对“千年大计”（雄安新区建设）的深远意义。

伏羲教育和绿色环保有机结合对雄安新区建设的深远意义就在于伏羲教育是育人的，它培养的是德智体美劳全面发展的人，而不是考试机器。

相传伏羲故里为甘肃省天水市甘谷县，伏羲教育便起源于此地的一所农村小学。2006 年 9 月，甘谷县土桥小学创办了第一个小学基础教育改革实验班，因为相传甘谷是伏羲故里，所以实验班的名字就叫作“伏羲班”。2013 年以来，全国各地 300 多所学校自发复制了上千个“伏羲班”，形成了伏羲教育。安新县端村学校伏羲班是在 2013 年开办的。

伏羲教育的教育理念是“教人伦，顺人性，终身受益”。“教人伦”就是从小扎下“孝悌谨信礼义廉耻”的根；“顺人性”就是按照孩子的成长规律安排教学，切实减轻学习负担；“终生受益”就是让孩子学习一辈子都有用的课程和教材。

伏羲教育的育人具体表现在让孩子学习终身受益的课程和教材。在很多学校把音、体、美当作可有可无的副课的时候，伏羲教育就把书法、武术、音乐、美术列为重要的必修课；当其他孩子在课堂上熟读幼稚儿歌的时候，伏羲教育的学生在全本背诵《易经》《老子》《论语》《大学》等原汁原味的古代经典；当很多孩子挑灯夜战写作业的时候，伏羲教育的孩子早已进入梦乡。只有让孩子学习终身受益的课程和教材，才能为孩子终身的发展和幸福奠定基础。只有快乐地成长，心灵才是健康的，才能给社会带来快乐。

很多人会问，伏羲教育学习的古代经典多数是现行考试不考的，他们又不像其他孩子那样大量做作业，会不会影响考试成绩？其实不然！2018 年，第一个“伏羲班”的孩子参加了高考，二本入学率远远高于普通班。上了大学以后，很多孩子的表现非常出色，不仅学习成绩好，而且成了学校书法、武术发展的骨干。其中，端村学校第一个“伏羲班”的学生罗湛清、陈姝羽、霍炳辰、马一德等以与众不同的综合素质考入首都师范大学附属实验学校、北京牛栏山一中实验学校、浙江舟山南海实验学校等重点中学。更重要的是，伏羲教育的学生从小就种下了“格物致知，修身、齐家、治国、平天下”的种子，扎下了“孝悌谨信礼义廉耻”的根，能文能武，多才多艺，身心健康，这样的孩子长大以后必定是国家发展也是雄安新区持续发展的有生力量。

第五篇

实践探索和成就展示篇

奋斗十三年，中国能源环境高峰论坛砥砺前行，坚定不移走生态优先、绿色发展之路，百项绿色创新技术、千位优秀专家进入中央高层决策或决策视野，受益者多达上亿人次；众多系统的绿色发展和绿色生态理论创新成果发表在中央“三报一刊”，被中国共产党新闻网、中国政府网、最高人民法院、中共中央编译局（8 个语种）等采用，促进能源环境领域率先实现绿色发展革命新突破和经济社会发展全面绿色转型。本篇对“峰会”的创建、发展壮大、转型升级进行了总结和提炼，并展望未来，通过“政产学媒众”联动，继续实施“新百千万万”活动，促进“两山”理念的生态价值转化，在建党百年之际，启航绿色生态促进新征程。

专题十四　中国能源环境高峰论坛：奋斗十三年　启航新征程

过去13年（2008—2020），中国能源环境高峰论坛坚定不移走生态优先、绿色发展之路，促进经济社会发展全面绿色转型。2021年，在中国共产党成立100周年之际，中国能源环境高峰论坛再次启航绿色生态促进新征程。

促进经济社会发展全面绿色转型！这是在“十四五”时期，为实现“美丽中国”建设目标，党的十九届五中全会作出的重大部署，是尊重自然、顺应自然、保护自然，实现人与自然和谐共生、建设“美丽中国”的关键举措。这是一场关乎中华民族命运的绿色发展革命！

过去13年（2008—2020年），是砥砺前行、促进经济社会发展全面绿色转型的13年，是坚定不移走生态优先、绿色发展之路的13年。2009年，经国务院批准，中国能源环境高峰论坛（简称“峰会”）被列为全球智库峰会的第二个分论坛，并在人民大会堂隆重召开。后来，“峰会”发展成为一年一度的分析和预测中国能源、环境和气候变化的机制性国际高峰论坛。

13年来，历经“峰会”创建、发展壮大、转型升级，中国能源环境高峰论坛组委会成功举办了13届、15次“峰会”（含2011年的中国能源环境高峰论坛—海峡西岸峰会和1次网络大会）和众多系列活动（图5-1），获得了包括国家级、省部级领导在内的众多中外绿色生态促进重要人物、国家主管部委（局）以及中央重点媒体、行业主流媒体的支持，使百项绿色创新技术、千位优秀专家进入党中央、国务院和国内外高层决策或决策视野，益众超亿；众多系统性绿色发展和绿色生态理论创新成果在以《人民日报·理论版》为主的中央“三报一刊”上发表，同时出版多部绿皮书、蓝皮书，并被中国共产党新闻网、中国政府网、最高人民法院、中共中央编译局（8个语种）、中共北京市委等单位采用。

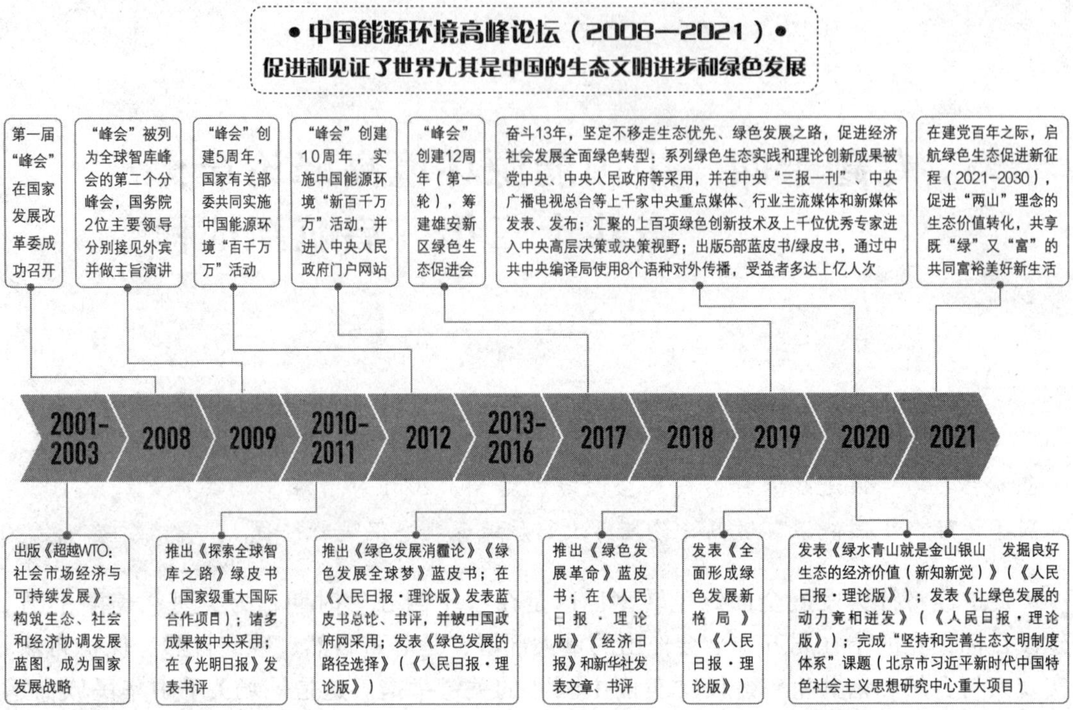

图 5-1　中国能源环境高峰论坛（2008—2021）发展之路

跨入“牛”转乾坤的2021年，“峰会”将继续携手中央、地方和全球“政产学媒众”各级各界，**启航绿色发展和生态文明促进新征程（2021—2030）**，继续实施“新百千万万”活动，坚持和完善生态文明制度体系，促进“两山”理念的生态价值转化，促进经济社会发展全面绿色转型！

未来几年，“峰会”将推进雄安新区绿色生态促进新进程，在北京、雄安等重点区域率先探索形成重大制度性成果；继续推进绿色生态革命，坚守绿色标准，继续做好政府对接、专家库扩充、技术库完善，巩固和发展绿色技术、绿色能源、绿色建筑、绿色制造、绿色交通、绿色农业、绿色金融和绿色文化领域，推进上述领域的国内外合作。

一、获得了一大批世界级绿色生态人物的支持或达成合作，促进能源环境领域率先实现绿色生态革命新突破

（一）获得了一大批世界级绿色生态促进人物的支持或达成合作

在“峰会”团聚的千位演讲嘉宾、高级专家中，有超百位全国人大、全国政协领

导，以及国家发展改革委、国家能源局、生态环境部、科技部等主管部委的主要领导、中央能源企业巨头、国务院参事、“两弹一星”元勋、两院院士，印度前总统，国际组织、联合国秘书处领导人，世界500强企业、跨国公司领袖，诺贝尔奖获得者等世界级的绿色生态促进人物。**特别是在2009年举办的全球智库峰会上，时任中共中央政治局常委、国务院总理温家宝接见了主要外宾，其中包括首届全球智库峰会—中国能源环境高峰论坛特邀演讲嘉宾、国际能源署署长田中伸男等。中共中央政治局常委、时任国务院副总理（现任总理）李克强在全球智库峰会开幕式上发表题为“危机应对初见成效　中国经济已企稳向上”的主旨演讲，提出要“面向未来，发展新能源等战略性新兴产业”。**2017年，“峰会”创建10周年，第十届中国能源环境高峰论坛推出的“新百千万万”活动等会议成果被中国政府网转载。促进能源环境领域（绿色能源、“气水土”污染治理等）率先实现绿色发展革命新突破，推动了天更蓝、地更绿、水更清、城市更宜居、环境更优美的“美丽中国”建设，共赢绿色发展新时代，并推动了全球绿色发展。

（二）成功举办了13届、15次“峰会”等众多系列活动

“峰会”得到国家发展改革委、国家能源局、生态环境部、科技部、美国能源部、对外经济贸易大学、国家发展改革委中国国际经济交流中心、中国城市和小城镇改革发展中心、国家信息中心、厦门大学、人民日报社、经济日报社、国家节能中心、雄安新区管委会等支持。每届“峰会”上，均有国家发展改革委、国家能源局等能源环境主管部委的领导、专家发表主旨演讲。

（三）国家主管部委助力发起中国能源环境高峰论坛“百千万万”和“新百千万万”活动

2012年10月，国家发展改革委环资司、国家能源局新能源和可再生能源司、对外经济贸易大学、国家信息中心领导共同启动中国能源环境“百千万万”活动。

2017年12月，为贯彻落实党的十九大精神，国家能源环境主管部委、经济日报社、对外经济贸易大学领导共同启动中国能源环境“新百千万万”活动，随后确立了中国能源环境高峰论坛“新百千万万”活动全方位服务国家发展改革委重点用能单位“百千万”行动和节能自愿承诺活动的合作。

“新百千万万”活动是指推出百项绿色技术、优秀建言和经典案例，发布千位优秀专家的科研成果，发展维护一万万名受益群众。

二、中央“三报一刊”等和国家主管部委助力，促进经济社会发展全面绿色转型

（1）形成了影响全球的系列绿色生态创新成果、优秀建言、经典案例、创新技术，系统的绿色发展和绿色生态理论，出版了多部“峰会”系列蓝皮书和绿皮书。众多的系统性绿色发展和绿色生态理论创新成果在中央“三报一刊”上发表，或以绿皮书和蓝皮书等方式出版、发布，被中国共产党新闻网、中国政府网、中国发展门户网以及最高人民法院、中共北京市委等中央和地方各级各界采用，并通过中共中央编译局以 8 个语种在国内外广泛传播，影响全球；在中央重点媒体和行业主流媒体上发表一年一度的“中国能源环境发展研究报告”等研究报告、论文、优秀建言、经典案例和新闻报道数千篇，形成了绿色生态革命的系统思想；在中国经济出版社、经济日报出版社等出版《中国能源环境高峰论坛蓝皮书：绿色生态促进》（2021）、《中国能源环境高峰论坛蓝皮书：绿色发展革命》（2018）、《中国能源环境高峰论坛蓝皮书：绿色发展消霾论》（2016）、《中国能源环境高峰论坛蓝皮书：绿色发展全球梦》（2014）和《探索全球智库之路》（2011）等多部蓝皮书、绿皮书，出版《经济·绿色中国》2013 年第三季刊，主编 2008—2013 年“峰会”会刊（文集）7 本，其中收录论文及论文摘要 320 多篇、260 多万字，建立“峰会”中英文网站 2 个，累计超千万字（图 5-2、图 5-3）。

图 5-2　已出版的蓝皮书/绿皮书/文集

图 5-3 《绿色发展消霾论》蓝皮书

（2）在以《人民日报·理论版》为主的中央“三报一刊”发表系列理论成果，促进经济社会发展全面绿色转型。从“两山”理念、生态优先、绿色发展、价值转化的视角，深入研究坚持和完善生态文明制度体系，主张通过净化空气倒逼绿色低碳转型，推进经济能源、制度体系、文化科技绿色化；以绿色化引领绿色发展消除灰霾；以绿色发展引领经济发展、以绿色发展引领绿色创新，深化生态文明建设供给侧结构性改革、逐步消除灰霾，促进绿色发展；以结构变革支撑能源绿色革命，以文化科技绿色化支撑绿色发展，让绿色发展指数发挥“风向标”作用，梯度推进绿色发展革命，并在推进生态文明制度体系建设、促进经济社会发展全面绿色转型、导向全面形成绿色发展新格局中发挥重要作用。在疫情期间，让绿色发展动力竞相迸发，推进绿色发展全球化。

（3）联合国家能源环境主管部委和中央重点媒体、行业主流媒体等共同倡导绿色发展革命，推出了百项世界级创新技术和平台。自 2014 年起，出版“峰会”系列蓝皮书，全国人大，全国政协，国家能源、环境、资源、气候、科技、国有企业主管部委以及人民日报社、经济日报社、中国经济出版社的有关领导进入编委会，担任高级顾问/顾问、副主任。“峰会”凝聚了《人民日报》《经济日报》《光明日报》《中国环境报》《中国石油报》《中国工业报》《中国能源报》《中国经济导报》《中国电力报》和新华社、中央广播电视总台等数千家媒体、上万家机构以及数以千计的国内外各大高等院校的博士生、硕士生和大学生，结合中国能源环境高峰论坛官网、微信、群友、微博、优酷视频，共同传播生态优先、绿色发展的理念、政策和技术，实现了“万万益众”的目标，力争成为国家重点智库。

三、倡导和传播绿色发展革命成效显著，推出百项处于世界前沿的绿色技术

（一）倡导和传播绿色发展革命成效显著

与国际、国内200多个国际组织、外国部级以上机构、国家部委、能源环境企业巨头、著名高等院校、科研院所、社会团体等建立了良好的合作伙伴关系；现有8000多名会议代表资源，100多家国内外中央级合作立体媒体，5000多名微信好友、数百万名群友，国内外30多所高等院校的数以千计的博士生、硕士生和大学生，扩大了“峰会”在全球的影响。

论坛发起单位（按时间顺序）：国家信息中心、国家发展改革委中国国际经济交流中心、国家发展改革委城市和小城镇改革发展中心、厦门大学、对外经济贸易大学、经济日报社中国经济趋势研究院。

中国能源环境“百千万万”/“新百千万万”活动共同启动单位：国家发展改革委环资司、国家能源局新能源和可再生能源司、对外经济贸易大学、国家信息中心、国家节能中心、经济日报社中国经济趋势研究院。

其他重要支持、协办、联合主办单位：对外经济贸易大学国际经济研究院、国家应对气候变化战略研究与国际合作中心、中国经济出版社、《经济》杂志社、清华大学化工系、雄安新区管委会、河北雄安绿野清风环保科技有限公司、山东省淄博市人民政府、德和泰集团等。

连续深度合作4次以上的有：印度前总统阿卜杜勒·卡拉姆、美国国家空间技术协会。

连续深度合作3次以上的有：美国能源部劳伦斯·利弗莫尔国家实验室、净化空气任务组织、法国液化空气集团全球工程技术中心。

连续深度合作2次以上的有：雷克萨斯中国公司、北京环境交易所、北京易水环境投资有限公司、河北雄安绿野清风环保科技有限公司。

重要支持赞助伙伴：美国杜克能源公司、雷克萨斯中国公司、美国能源部劳伦斯·利弗莫尔国家实验室、世界自然基金会、中国—欧盟能源环境项目办公室、法国液化空气集团全球工程技术中心、澳大利亚联邦科学与工业研究组织、澳大利亚全球碳捕捉与封存组织、奥地利悦吉氢能工程有限公司、欧洲空间能源集团、江苏双良节能系统股份有限公司、中国空间技术研究院、中国由申甲新能源（集团）有限公司、新奥汽化采煤有限公司、新疆敦化石油技术股份有限公司、河北雄安绿野清风环保科技有限公司、金路达集团有限公司、北京易水环境投资有限公司、中国石油大学、广东珠海凡特科技有限公司、华南理工大学、北京格林曼光电科技有限公司、上海晶宇环境工程股份有限公司、美国希柯环保设备（上海）有限公司、中关村国联绿色产业服务创新联盟、惠民（福建平潭）智慧科技有限公司、福建吉旺惠民集团有限公司等。

绿色成果传播/采用机构：上百家中央重点媒体、行业主流媒体及其新媒体，数千

家其他媒体，上万家合作机构。

（二）推出百项处于世界前沿的绿色技术

绿色技术与政策是绿色发展革命的重要支撑。13 年来，“峰会”在推出绿色生态促进相关优秀建言、经典案例的同时，推出了百项处于世界前沿的绿色技术和产品，**重点推出碳捕捉与封存技术、空间太阳能电站技术、LEXUS 雷克萨斯混合动力汽车、分布式高效制氢储氢加氢技术、敦化石油 CCUS 技术、雾霾空气净化技术、凡特科技品牌软件、LED 空气净化技术、洁净能源转化技术、溴化锂中央空调技术、工业浓盐水零排放及资源化技术、低氮燃烧技术、金路达绕线转子无刷双馈电机系统技术、绿野清风发动机气路活氧装置和免堆技术、惠民智慧科技旋转生物包埋菌技术**等世界级创新技术和优秀产品。

第一届“峰会”（2008）：重点推出来自中国、美国、欧盟、英国、澳大利亚的绿色低碳经济核心技术——碳捕捉与封存、风能、太阳能、天然气、生物质液体能源等多项技术。

第二届“峰会”（2009）：重点推出来自中国、美国及多个国际组织的碳捕捉与封存技术、洁净煤智能技术、光和太阳能聚合板技术，推出中国、美国、多个国际组织、OPEC、日本、法国、加拿大、苏格兰的太阳能热发电、风车、生物能源、氢能和燃料电池、降低水和能源消耗、燃气发电、煤制油发展和煤炭汽化、生物燃料等多项技术。

第三届“峰会”（2010）：以地下煤炭汽化、节能减排、新能源为重点，推出来自中国、美国、澳大利亚、多个国际组织的碳捕捉与封存、新能源、可燃冰、幔源油气、循环经济技术、非粮生物质能等多项技术。

中国能源环境高峰论坛—海峡西岸峰会（2011）：以新能源、节能、金融与能源为重点，推出燃料酒精、太阳能级多晶硅材料、动力电池、核安全技术、（金融）动态面板数据模型等 20 多项先进技术。

第四届“峰会”（2011）：以空间太阳能、生物质能为重点，推出来自联合国、中国、美国、多个国际组织、欧洲、印度的空间太阳能电站、空间太阳能关键材料、太阳能热发电、核电安全、微波输能、生物燃料、气体生物燃料（BioHythane）、沼气、木质纤维素生物转化产糖、酶解木质素、纤维素乙醇等多项技术。

第五届“峰会”（2012）：以节能技术、新能源与空间太阳能为重点，推出来自中国、美国、印度、欧洲的溴化锂中央空调、低倍激光发电、太阳能辅助媒转化、空间太阳能发电及其关键材料、空间太阳能收集关键技术、煤炭高效清洁利用技术、ENN 煤炭地下汽化技术、二代能源作物沼气工程技术等多项技术。

第六届“峰会”及 2013 中国能源环境“百家讲坛”活动（2013）：以大气污染治理技术、洁净能源转化技术为重点，推出来自日本、法国、美国、印度、英国的 LEXUS 雷克萨斯混合动力汽车、鲁奇洁净能源转化技术（固定床干法排渣气化技术、气体净化技术、MTP 技术）、大数据技术（智慧城市）、空间太阳能卫星和地面系统、低成本太空运输系统、建筑节能创新技术、特高压技术、智能电网等多项技术。

第七届“峰会”（2014）：以城市灰霾治理技术、绿色低碳节能技术为重点，推出来自日本、法国、美国、印度的LEXUS雷克萨斯混合动力车、鲁奇洁净能源转化技术、空间太阳能技术、LED按需照明技术、福建闽东相见欢茶油技术等多项技术。

第八届“峰会”（2015）：倡导以科技绿色化支撑发展绿色化，推出来自中国、奥地利、美国的世界前沿系列绿色技术和产品，包括分布式高效制氢储氢加氢专利设备、工业水零排放技术、雾霾空气净化器、车用节能减排器、汽车充电装置、LED空气净化灯、车用自动遥控灭火装置等多项技术。

第九届“峰会”（2016）：以绿色技术与环境治理以及国际首创的工业浓盐水零排放及资源化技术为重点，推出来自中国、美国、奥地利的污水及黑臭水污染治理技术、低氮燃烧技术、SCR/SNCR（选择性催化还原/选择性非催化还原）脱硝技术、VOCs治理技术、再生能源和天然气利用技术等多项技术。

第十届“峰会”（2017）：推出新疆敦华石油碳捕捉、利用与封存（CCUS）技术和珠海凡特科技等多项技术。

第十一届“峰会”（2018）：重点推出金路达绕线转子无刷双馈电机系统技术、联合国氢能源科技、哈尔滨现代吹灰技术、沼气/生物天然气等多项技术。

第十二届“峰会”（2019）：重点推出雄安绿野清风的发动机气路活氧装置和免堆技术、建立方装配式科技等30多项绿色技术和经典案例。

第十三届“峰会”（2020）：重点推出煤炭消费减量替代与补短板优秀技术和经典案例（国家发展改革委、世界银行项目）、惠民智慧科技旋转生物包埋菌技术等多项技术。

四、数千家媒体、上万家机构携手传播绿色生态理念、政策和技术

13年来，聚集了数千家媒体、上万家机构传播绿色生态理念、政策和技术，实现了“万万益众”目标。“万万益众”，即通过百家国内外中央重点媒体、行业主流媒体、新媒体，中国能源环境高峰论坛官方网站、微信、群友、微博、视频，各省、直辖市、自治区立体媒体，以及来自30多所高校的数以千计的研究生、大学生，向全世界传播生态文明、绿色发展、能源环境知识和技术。通过数千家媒体和上万家机构的转载、采用，使中国能源环境“百千万万”“新百千万万”活动的受益者达到一万万名以上。当前，这项活动的媒体宣传取得了显著的成效，成千上万中央和地方、国内国际的“党政群团工”组织官网、主流媒体、学术机构、社团公司网站，各省、直辖市、自治区的“1报、1刊、1台、1网”以显要的标题和位置刊载、转载、采用和转化，实现从听众为主向受众为主的转变。

2011年5月25日，“峰会”组委会首创的中国能源环境高峰论坛合作伙伴与媒体圆桌会（简称“峰会”媒体会）成为一年一度的合作伙伴与中央主流媒体互动交流的平台，推进了中国能源环境“百千万万”“新百千万万”活动的实施。由此，“峰会”

的发展和绿色发展革命、生态文明建设取得了显著的成效。“峰会”媒体会可以分成以下几种类型：

第一类，大会造势主导型。2011—2014 年，分别在北京西国贸大酒店、国家会议中心、经济日报社、国务院国资委举办的第 4~7 届四次“峰会”媒体会属于这个类型（图 5-4）。历届会议均由“峰会”副主席兼秘书长林智钦教授主持。2011 年，欧洲空间能源集团副总裁徐枫、中国空间技术研究院副院长李明等合作伙伴在圆桌会上演讲或发言。2012 年，江苏双良节能系统股份有限公司董事长缪志强等合作伙伴在圆桌会上演讲或发言。2013 年，《经济》杂志社副社长陈小林、法国液化空气集团全球工程技术副总裁刘芳、北京环交所主任张震龙、雷克萨斯中国副总裁郎立新等合作伙伴在圆桌会上演讲或发言。2014 年，中国经济出版社副总编辑乔卫兵、北京环境交易所常务副总裁王辉军、节能量交易中心主任张震龙、雷克萨斯中国副总裁郎立新、法国液化空气集团北京鲁奇销售总监张晓东等合作伙伴在圆桌会上演讲或发言。新华社、央视华人频道、人民网、新华网、中国经济网、求是网、中国石油新闻中心和《经济日报》《光明日报》《中国能源报》《中国环境报》《中国电力报》《中国航天报》《中国工业报》等数百家中央重点媒体和行业主流媒体报道，上万家媒体和机构转载报道。

图 5-4　历届“峰会”媒体会

第二类，专访替代主导型。即以媒体专访替代媒体会，第八届和第十届的“峰会”媒体会属于此类。2015 年，在第八届“峰会”媒体会上，《中国工业报》《中国环境报》《中关村》分别采访了奥地利悦吉氢能工程有限公司董事长黄琪恩、中国由申甲新能源（集团）公司董事长刘有福、北京格林曼光电科技股份有限公司首席执行官张华。2017 年 10 月 10 日，在第十届“峰会”媒体会上，新华网记者采访“峰会”副主席兼秘书长、中国能源环境研究中心主任林智钦教授，并撰写了题为“实施‘新百千万万’活动 推进绿色化发展改革——第十届中国能源环境高峰论坛举办‘万+百万+网络’大会”的报道，在新华网发布后，又被人民网、国家发展改革委、浙江省委省政府、国家林草局、广东省发展改革委、国家电力投资集团、中国石油天然气集团公司、中国国电集团等上千家中央和地方、国内国际的“党政群产学”机构网站和主流媒体、新媒体等以显著的标题和位置转发、采用。

第三类，专题发布主导型。这个类型的“峰会”媒体会又包括两种形式。

一是结合“峰会”蓝皮书、绿皮书、文集首发式发布大会信息。其中，又有两种情况。第一，在“峰会”召开前，以在中国绿色发展形势分析会上发布蓝皮书为主导：2018 年，在第十一届“峰会”上，由经济日报社、新华网、中共中央组织部等推出《绿色发展革命》蓝皮书，推进“新百千万万”活动的实施，共赢绿色发展新时代；2016 年，在第九届“峰会”上，由新华社、经济日报社、中国环境报社等推出《绿色发展消霾论》蓝皮书。第二，在“峰会”媒体会期间，同时发布文集或绿皮书：2014 年，在第七届“峰会”上，推出《绿色发展全球梦》；2013 年，在第六届“峰会”上，推出《经济·绿色中国——第六届中国能源环境高峰论坛文集》；2011 年，在第四届“峰会”上，推出《探索全球智库之路》绿皮书（图 5-5）。

图 5-5 历届绿色形势分析会

二是结合与大会完全关联或关联度大的专题发布大会信息。第12~13届“峰会”媒体会属于这个类型，便于在独立发布相关议题的同时为大会造势。2019年5月17日，在第十二届“峰会”上，《人民日报》《经济日报》《证券时报》《中国改革报》《中国环境报》和人民交通网、国际能源网、腾讯视频、优酷视频等发布由中国能源环境研究中心牵头完成的“雄安新区绿色低碳发展规划框架下交通移动源排放治理及实现智能交通的方法与路径选择”调研报告，同时发布由河北雄安绿野清风环保科技有限公司董事长单军艳携发明人林阳泰教授等推出的国家专利“发动机气路活氧装置及其OBD系统”等多项绿色技术。2020年10月26日，在第十三届“峰会”上，重点发布中国能源环境研究中心完成的《中国能源环境高峰论坛（2008—2019）回顾与新一轮展望》，推出中关村国联绿色产业服务创新联盟及其承担的“煤炭消费减量替代补短板”项目（国家发展改革委、世界银行项目）。

五、“政产学媒众”联动，继续实施“新百千万万”活动，迈向绿色生态促进新征程

（一）继续携手中央、地方和全球“政产学媒众”各界，开启新十年（2021—2030）、新征程

我们将在过去集聚的“政产学媒众”资源和力量的基础上，继续实施“新百千万万”活动，坚持和完善生态文明制度体系，坚定不移走生态优先、绿色发展之路，全面促进“两山”理念的生态价值转化；继续推进雄安新区绿色生态促进新进程，在雄安等重点区域率先探索形成重大制度成果；继续推进绿色生态革命，坚守绿色标准，继续做好政府对接、专家库扩充、技术库完善，巩固和发展绿色技术、绿色能源、绿色建筑、绿色智造、绿色交通、绿色农业、绿色金融和绿色文化领域的绿色发展人物；继续推进上述领域的国内外、境内外（尤其是“一带一路”沿线国家）以及区域和地方政府合作。

（二）紧密结合北京市习近平新时代中国特色社会主义思想研究中心重大项目研究，全面推进“两山”理念的生态价值转化

2019年，“峰会”主要负责人林智钦成为北京市习近平新时代中国特色社会主义思想研究中心研究员。2020年，其申报的“坚持和完善生态文明制度体系研究——基于‘两山’理念、生态优先、价值转化的视角”项目被北京市习近平新时代中国特色社会主义思想研究中心、北京市社会科学基金确定为2020年重大项目（项目编号：20LLYJA007；项目周期：3年）。由此，自2020年第十三届“峰会”起，实现了中国能源环境高峰论坛活动与北京市习近平新时代中国特色社会主义思想研究中心的紧密结合。未来三年（2021—2023），利用“峰会”平台集聚的近百位（家）核心专家和

机构，“峰会”将成为该重大项目的跟踪研究平台，深入研究习近平新时代中国特色社会主义生态文明思想以及基于“两山”理念的生态价值转化路径。北京市习近平新时代中国特色社会主义思想研究中心将成为第14~16届“峰会”的支持单位。在举行每届“峰会”期间和/或前后，组委会还会举办2次项目研讨交流会。

（三）在重点区域率先探索，形成重大制度成果

2019—2020年，以雄安新区建设发展为重点，“峰会”汇集了近百位（家）绿色生态促进人物和单位（主要来自首批“双一流”建设高校，央企、国企、上市公司，国家重点高新技术企业，雄安新区公司，国家一级协会、国家事业单位和中国台湾行业协会，国际认证机构和国家认证机构，以及国际组织和跨国公司），加上过去一轮“峰会”聚集的百项绿色技术、千位高端专家、上万家媒体和“万万益众”，为新一轮生态文明和绿色生态促进奠定了一定基础。未来，要在国家相关部门牵引下，推进雄安新区绿色生态促进新进程，设立雄安新区绿色生态促进机构（全国性）、在北京设立北京—雄安绿色生态促进机构，乃至在国家层面设立生态文明绿色发展的组织或组建上市公司；建立世界先进绿色技术雄安展示推广中心，形成“雄安模式”，向全国和全球展示和示范推广。

新一轮、新十年，“峰会”组委会将达成以下目标：

（1）继续实施“新百千万万”活动，选择中外百位核心专家，推出百项创新的绿色技术、绿色生态促进优秀建言和经典案例，发布千位优秀专家的科研成果，巩固发展“万万益众”。

（2）以百家中央重点媒体、行业主流媒体，5000余名微友、超百万名群友、数百个不同专业的微信群以及高校研究生、大学生，带动数千家媒体和过万家实体机构传播、转载、采用生态优先、绿色发展的理念、政策和技术。

（3）通过中国能源环境高峰论坛发起的“新百千万万”活动，全方位服务国家发展改革委重点用能单位（包括“百千万”行动在内）的节能工作。在此基础上，实现更高层次的绿色可持续发展，推动全球绿色发展。

（4）继续以蓝皮书、内参方式将绿色生态促进成果提交党中央、国务院，国家主管部委、相关部委，以及北京市委市政府、雄安新区党工委管委会等作为决策参考。

（5）2021年起，中国能源环境高峰论坛被列入《中国知识资源总库—中国重要会议论文全文数据库》（教育部主管，清华大学主办）。未来，“峰会”将编发《中国能源环境高峰论坛年度会议论文集》（国家级电子刊物），在中国知网发布。

（6）继续促进经济社会发展全面绿色转型，为实现天更蓝、地更绿、水更清、城市更宜居、环境更优美的“美丽中国”建设作出应有的努力和贡献！

附录

附录一　中国能源环境高峰论坛（2008—2021）大事记

1. 2008 年 12 月 12—13 日，在国家发展改革委、国家能源局、国家信息中心、美国能源部、中国—欧盟能源环境项目办公室、净化空气任务组织等单位共同支持下，“政产学媒”各界人士在北京西苑饭店燕乐堂隆重聚会，创建中国能源环境高峰论坛（以下简称“峰会”）。

2. 2009 年，经国务院批准，“峰会”被列为全球智库峰会的第二个分峰会，也是最大的分峰会。7 月 2 日至 4 日，全球智库峰会在人民大会堂隆重召开。中共中央政治局常委、时任国务院总理温家宝接见主要外宾。中共中央政治局常委、时任国务院副总理（现任总理）李克强在全球智库峰会开幕式上发表主旨演讲。国家发展改革委、国家能源局、环境保护部（现生态环境部）、科技部、世界自然基金会给予“峰会”大力支持。众多中外政要、数位国家级专家、36 位部级以上领导、数十位司局级领导莅临大会演讲和参加讨论，600 多位各界嘉宾和代表参加。会议内容通过中央电视台等众多媒体向全球传播。

3. 2010 年 8 月 20—22 日，第三届“峰会”在人民大会堂隆重召开。全国政协、全国人大、国家发展改革委、美国杜克能源公司、全球碳捕捉与封存组织、美国能源部领导发表演讲。从本届开始，“峰会”前冠上届别。组委会组织中外部分代表参观了新奥集团在内蒙古乌兰察布的地下煤炭气化基地。中央电视台等众多媒体播发了相关新闻。

4. 2011 年 1 月 8—9 日，中国能源环境高峰论坛—海峡西岸峰会在厦门大学科学艺术中心召开，开创“峰会”区域合作新篇章。厦门大学党委书记、中国人民银行研究局局长等发表致辞和演讲。会议期间，“峰会”联合中国人民银行研究局成功组织召开能源与金融分论坛暨厦门建设海峡两岸区域性金融服务中心规划研究课题论证会。2011 年 4 月 11 日，厦门市两岸金融中心正式启动。

5. 2011 年 5 月 25 日，推出首届中国能源环境高峰论坛合作伙伴与媒体圆桌会，30 多家中央主流媒体共同推动。推出《探索全球智库之路》绿皮书（国家级重大国际合作项目)，在《光明日报》发表书评，并被中共中央宣传部、中央文明办采用。

6. 2011 年 8 月 28—29 日，在国家发展改革委、国家能源局、印度前总统阿普杜勒·卡拉姆等的支持下，在对外经济贸易大学国际会议报告厅举办了第四届“峰会”，推出“绿色能源新视野”，倡导建立太空电站。这是中国第一次在正式的会议中倡导发展空间太阳能。

7. 2012 年 10 月 28—29 日，在第五届“峰会”上，国家发展改革委环资司、国家能源局新能源和可再生能源司、对外经济贸易大学、国家信息中心领导共同启动中国能源环境“百千万万”活动，得到 13 位“两院”院士和国务院参事、印度前总统阿普杜勒·卡拉姆、美国国家空间协会等 4 个国际组织主要领导的支持。

8. 2013 年 9 月 7—8 日，第六届“峰会”联合推出大气污染防治与混合动力车分论坛（LEXUS 雷克萨斯中国参与协办），开展专家与实业家对话活动，开创行业合作新篇章。会前，正式出版“峰会”会刊——《经济·绿色中国》2013 年第三季刊。

9. 2014 年 11 月 29—30 日，出席第七届“峰会”的国家发展改革委领导、印度前总统等共同为首次推出的“峰会”第一部蓝皮书《绿色发展全球梦》在“峰会”背景板的蓝皮书封面上签字和/或发表演讲。随后，2016 年 5 月推出《绿色发展消霾论》蓝皮书，2018 年 5 月推出《绿色发展革命》蓝皮书，均由中国经济出版社出版。2014 年 12 月 25 日、2016 年 6 月 30 日、2018 年 2 月 9 日，《人民日报》相继发表相关书评，被中国政府网等采用，并由中共中央编译局通过 8 个语种进行全球传播，得到党中央、国务院、国家部委、地方各级政府和社会各界的普遍重视。

10. 2015 年，第八届“峰会”（12 月 5—6 日）召开之前，“峰会”副主席兼秘书长林智钦教授在《人民日报》发表题为“以绿色化引领绿色发展消除灰霾”的文章，被中国政府网采用。数十位部级领导和能源环境主管部门的中外高层专家莅临本届大会。

11. 2016 年 12 月 11—12 日，第九届“峰会”成功实现绿色技术与环境治理领域合作，并在新华网、人民网等众多中央重点媒体、行业主流媒体和新媒体宣传中有了突破性进展。会前（11 月 9 日)，奥地利驻华大使邀请“峰会”秘书长林智钦教授出席欢迎奥地利环保部部长访华的招待会。

12. 2017 年，党的十九大召开之前，第十届“峰会”举办了“万+百万+网络”大会，建立了“万+”微友、“百万+”群友通讯录，网络新媒体受众的数量和质量实现跨越式突破。“峰会”成立 10 年来（2008—2017)，聚集了数千家媒体、上万家机构（包括人民日报社、经济日报社、光明日报社和新华社、中央电视台等）传播绿色生态理念、技术和政策，实现了“万万益众”目标。

13. 2017 年，为贯彻落实党的十九大精神，召开第十届“峰会”，在中国能源环境“百千万万”活动的基础上，国家发展改革委、国家能源局、经济日报社、对外经济贸易大学、国家信息中心领导共同推动建立并实施“新百千万万”活动（推出百项绿色技术、优秀建言和经典案例，发布千位优秀专家的科研成果，巩固发展“万万益众”）和中国能源环境高峰论坛“新百千万万”活动全方位服务国家发展改革委重点用能单位（包括“百千万”行动在内）的节能工作，推进绿色发展革命。

14. 作为经济日报社特邀的8位经济领域的专家学者之一，《经济日报》2016年元旦特别报道（彩色跨版）以图文形式刊发了“峰会”副主席兼秘书长、中国能源环境研究中心主任、对外经济贸易大学教授林智钦的言论。2018年1月25日，《经济日报·中经智库》整版发表林智钦与国家统计局中国经济景气监测中心、国务院发展研究中心资源与环境政策研究所领导的现场对话文章，解读国家统计局、国家发展改革委、环境保护部（现生态环境部）和中央组织部联合发布的《2016年生态文明建设年度评价结果公报》。

15. 2018年，第十一届“峰会”（6月9日，12月15—16日）由经济日报社中国经济趋势研究院主办，国家发展改革委、国家能源局、生态环境部支持，推出《绿色发展革命》蓝皮书，推进“新百千万万”活动全方位服务国家发展改革委重点用能单位节能工作，同时联合主办民用核技术绿色发展论坛。《人民日报·理论版》发表林智钦署名文章《推进绿色发展革命》，新华社、《经济日报》发表书评。《经济日报·中经智库》专版摘登“峰会”精彩观点。

16. 2019年，“峰会”创建12周年（第一轮），第十二届“峰会”（12月28—29日）聚焦以雄安新区为重点的绿色发展（绿色生态）促进，筹建雄安新区绿色发展（绿色生态）促进会。2019年1月18日，联合主办“2019不忘初心　绿色发展”系列活动暨“迎新春毛泽东诗词书画展”大型公益性综艺活动。与会嘉宾和代表合计600多人，其中部级领导、“两院”院士合计8位，司局级领导20多位，汇集了近百位（家）绿色生态促进人物和单位。

17. “峰会”发展第一轮（2008—2020），百项绿色创新技术、千位优秀专家进入中央高层等的决策或决策视野；众多系统性绿色发展和绿色生态理论创新成果在中央“三报一刊”发表，被中国共产党新闻网、中国政府网、最高人民法院等中央和地方各级各界采用，并由中共中央编译局通过8个语种向全球传播。“峰会”致力于推进生态文明制度体系建设，导向全面形成绿色发展新格局。

18. 面对疫情，砥砺前行！2020年12月26—27日，第十三届“峰会”暨“坚持和完善生态文明制度体系研究”重大项目开题论证会以线下和线上结合的方式在京成功举办。“坚持和完善生态文明制度体系研究——基于‘两山’理念、生态优先、价值转化的视角”被列为北京市习近平新时代中国特色社会主义思想研究中心、北京市社会科学基金2020重大项目。

19. 过去8年（2013—2020年），“峰会”副主席兼秘书长林智钦教授以北京市习近平新时代中国特色社会主义思想研究中心研究员、中国能源环境研究中心主任、对外经济贸易大学教授等署名方式，在以《人民日报·理论版》为主的“三报一刊”发表系列理论成果15篇。系列成果从“两山”理念、生态优先、绿色发展、生态价值转化的视角，深入研究坚持和完善生态文明制度体系，主张以净化空气倒逼绿色低碳转型，推进经济能源、制度体系、文化科技绿色化，以绿色化引领绿色发展消除灰霾，以绿色引领经济发展、以绿色发展引领绿色创新，深化生态文明建设供给侧结构性改革、逐步消除灰霾、促进绿色发展，以结构变革支撑能源绿色革命，以文化科技绿色化支撑发展绿色化，让绿色发展指数发挥“风向标”作用，梯度推进绿色发展革命，导向全面形成绿色发展新格局，在疫情期间让绿色发展动力竞相迸发，发掘良好生态的经济价值，推进绿色发展全球化。

20. 2021年正值建党百年，“牛”转乾坤，启航绿色生态促进新征程（2021—2030），发布中国能源环境高峰论坛第四部蓝皮书《绿色生态促进》。2021年起，“峰会”将出版国家级重要会议连续电子出版物（会议文集）。未来3年（2021—2023），“峰会”将以“坚持和完善生态文明制度体系研究——基于‘两山’理念、生态优先、价值转化的视角”重大项目研究为主线，促进“两山”理念的生态价值转化，促进经济社会发展全面绿色转型。

携手绿色生态促进，谱写生态文明和绿色发展新篇章！

附录二　中国能源环境高峰论坛历届（2008—2020）主题回顾

2008年：第一届中国能源环境高峰论坛

【主题】能源与环境可持续发展、能源环境国际互利合作、多元能源替代产业发展政策与动向、节能现状与投资重点

【时间】2008年12月12—13日

【地点】北京·西苑饭店燕乐堂

2008年12月12—13日，首届中国能源环境高峰论坛在国家发展改革委、国家能源局、国家信息中心、国家发展改革委能源研究所、美国能源部国家研究中心、中国—欧盟能源环境项目办公室、美国净化空气任务组织、澳大利亚联邦科学与工业组织等单位的共同支持下，在北京西苑饭店燕乐堂隆重召开（附图1）。

国家信息中心副主任李凯主持开幕式。国家能源局综合司司长王思强，国家发展改革委环资司副司长何炳光，国家发展改革委能源研究所副所长、学术委员会主任李俊峰，国家发展改革委能源研究所原所长周大地、所长助理高世宪，中国石油学会理事长、中国科学院院士贾承造，美国能源部国家研究中心副主任Steven Liedle、碳管理项目负责人S. Julio Freedman，净化空气任务组织亚太区首席代表孙嗣敏，中国—欧盟能源环境项目办公室欧盟主任Kurt Wiesegart、中方主任谢极，澳大利亚联邦科学与工业研究组织能源技术中心副主任Jim Smitham，以及国家电网能源研究院、中国神华集团研究院、国务院三峡办技术装备司、中国风能协会的主要领导，对外经济贸易大学能源经济研究中心和KBC科技有限公司、四川大学资深专家教授等发表演讲。“峰会”秘书长林智钦研究员（国家发展改革委国际合作司）负责会议的组织协调。与会的政界、产业界、学界和媒体界（简称“政产学媒”）嘉宾和代表共计280多人。

附图 1　第一届中国能源环境高峰论坛

2009 年：第二届中国能源环境高峰论坛

【主题】能源科技创新、多元能源、能源环境与可持续发展、节能减排与气候变化
【时间】2009 年 7 月 2—4 日
【地点】北京·人民大会堂

2009 年 7 月 2—4 日，在国家发展改革委、环境保护部（现生态环境部）、科技部、国家能源局、美国能源部、世界自然基金会等的共同支持下，由中国国际经济交流中心主办的全球智库峰会—中国能源环境高峰论坛在人民大会堂隆重召开（附图 2）。“峰会”围绕可持续发展与宏观经济政策，就能源科技创新、多元能源、能源环境与可持续发展、节能减排与气候变化四个专题展开讨论。国家发展改革委副主任兼国家能源局局长张国宝主持论坛闭幕式和分组讨论总结。

时任国务院总理温家宝接见出席全球智库峰会的主要外方代表，时任国务院副总理李克强在主峰会开幕式上发表讲话。

特邀演讲嘉宾：全国政协副主席、科技部部长万钢，环境保护部（现生态环境部）部长周生贤，国际能源署（IEA）署长田中伸男，美国杜克公司董事局主席、总裁兼首席执行官 James E. Rogers，世界自然基金会副总干事 Robert Hill。

演讲嘉宾、主持人和/或参加研讨的人士：世界自然基金会应对气候变化计划主任杨富强，美国能源部劳伦斯·利弗莫尔国家研究中心主任 Ronald W. Cochran，净化空气任务组织发起人 Armond Cohen，美国国务院前副国务卿 Richard L. Armitage 以及徐荣凯、傅成玉、刘振亚、贾承造、康日新、翟若愚、陆启洲、塞洛斯、马识途、Michael J. Ahearn、赵小兰等 36 位以上部级以上世界级专家、能源环境巨头、诺贝尔奖获得者；何炳光、韩文科、王玲、赵忠秀、李怒云等数十位司/局长。

“峰会”执行秘书长林智钦研究员（国家发展改革委国际合作司）负责会议的组织协调。参加主论坛和 4 个分组讨论的“政产学媒”各界嘉宾和代表共计 600 多人。

附图 2　第二届中国能源环境高峰论坛（全球智库峰会—中国能源环境高峰论坛）

2010 年：第三届中国能源环境高峰论坛

【主题】能源环境发展与科技、节能减排、低碳经济、新能源

【时间】2010 年 8 月 20—22 日

【地点】北京·人民大会堂

2010 年 8 月 20—22 日，第三届中国能源环境高峰论坛在人民大会堂隆重召开（附图 3）。“峰会”由国家发展改革委城市和小城镇改革发展中心主办，美国杜克能源、澳大利亚全球碳捕捉与封存组织、中国新奥气化采煤有限公司协办，国家发展改革委

城市和小城镇改革发展中心主任李铁主持开幕式，多位嘉宾围绕“能源环境发展与科技、节能减排、低碳经济、新能源”这四个主题发表演讲。中央电视台特约评论员杨禹主持了“峰会”讨论。中央电视台（现中央广播电视总台）等众多媒体播放了新闻。国内外“政产学媒”各界的360多位嘉宾和代表参加了“峰会”，部分代表参观了新奥集团在内蒙古乌兰察布的地下煤炭气化基地。

著名经济学家、全国政协副主席厉无畏，全国人大常委会委员、农业委员会副主任、农业部（现农业农村部）原常务副部长尹成杰，全国政协人口环境资源委员会副主任委员邵秉仁，国务院参事、国土资源部（现自然资源部）总工程师张洪涛，国家发展改革委环资司巡视员何炳光、副司长谢极，国务院参事徐锭明，国家发展改革委城市和小城镇改革发展中心副主任邱爱军，国家发展改革委城市和小城镇改革发展中心处长、中国能源环境高峰论坛秘书长林智钦，新奥气化采煤总工程师陈峰，中国煤炭地下气化发起人、中国矿业大学教授余力，美国杜克能源公司副总裁兼首席科学家David Mohler，全球碳捕捉与封存组织（GCCSI）首席执行官Nick Otter，美国能源部国家研究中心执行主任Ronald W. Cochran，碳管理项目负责人S. Julio Friedmann，净化空气任务组织亚太区首席代表S. Ming Sung，以及国土资源部（现自然资源部）、中国科学院、中国社科院、大庆油田、壳牌国际、北桥集团、英国清洁煤组织、亚洲清洁能源创新中心等近30位中外著名专家、实业家出席“峰会”并发表主旨演讲、演讲和/或进行研讨交流。

附图3 第三届中国能源环境高峰论坛

2011 年：中国能源环境高峰论坛—海峡西岸峰会

【主题】生物能源、先进核能、光伏发电、化学电源和能源经济
【时间】2011 年 1 月 8—9 日
【地点】厦门 · 厦门大学科学艺术中心

2011 年 1 月 8—9 日，中国能源环境高峰论坛—海峡西岸峰会在厦门大学科学艺术中心隆重召开（附图 4）。时任厦门大学党委书记朱之文、中国人民银行研究局局长张健华、“清华大学”（新竹）原子能科学院院长潘钦致辞、演讲。本次“峰会”由厦门大学主办，厦门大学能源研究院、厦门市湖里区政府承办，厦门大学能源研究院副院长龙敏南、院长李宁等分别主持了生物能源、先进核能、光伏发电、化学电源和能源经济的专题演讲、讨论和座谈；张健华局长主持了厦门金融产业发展规划研究论证会。60 多位嘉宾发表主题演讲。300 多名专家、学者和业界代表参加了“峰会”和 6 个分会场的讨论。论坛还首发了时任国家发展改革委城市和小城镇改革发展中心处长林智钦研究员编写的《探索全球智库之路》一书，该书第二篇系统总结了 2008—2010 年三届中国能源环境高峰论坛的成果，《光明日报》、中国文明网等发表书评，予以高度评价。

附图 4　中国能源环境高峰论坛—海峡西岸峰会

来自国家发展改革委、中国科学院、中国社会科学院、环境保护部（现生态环境部）、中国原子能科学研究院、清华大学、北京大学、厦门大学、中央财经大学、华北电力大学、福州大学、上海交通大学、武汉大学、中山大学、东南大学、山东科技大学、中国可再生能源协会、国家核电技术公司、中广核集团、中航锂电等单位的刑新

会、孙世刚、袁振宏、田佳树、赵玉文、范霁红等 60 多位知名专家、学者参加“峰会”，“两院”院士葛昌纯、田昭武等发表主题演讲。中央财经大学教授李健、国家发展改革委林智钦研究员、厦门禾丰建设有限公司总裁蔡寿飞以及北京大学、清华大学、中国社科院、中国人民银行福建省分行等单位的多位专家作论证发言。新华社、《国土资源报》、国土资源部官网等众多媒体刊发和转载新闻。来自海峡两岸的 300 多名专家、学者和业界代表参加了“峰会”和 6 个分会场的讨论。

2011 年：第四届中国能源环境高峰论坛

【主题】推出“绿色能源新视野”，倡导发展空间太阳能
【时间】2011 年 8 月 28—29 日
【地点】北京·对外经济贸易大学

2011 年 8 月 28—29 日，在国家发展改革委、国家能源局、印度前总统阿普杜勒·卡拉姆的支持下，由对外经济贸易大学主办，中国空间技术研究院、欧洲空间能源集团、清华大学化工系协办的第四届中国能源环境高峰论坛在京举行（附图 5）。国家发展改革委副主任解振华因重要外事活动未能出席，特批示国家发展改革委有关部门和发言同志对“峰会”给予支持。对外经济贸易大学校长施建军，国家发展改革委环资司巡视员何炳光，印度前总统、世界著名航天科学家阿普杜勒·卡拉姆和美国国家空间协会会长马克·霍普金斯在大会上致辞、演讲，对外经济贸易大学副校长林桂军主持开幕式。国家能源局新能源和可再生能源司副司长史立山、“两弹一星”元勋王希季院士、中国空间技术研究院副院长李明、诺贝尔奖获得者春大地（Sergio C. Trindacle）等专家发表主旨演讲。50 多位嘉宾在主论坛和高新能源、生物能源分论坛上发表主题演讲或主持研讨交流。“峰会”推出“绿色能源新视野”，倡导建立太空电站、发展生物能源，这是中国第一次在正式的会议中倡导发展空间太阳能。

2011 年 5 月 25 日，本届“峰会”首次推出首届中国能源环境高峰论坛合作伙伴与媒体圆桌会，30 多家中央重点媒体、行业主流媒体参加。国内外“政产学媒”各界 280 多位嘉宾和代表参加了“峰会”和媒体圆桌会。《人民日报》《中国能源报》《中国航天报》《中国电力报》《21 世纪经济报道》和人民网、国防部官网、中国中小企业信息网、网易财经、中国网等上万家媒体和机构大篇幅报道或转载、采用这一报道。

对外经济贸易大学副校长赵忠秀、国际经济研究院院长桑百川，中国能源环境研究中心主任、对外经济贸易大学教授林智钦，“两弹一星”元勋王希季以及葛昌纯、闵桂荣等 6 位“两院”院士，清华大学化工系副主任邢新会，欧洲空间能源集团高级副总裁徐枫，全球智库领袖斯太芬·藤瑟尔、鲍尔·韦布斯、古斯塔夫·格罗布、马蒂·贺夫特等在主论坛和高新能源、生物能源分论坛发表主题演讲或主持研讨交流。

附图 5　第四届中国能源环境高峰论坛

2012 年：第五届中国能源环境高峰论坛

【主题】中国能源环境“百千万万”活动、节能环保、新能源、战略性绿色技术取向

【时间】2012 年 10 月 28—29 日

【地点】北京·西苑饭店燕乐堂

2012 年 10 月 28—29 日，第五届中国能源环境高峰论坛暨“峰会”创建五周年实施中国能源环境“百千万万”活动大会在京召开（附图 6）。国家发展改革委环资司副司长吕文斌、国家能源局新能源和可再生能源司副司长史立山、对外经济贸易大学校务委员会主席王玲、国家信息中心副主任李凯分别代表上述四个单位共同启动中国能源环境“百千万万”活动。李凯副主任主持了开幕式。葛昌纯、何祚庥、姚建铨等 13 位“两院”院士和国务院参事，印度前总统阿普杜勒·卡拉姆，美国国家空间协会会长马克·霍普金斯代表 4 个国际组织和外国机构，刘国银代表江苏双良集团，均表达了他们对“百千万万”活动的支持态度。中国能源环境研究中心主任、中国能源环境高峰论坛副主席兼秘书长、对外经济贸易大学教授林智钦等 60 多位专家和嘉宾主持会议和/或发表了演讲。国内外“政产学媒”各界 300 多位嘉宾和代表参加了“峰会”和会前（6 月 9 日）召开的 2012 合作伙伴与媒体圆桌会。本届

“峰会”由中国能源环境研究中心主办，国家发展改革委环资司、国家能源局新能源和可再生能源司、对外经济贸易大学、国家信息中心、双良节能系统股份有限公司、北京科技大学等给予支持。

附图 6　第五届中国能源环境高峰论坛

2013 年：第六届中国能源环境高峰论坛

【主题】能源清洁利用国家战略与世界经验、智慧（生态）城市建设等

【时间】2013 年 9 月 7—8 日

【地点】北京·西苑饭店燕乐堂

2013 年 9 月 7—8 日，由中国能源环境研究中心、经济日报社（集团）《经济》杂志社主办，北京环境交易所联合主办，LEXUS 雷克萨斯中国协办的第六届中国能源环境高峰论坛在京召开（附图 7）。国家能源局新能源和可再生能源司副司长史立山、国家发展改革委环资司副司长吕文斌、对外经济贸易大学校务委员会主席王玲和国家发展改革委国家应对气候变化战略中心主任李俊峰分别发表致辞、演讲、接受专访。在本次“峰会”上，联合推出大气污染防治与混合动力车分论坛，开展专家与实业家对话活动，就能源清洁利用国家战略与世界经验、智慧（生态）城市建设等主题展开研讨。

会前，第六届“峰会”会刊——《经济·绿色中国》2013 年第三季刊（林智钦总编辑，张健主编）正式出版。印度前总统阿普杜勒·卡拉姆等为会刊撰写特稿，并和美国国家空间协会会长马克·霍普金斯在《中国能源报》发表联合声明。

对外经济贸易大学副校长赵忠秀主持开幕式，林智钦主持主论坛、研讨会并发表演讲。雷克萨斯中国副总经理郎立新、法国液化空气集团全球工程技术副总裁刘芳等8位来自多个国家、国际组织、世界500强的专家和驻华参赞，北京环境交易所董事长杜少中，来自中国人民银行、国家电网、中国管理科学院、中国科学院的易诚、蒋莉萍、卢继存、刘岩等6位专家，来自全国汽车标准委、国家信息中心、住房城乡建设部、工业和信息化部行业协会的陈全世、唐斯斯、万碧玉、柳絮等各界人士发表演讲、进行对话、主持和/或接受媒体专访。

附图7　第六届中国能源环境高峰论坛

会后（12月1日），由中国能源环境研究中心、法国液化空气集团全球工程技术联合主办，对外经济贸易大学国际经济研究院等支持的2013中国能源环境百家讲坛在对外经济贸易大学国际会议报告厅召开。李俊峰主任、刘芳副总裁、林智钦教授等主讲，对外经济贸易大学赵忠秀副校长、国际经济研究院院长桑百川致辞，林智钦教授主持。

参加主论坛、分论坛、媒体会和百家讲坛的“政产学媒”各界嘉宾和代表共计560多位。新华社与《人民日报》《经济日报》《光明日报》《中国汽车报》等100多家新闻媒体参与报道。

2014 年：第七届中国能源环境高峰论坛

【主题】绿色发展全球梦——城市灰霾治理与混合动力车、绿色产业和企业发展、绿色新技术国际合作

【时间】2014 年 11 月 29—30 日

【地点】北京·蟹岛国际会展中心

2014 年 11 月 29—30 日，由中国能源环境研究中心、北京环境交易所、中国经济出版社联合主办，LEXUS 雷克萨斯中国参与协办的第七届中国能源环境高峰论坛暨《绿色发展全球梦》蓝皮书首发式在京召开（附图 8）。本届“峰会”继续联合推出大气污染防治与混合动力车分论坛。

会前，“峰会”第一部蓝皮书——《绿色发展全球梦》（简称蓝皮书，中国经济出版社出版，林智钦主编）正式出版。国家能源、环境、资源、气候变化、科技等领域的主管部委领导以及多位国际组织领袖等成为蓝皮书的顾问或编委，《人民日报》发表书评。参加主论坛、分论坛和媒体会的“政产学媒”各界嘉宾和代表共计 470 多人。新华社、央视华人频道和《人民日报》《光明日报》《中国汽车报》等 100 多家媒体聚焦“绿色发展全球梦”。

附图 8　第七届中国能源环境高峰论坛

国家应对气候变化战略研究与国际合作中心主任李俊峰主持开幕式和蓝皮书签字仪式，并做总结演讲。对外经济贸易大学校务委员会主席王玲，中国国际经济交流中心副理事长、商务部原副部长魏建国以及人民日报社理论部副主任马宏伟、北京环境交易所总裁梅德文、中国经济出版社副总编辑乔卫兵、雷克萨斯中国副总经理郎立新、法国液化空气集团全球工程技术副总裁刘芳、印度驻华大使馆参赞 Dimri Alok Amitabh 等共同为首次推出的蓝皮书在“峰会”背景板的蓝皮书封面上签字、发表演讲。印度前总统、世界著名航天科学家阿卜杜勒·卡拉姆致辞和发表视频演讲。“峰会”副主席兼秘书长、中国能源环境研究中心主任、对外经济贸易大学教授林智钦简要介绍了蓝皮书，并主持了主要合作伙伴单位成果分享研讨会。梅德文主持分论坛，并和总裁助理张震龙主持了雷克萨斯、华威凯德的节能量标识发牌仪式等 5 项战略合作签约仪式，同时展示了 LED 按需照明绿色技术和产品等。来自全国汽车标准委、中航建发、住房城乡建设部、交通运输部、农业部（现农业农村部）、中石化、中新天津生态城、北京节能环保中心的多位司局级专家以及美国国家科学基金、法国液化空气集团北京鲁奇公司等多国领袖人物、世界 500 强企业领袖等发表演讲、参加研讨交流。

2015 年：第八届中国能源环境高峰论坛

【主题】中外能源绿色转型的不同路径、“气水土”污染治理、太阳能开发的终极目标、节能环保产业

【时间】2015 年 12 月 5—6 日

【地点】北京·西苑饭店燕乐堂

2015 年 12 月 5—6 日，由中国能源环境研究中心、国家可再生能源中心主办的第八届中国能源环境高峰论坛在京召开（附图 9）。“峰会”得到了国家能源局新能源和可再生能源司、国家发展改革委环资司、对外经济贸易大学及其国际经济研究院等的支持。国家能源局新能源和可再生能源司副司长史立山，对外经济贸易大学校务委员会主席王玲，国务院国有重点大型企业监事会主席季晓南，国务院参事、国土资源部（现自然资源部）原总工程师张洪涛，科技部原副部长、中国高新技术产业开发区协会理事长张景安，国际再生能源组织（ISEO）主席古斯塔夫·格罗布，联合国大使瓦西杜拉等数十位中外嘉宾发表主旨或主题演讲。美国国家空间协会主席马克·霍普金斯、空间能源专业委员会主席徐枫、太阳能卫星设计国际竞赛委员会主任 Don Flournoy 给中国空间技术研究院颁发了 2015 太阳能卫星设计国际竞赛一等奖。

中国能源环境研究中心主任、中国能源环境高峰论坛副主席、对外经济贸易大学教授林智钦主持大会和研讨会，并介绍了被中央人民政府采用的“以绿色化引领绿色发展消除灰霾”的主要观点和思路。人民日报社理论部副主任马宏伟、经济日报社理

论周刊主编马志刚等近500位“政产学媒”各界嘉宾和代表出席了主论坛、分论坛、媒体会（部分嘉宾被推荐参加会前由国家能源局等主办的第一届国际能源变革论坛）。新华社和《人民日报》《经济日报》《光明日报》《中国环境报》《中国能源报》《中国工业报》《中国日报》等100多家媒体进行大幅报道。

附图9　第八届中国能源环境高峰论坛

本届“峰会”聚焦“十三五”绿色节能环保高效战略——中外能源绿色转型的不同路径、“气水土”污染治理、太阳能开发的终极目标、节能环保产业，倡导以科技绿色化支撑发展绿色化。“峰会”推出了合作伙伴的系列绿色技术和产品，包括奥地利悦吉氢能工程有限公司的分布式高效制氢储氢加氢专利设备，中国由申甲新能源（集团）有限公司的雾霾空气净化器、车用节能减排器、汽车充电装置，北京易水环境投资有限公司的工业水零排放技术，北京格林曼光电科技有限公司的LED空气净化灯，上海力祺电子科技发展有限公司的车用自动遥控灭火装置等。

国家发展改革委能源研究所副所长高世宪，环境保护部（现生态环境部）环境规划院主任王东，中国气象局部门总工朱定真，国务院发展研究中心产业研究部主任王晓明，中国科学院院士葛昌纯，中国空间技术研究院钱学森实验室副总研究师王立、主任研究员侯欣宾等在分论坛发表演讲，并进行深度讨论、圆桌对话等。

2016年：第九届中国能源环境高峰论坛

【主题】绿色发展消霾论：绿色发展走势分析、绿色技术与环境治理、天然气改革与发展、能源创新转型、国际合作

【时间】2016年12月11—12日

【地点】北京·对外经济贸易大学、北京外交办公大楼

2016年12月11—12日，第九届中国能源环境高峰论坛在京召开（附图10），得到国家发展改革委环资司、国家能源局能源节约和科技装备司、国务院国有重点大型企业监事会、奥地利驻华大使馆、对外经济贸易大学及其国际经济研究院、新华网、上海晶宇环境工程股份有限公司等的支持。“峰会”围绕绿色发展走势分析、绿色技术与环境治理、天然气改革与发展、能源创新转型、国际合作等主题，推出世界前沿的绿色技术，推进中奥、中美和国际组织合作。中国石油企业协会常务副会长、对外经济贸易大学党委书记蒋庆哲，国家发展改革委环资司副司长吕文斌，国务院国有重点大型企业监事会主席季晓南，可持续能源全球论坛（GFSE）主席、奥地利共和国驻华和蒙古国特命全权大使艾琳娜，国家能源局能源节约和科技装备司齐志新处长（代表司长）、国务院发展研究中心资源与环境政策研究所所长助理郭焦锋等多位中外部级/司局级嘉宾发表主旨或主题演讲。对外经济贸易大学副校长赵忠秀主持开幕式。中国能源环境研究中心主任、对外经济贸易大学教授林智钦介绍与会嘉宾并发表演讲。新华网能源事业部总监宋世恩、能源环保频道主编朱军平等300多位“政产学媒”各界代表参加了主论坛、2个分论坛和绿色发展形势分析会。新华社、今日头条和《人民日报》《经济日报》《中国环境报》《中国能源报》等百家媒体进行大幅报道和转载。

10月24日，“绿色技术与环境治理分论坛（一）”在北京外交办公大楼召开，得到希柯环保设备（上海）有限公司和爱格森（北京）科技有限公司的支持，普尔利斯（中国）环保分离设备制造有限公司和北京易水环境投资有限公司承办。大会召开期间，“绿色技术与环境治理分论坛（二）”同时召开，执行主席刘芳主持分论坛，林智钦致辞。该分论坛得到上海晶宇环境工程股份有限公司的支持，公司总工程师潘文刚在开幕式及分论坛分享了国际首创的工业浓盐水零排放及资源化技术，公司董事长陆魁及董事、常务副总经理尚荣等10多位专家发表主题演讲。

12月12日，“峰会”系列活动之一——2016中国绿色发展形势分析会在对外经济贸易大学召开。会议围绕《绿色发展消霾论》蓝皮书出版、绿色发展等主题展开，林智钦主讲、主持。国际再生能源组织（ISEO）主席古斯塔夫·格罗布、《经济日报》理论周刊主编马志刚、中国经济出版社编辑部主任葛晶、新华社记者郝多、对外经济贸易大学国际经济研究院副院长庄芮等十多位国际组织领袖、中央主流媒体相关负责

人等发言。

附图 10　第九届中国能源环境高峰论坛

2017 年：第十届中国能源环境高峰论坛

【主题】实施“新百千万万”活动、中国油气市场化改革、电力市场改革与建设、中国煤控、绿色技术、“峰会”十年回眸与展望

【时间】2017 年 11 月 30 日至 12 月 2 日

【地点】北京·对外经济贸易大学、千禧大酒店

2017 年 11 月 30 日至 12 月 2 日，由中国能源环境研究中心、经济日报社中国经济趋势研究院联合主办的第十届中国能源环境高峰论坛暨“峰会”设立十周年实施“新百千万万”活动在京召开（附图 11）。国务院国有重点大型企业监事会主席季晓南、对外经济贸易大学党委书记蒋庆哲、国家发展改革委国家节能中心主任徐强、国家能源局原副局长张玉清、国家发展改革委气候司原巡视员谢极、经济日报社内参编辑部主任兼中国经济趋势研究院院长孙世芳出席会议，并共同启动了中国能源环境高峰论坛“新百千万万”活动。蒋庆哲、徐强、孙世芳（代表经济日报社社长张小影）发表致辞。“峰会”执行副主席兼秘书长、中国能源环境研究中心主任林智钦介绍与会嘉

宾，并发表题为“回顾‘峰会’十周年 展望‘新百千万万’活动 推进绿色化发展改革”的主旨演讲。对外经济贸易大学副校长赵忠秀和孙世芳、林智钦分别主持了大会。季晓南主席、张玉清局长、谢极巡视员、蒋庆哲教授和新疆敦华石油技术股份有限公司董事长徐玉兵、奥地利驻华大使馆全权公使（科技）Philipp Agathanos 等发表主旨、主题演讲。

“峰会”得到国家发展改革委、经济日报社、国家能源局、对外经济贸易大学及其国际经济研究院、国家节能中心等单位的支持，并由新疆敦华石油技术股份有限公司协办，中国石油大学（北京）、华南理工大学电力经济与电力市场研究所、广东珠海凡特科技有限公司协作举行。300 多位专家和代表参加主论坛和分论坛。

附图 11　第十届中国能源环境高峰论坛

随后，中国能源环境高峰论坛“新百千万万”活动全方位服务国家发展改革委重点用能单位节能工作（包括重点用能单位“百千万”行动等）与经济日报社共建中国能源环境研究中心的合作得以确立。未来五年，“峰会”将实施“新百千万万”活动，推出百项绿色技术、优秀建言和经典案例，发布千位优秀专家的科研成果，巩固发展“万万益众”，推进绿色发展革命！另外，组委会还汇集百位著名专家、高级官员和实业家的思想和智慧，编辑出版“峰会”第三部蓝皮书——《绿色发展革命》。

2018 年：第十一届中国能源环境高峰论坛

【主题】绿色发展革命、能源绿色革命

【时间】2018 年 12 月 15—16 日

【地点】北京·对外经济贸易大学

2018 年 12 月 15—16 日，由中国能源环境研究中心、经济日报社中国经济趋势研究院、国家信息中心中国经济信息网等主办，德和泰集团联合主办的第十一届中国能源环境高峰论坛在京召开（附图 12）。“峰会”得到对外经济贸易大学及其国际经济研究院、国家发展改革委国家节能中心、山东省淄博市人民政府、金路达集团有限公司等的支持。国家能源局监管总监李冶发来贺词，祝贺大会取得圆满成功。对外经济贸易大学副校长丁志杰（代表蒋庆哲书记）、经济日报社内参编辑部主任兼中国经济趋势研究院院长孙世芳致辞。中国能源环境研究中心主任、对外经济贸易大学教授林智钦主持大会，并介绍了《绿色发展革命》蓝皮书的主要观点。

附图 12　第十一届中国能源环境高峰论坛

出席会议并发表主旨演讲/演讲的有：国家能源局能源节约和科技装备司司长王思强，工业和信息化部节能与综合利用司副司长尤勇，国家能源局原党组成员、副局长张玉清，国际能源论坛（政府间部长级国际能源组织）秘书长孙贤胜，国家节能中心处长时希杰，农业农村部农业生态与资源保护总站首席专家李景明，国家能源局中电传媒能源情报研究中心研究员张立宽。

大会主题围绕绿色发展和能源绿色革命展开，举办了颠覆性电机节能技术产业发布会、氢能源科技产业示范园项目启动会等。德和泰集团董事长张恪，山东省淄博市博山区政府副区长隆小波，华中科技大学教授、金路达集团有限公司首席科学家王雪帆，淄博晓兰氢能源科技有限公司副总经理陆旭昊出席发布会和启动会。会上，哈尔滨现代吹灰技术有限公司总经理刘向东推出锅炉吹灰技术。《中国电力报》《中国工业报》《中国科学报》及国际能源网记者现场提问或专题采访。

11 月 26 日，作为第十一届“峰会”重要组成部分的民用核技术绿色发展论坛在北京贵都大酒店召开。该论坛由中国电力发展促进会核能分会、中国能源环境研究中心联合主办，中国核科技信息与经济研究院、环境保护部（现生态环境部）核与辐射安全中心联合承办。中国电力发展促进会副会长邱建刚、核能分会副会长兼秘书长田力、生态环境部核电安全监管司司长汤博和中国工程院院士叶奇蓁等 30 多位司局级领导、院士、专家等出席并发表演讲。

2019 年：第十二届中国能源环境高峰论坛

【主题】聚焦以雄安新区为重点的绿色发展（绿色生态）促进

【时间】2019 年 12 月 28—29 日

【地点】北京 · 对外经济贸易大学

12 年为一轮。自 2008 年创立以来，至 2019 年，中国能源环境高峰论坛已经走完第一轮，准备进入第二轮。因此，2019 年是承上启下的一年。

2019 年 1 月 18 日，“峰会”组委会主办“2019 不忘初心　绿色发展”系列活动暨“迎新春毛泽东诗词书画展”大型综艺（公益）活动。2019 年 5 月 17 日，中国能源环境高峰论坛合作伙伴与媒体会成功举行。2019 年 12 月 28—29 日，由中国能源环境研究中心、对外经济贸易大学中国国际低碳经济研究所主办的第十二届中国能源环境高峰论坛在京召开（附图 13）。国家发展改革委国家能源局、雄安新区管委会、对外经济贸易大学及其国际经济研究院等给予支持，中国节能协会、河北雄安绿野清风环保科技有限公司、首融控股有限公司等单位积极协作。“峰会”聚焦以雄安新区为重点的绿色发展（绿色生态）促进。中国气候变化事务特别代表、国家发展改革委原副主任解振华发来贺词。雄安新区管委会副主任吴海军派专员出席会议，听取专家建议。中国能源环境高峰论坛执行副主席兼秘书长、中国能源环境研究中心主任林智钦主持会议和高端对话，报告了雄安新区绿色发展促进会筹备情况。对外经济贸易大学党委副书记李茂国（代表蒋庆哲书记）、国家能源局华北监管局副局长郝瑞峰致辞，中国工程院院士、原副院长杜祥琬，国务院国有重点大型企业监事会原主席季晓南，国家能源局原党组成员、副局长张玉清，国家发展改革委原气候司巡视员谢极进行高端对话。

“峰会”绿色技术板块发布了世界领先的发动机气路活氧装置、垃圾处理技术、建立方装配式科技。中央电视台制片人就发动机气路活氧装置、免堆技术现场采访了河北雄安绿野清风环保科技有限公司董事长单军艳。中国台湾科技大学教授林阳泰，中国台湾叶山集团总经理邱淑静、技术部经理李宥徽等推出获得全球 40 多个国家发明专利并在国际知名期刊《自然》（Nature）刊载的免堆技术。30 多位专家现场建言，为雄安绿色发展促进、决策和技术评价、政策和技术促进、雄安模式示范推广、建立世界绿色技术雄安示范中心出谋划策。此外，“峰会”还设置了绿色技术对话绿色金融环节。

与会嘉宾和代表合计 600 多人［其中部级领导、院士 8 位（包括杜祥琬院长、季晓南主席、石军副省长、宋树友副部长、路明副部长、闫海民副书记、晨崧会长、孙西岳副省长），司局级领导 20 多位］，汇集了近百位（家）绿色发展促进人物和单位。加上过去一轮“峰会”（2008—2019）聚集的百项绿色技术、千位高端专家、上万家媒体和“万万益众”，为新一轮绿色发展革命和绿色发展促进奠定了一定基础。中央广播电视总台制片人现场采访和录制，人民日报社编辑现场交流，经济日报社记者等媒体人士现场提问等。

附图 13　第十二届中国能源环境高峰论坛

2020 年：第十三届中国能源环境高峰论坛

【主题】坚持和完善生态文明制度体系 促进“两山”理念的生态价值转化

【时间】2020 年 12 月 26 日

【地点】北京·对外经济贸易大学

2020 年 12 月 26 日，由中国能源环境研究中心、对外经济贸易大学中国国际低碳经济研究所主办的第十三届中国能源环境高峰论坛暨“坚持和完善生态文明制度体系研究”重大项目开题论证会在京召开（附图 14）。北京市习近平新时代中国特色社会主义思想研究中心研究员、中国能源环境研究中心主任、对外经济贸易大学林智钦教授主持会议，介绍了重大项目情况，并回答了专家提出的有关问题。北京市习近平新时代中国特色社会主义思想研究中心执行副主任、北京市社科联副主席李翠玲出席论证会并做总结发言，肯定了开题论证的成效。7 位专家现场出席论证会，2 位专家提交书面意见。论证会之后，重点围绕上述主题，以线下和线上（部分环节）相结合的方式召开了第十三届“峰会”，展开研讨和对话等活动，共有 1000 多人参加。对外经济贸易大学党委书记蒋庆哲、国家发展改革委国际合作司一级巡视员李斌致辞。出席会议的主要嘉宾还有：国务院国有重点大型企业监事会原主席季晓南，国家能源局原党组成员、副局长张玉清，人民日报社理论部部务委员、经济社会编辑室主编张怡恬，中国科学院地理科学与资源研究所资源科学中心主任、首席研究员谢高地，对外经济贸易大学国家对外开放研究院党委书记庄芮、科研处处长薛熠等。

林智钦在主旨报告中回顾了奋斗 13 年来（2008—2020），“峰会”为促进经济社会发展全面绿色转型所做的努力，对启航生态文明和绿色发展新征程（2021—2030）做了展望。

10 月 26 日，第十三届中国能源环境高峰论坛媒体会成功举行。“峰会”及媒体会将对话、线下和线上点评和演讲相结合，推出多项绿色技术，包括中国台湾领先的生活污水处理技术——旋转生物包埋菌技术和煤炭消费减量替代补短板技术（国家发展改革委、世界银行项目）。

此外，来自惠民（福建平潭）智慧科技有限公司（协作方）的林秀梅董事长，台湾科技大学林阳泰教授、吴万益博士，资深专家贾生元、林厚波、单军艳；来自中关村国联绿色产业服务创新联盟（协作方）的杨洁秘书长、海鸥主任；以及中国能源环境研究中心研究员、中关村绿色产业联盟副秘书长张震龙，中国联合装备集团原副总经理张管生，国家开发银行行务委员郭濂等海峡两岸科研院所、金融机构、国有企业、优秀民营企业的行业专家齐聚一堂，共同探讨，宣传、交流、展示生态优先、绿色发展经典案例以及绿色创新技术、绿色质造技术。

附图 14　第十三届中国能源环境高峰论坛

附录三　China Energy and Environment Summit: With 13 Years of Unremitting Efforts, CEES Sets Sail on a New Journey

With 13 *years of unremitting efforts* (2008—2020), *China Energy and Environment Summit* (*CEES*) *has firmly promoted the comprehensive green transformation of economic and social development by steadfastly following the path of ecological priority and green development. In* 2021, *the centenary of the CPC*, *CEES sets sail on a new journey of ecological civilization and green development promotion* (2021—2030).

We are committed to promoting the comprehensive green transformation of economic and social development. This is a major arrangement proposed by the Fifth Plenary Session of the 19th CPC Central Committee to achieve the goal of building a "Beautiful China" in the 14th Five-Year Plan period. This is an essential initiative to respect nature, protect nature and follow nature's laws, and is also a key to realize the harmonious coexistence of man and nature, as well as to build a "Beautiful China". This is a green development revolution that relates to the fate of the nation.

In the past 13 years (from 2008 to 2020), China Energy and Environment Summit (hereinafter referred to as CEES) has firmly promoted the comprehensive green transformation of economic and social development; in addition, CEES has also been steadfastly following the path of ecological priority and green development. Approved by the State Council, CEES was listed as the second sub-summit of the Global Think Tank Summit, 2009. The Global Think Tank Summit—China Energy and Environment Summit (the second session) was held in the Great Hall of the People. **WEN Jiabao (member of the Political Bureau of the Central Committee and the State Council Premier at the time) received distinguished foreign delegates who attended the Global Think Tank Summit, and LI Keqiang (member of the Political Bureau of the Central Committee and Vice Premier of the State Council at the time, and the**

present Premier of China）delivered a keynote speech. Since then, CEES has become an annual institutional international summit for analyzing and forecasting China's energy, environment, and climate change.

After its creation, the CEES developed, transformed and upgraded over the past 13 years. We have successfully held 13 summits, 1 sub-summit, 1 cyber conference and many series of activities so far（附图 15）; CEES has gained the support of many national, ministerial and provincial leaders and other key figures engaged in promoting green development & ecological civilization from China and overseas, national bureaus and authorities and central-level or mainstream media, enabling hundreds of innovative green technologies and thousands of outstanding experts to play a part in the decision-making process of the CPC Central Committee, the State Council and other domestic and foreign senior officials. Numerous systematic and innovative theories of green development have been published in the state media, including "Three Newspapers and One Journal" (*People's Daily*, *Guangming Daily*, *Economic Daily* and *QIUSHI*), as well as in green books and blue books. They have also been disseminated by the CPC News, the Central People's Government, the World Bank, the Supreme People's Court, the Central Compilation and Translation Bureau (in eight languages), the CPC Beijing Municipal Committee and other central and local authorities. More than hundreds of millions of people are benefited.

In 2021, we will continue to work together with leaders, politicians, academics, industries, media and people from all walks of life at the central and local levels, and from all over the world, to set sail on a new journey of promoting ecological civilization and green development (2021—2030). We will continue to implement the "New Bai-Qian-Wan-Wan" campaigns, adhere to and improve the institutional system of ecological civilization, promote the ecological value transformation of "Two Mountains" concept, and promote the overall green transformation of economic and social development.

We will promote the new progress of green development and ecological civilization promotion in Xiong'an New Area and take the lead in exploring and forming major institutional achievements in Beijing, Xiong'an and other key regions. We will continue to promote green development and ecological revolution, adhere to green standards, continue to advance government coordination, expand expert database and perfect technology pool, as well as consolidate and develop green technologies, green energy, green building, green transportation, green agriculture, green finance and green culture. We will also enhance regional and intergovernmental cooperation with other countries and regions.

The achievements of CEES are as follows:

CEES (2008-2021) has promoted and witnessed the progress of global (China, in particular) ecological civilization and green development

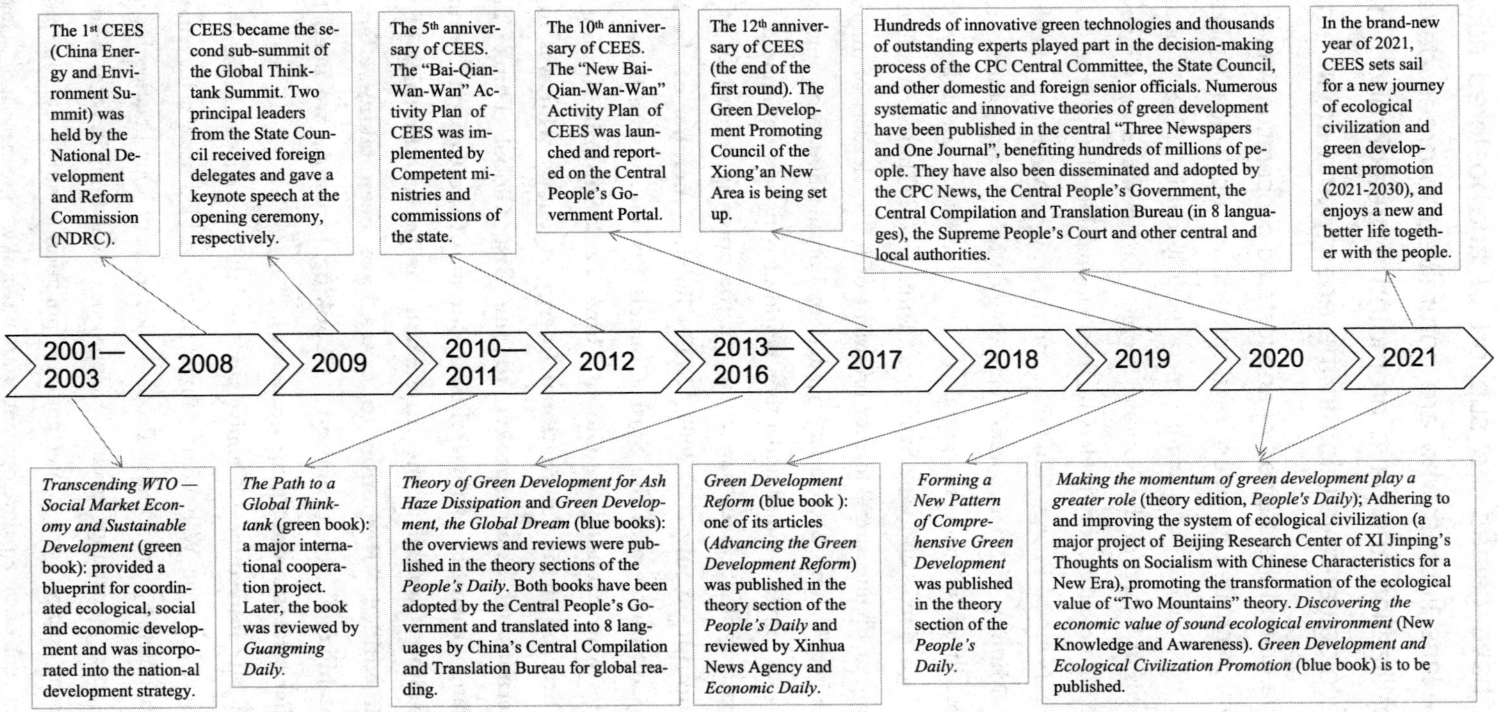

附图15　中国能源环境高峰论坛（2008—2021）发展之路（英文版）

Ⅰ. We have gained the support of and fostered cooperation with many world-class figures who are committed to green development and ecological civilization and have promoted a breakthrough in pioneering a green and ecological revolution in the energy and environment sector.

1. We have gained the support of and fostered cooperation with many world-class figures who are committed to green development and ecological civilization.

More than 1000 speakers and senior experts participated in CEES summits. Among them, there are hundreds of leaders of the National People's Congress and the Chinese People's Political Consultative Conference, key leaders of the National Development and Reform Commission (NDRC), National Energy Administration (NEA), Ministry of Ecology and Environment (MEE), Ministry of Science and Technology (MST) and other competent ministries and commissions, heads of giants of central energy enterprises, counsellors of the State Council, father of "Two Bombs and One Star", academicians of Chinese Academy of Sciences and Chinese Academy of Engineering, former president of India, leaders of international organizations and the United Nations Secretariat, leaders of Fortune 500 companies and multinational corporations, Nobel Prize winners and other world-class figures committed to green development and ecological civilization. **In particular, at the opening ceremony of the First Global Think Tank Summit on July 2nd, 2009, WEN Jiabao (member of the Political Bureau of the Central Committee and the State Council Premier at the time) received major foreign delegates who attended the Global Think Tank Summit. Among them was Tanaka Nobuo, Director of the International Energy Agency, who was invited as an distinguished international guest speaker to the first Global Think Tank Summit—CEES. LI Keqiang (member of the Political Bureau of the Central Committee and Vice Premier of the State Council at the time, and the present Premier of China) gave a keynote speech entitled "Responses to crises have been taking effect, and Chinese economy has stabilized". He proposed, "Looking forward, we need to develop new energy and other strategic emerging industries."**

The year of 2017 marked the 10th anniversary since the creation of CEES. The 10th CEES summit launched "New Bai-Qian-Wan-Wan" campaigns and yielded many achievements, which were reproduced and adopted by the Central People's Government. Our practice has promoted a new breakthrough in the pioneering green development revolution in the field of energy and environment (green energy, gas, water and soil pollution control, etc.), promoted the construction of a new era of green development with bluer sky, greener land, clearer water, more livable cities and more beautiful environment in China, and promoted global green development.

2. We have successfully held 14 sessions of 13 summits, 1 cyber conference and numerous series of events. CEES summits were supported by the Party Central Committee and the State Council; the National Development and Reform Commission (NDRC), the National Energy Administration (NEA), the Ministry of Ecology and Environment, the Ministry of Science and Technology, the U. S. Department of Energy, the University of International Business and Economics (UIBE), the China Center for International Economic Exchanges of NDRC, the China Center for Urban and Small Town Reform and Development of NDRC, the National Information Center, Xiamen University, *People's Daily*, *Economic Daily*, the National Energy Conservation Center, and Xiong'an New Area Administrative Committee. At each summit, there are leaders and experts from NDRC, NEA and other ministries in charge of energy and environment to deliver keynote speeches.

3. The competent national ministries and commissions launched the "Bai-Qian-Wan-Wan" campaigns and the "New Bai-Qian-Wan-Wan" campaigns of CEES.

In October 2012, CEES co-initiated the "Bai-Qian-Wan-Wan" campaigns with NDRC, NEA, UIBE and State Information Center.

In December 2017, in order to implement the spirit of the 19th National Congress of the Communist Party of China, leaders of NDRC, NEA, *Economic Daily* and UIBE jointly launched the "New Bai-Qian-Wan-Wan" campaigns of CEES. Subsequently, the "New Bai-Qian-Wan-Wan" campaigns of CEES were established to fully serve the cooperation in NDRC's key energy users's "Bai-Qian-Wan" campaigns and voluntary commitment to energy conservation.

The "New Bai-Qian-Wan-Wan" campaigns refer to the launch of hundreds of green technologies, excellent proposals and classic cases, releases thousands of outstanding experts's achievements, and consolidates hundreds of millions of beneficiaries.

Ⅱ. "Three Newspapers and One Journal", competent national ministries and commissions have helped to promote the overall green transformation of economic and social development.

1. A series of green development and ecological civilization innovations, excellent proposals, classic cases, innovative technologies, systematic green development theories, blue books and green books with global impact have been published. Many systematic achievements of green development theory and innovation have been published in "Three Newspapers and One Journal", and also published or released in the form of green books and blue books. Many achievements are adopted by the Communist Party of China

News, the Central People's Government, China Development Gateway (sponsored by Chinese government and the World Bank), the Supreme People's Court, the Communist Party of China Central Compilation Bureau (in eight languages), the Communist Party of Beijing Municipal Committee and other central and local circles at all levels, and widely disseminated at home and abroad, which have exerted great influence globally. We have published thousands of annual research reports, papers, excellent suggestions, classic cases and news reports on China's energy and environment development in the central key media, industry mainstream media, etc., forming a systematic concept of green and ecological revolution. We published several blue books and green books at China Economic Publishing House, Economic Daily Press, etc., including *Green Development and Ecological Civilization Promotion* (2021), *Green Development Revolution* (2018), *Green Development Haze Elimination Theory* (2016), *Global Dream of Green Development* (2014), *The Path to a Global Think Tank* (2011), the third quarterly issue of *Economy-Green China 2013* (*Economic Daily*), 7 issues of Summit anthology (*2008—2013*), more than *320* papers and abstracts (more than *2. 6* million words). We also established English version and Chinese version of the Summit websites (more than *10* million words).

2. We have successfully published a series of theoretical results in key publications known as "Three Newspapers and One Journal" (*People's Daily*, *Guangming Daily*, *Economic Daily* and *QIUSHI*), promoting the comprehensive green transformation of economic and social development. We are committed to the perspective of "Two Mountains" concept, the green development with ecological priority, ecological value transformation so as to study in depth and improve the ecological civilization system, advocate to the purification of air in turn to promote green and low-carbon transformation; advance the greening process of economic energy, institutional system, culture and technology; gradually eliminate ash haze by green development led by greening; gradually eliminate ash haze to promote green development and ecological progress through deepening supply-side structural reform; support green development with structural changes, support green development with cultural and scientific endeavor; and let the green development index play the role of "bellwether". Eventually, the green development revolution will be promoted in a hierarchical manner. These have played an essential role in promoting the construction of the ecological civilization system, facilitating the overall green transformation of economic and social development, and guiding the overall formation of a new pattern of green development. During the epidemic, all the vitality contained in green development should be unleashed, thus advancing green development towards globalization.

3. We have partnered with national energy and environment ministries, as well as key media of the central government, mainstream media of the industry, to advocate for a green development revolution, and have launched hundreds of world-class innovative technologies and platforms. From 2014, a series of blue books were published, and relevant leaders of ministries of the national energy, environment, resources, climate, science and technology, and state-owned enterprises, as well as relevant leaders of the National People's Congress, *People's Daily*, *Economic Daily* and China Economic Publishing House joined the editorial board as deputy directors or consultants. The Summit has gathered thousands of media, including *People's Daily*, *Economic Daily*, *Guangming Daily*, *China Energy News*, *China Economic Herald*, *China Electricity News*, *China Environment News*, *China Petroleum News*, *China Industry News* and Xinhua News Agency, CCTV, etc.; tens of thousands of organizations, as well as thousands of doctors, postgraduates and undergraduates from the capital and major universities at home and abroad. The Summit, together with the official website of CEES, WeChat, Weibo and Youku, spread the concept, policy and technology of ecological priority and green development, achieved the goal of benefiting a hundred million of people and strived to be a key national think tank.

Ⅲ. The advocating and disseminating of the green development revolution has achieved remarkable results, and hundreds of green technologies at the forefront of the world have been launched.

1. Notable achievements have been made in the advocating and spreading of green development.

We have established partnership with more than 200 national and international organizations, ministries of foreign governments, national ministries, the top energy and environment enterprises, famous institutions of higher learning, research institutions, and civil organizations. By now, we have gathered 8000 representatives of conference and over 100 domestic and international cooperative central media, over 5000 followers on WeChat, millions of followers in WeChat groups, and thousands of undergraduates and graduates from over 30 institutions of higher education. These people enlarged the influence of the Summit across the whole world.

The summit was inatiated by the following organizations (in order of time): National Information Center, National Development and Reform Commission (NDRC). China Center for International Economic Exchanges, the Urban and Small-Town Reform and Development Center of NDRC, Xiamen University, University of International Business and Economics (UIBE).

The "Bai-Qian-Wan-Wan" and "New Bai-Qian-Wan-Wan" campaigns of CEES were jointly launched by the following organizations: Resource Saving and Environmental Protection Department of NDRC, New Energy and Renewable Energy Department of National Energy Administration, University of International Business and Economics, National Information Center, National Energy Conservation Center, China Economic Trend Research Institute.

Other important supporters, sponsors and co-organizers: Institute of International Economy Institute of UIBE, National Climate Change Strategy Research and International Cooperation Center, China Economic Publishing House, *Economy* (periodical of *Economic Daily*), the Department of Chemical Engineering of Tsinghua University, Management Committee of Xiong'an New Area, People's Government of Zibo City, Hebei Xiong'an Lvye Qingfeng Environmental Protection Technology Co., Ltd, Shandong Dehetai Group Co., Ltd.

Partners who cooperated with us consecutively for more than 4 times: Former President of India, U. S. Space Technology Association.

Partners who cooperated with us consecutively for more than 3 times: French Air-Liquefied Group (Global Engineering Technology), U. S. National Department of Energy's Lawrence Livermore National Laboratory, Air-Clean Task Force.

Partners who cooperated with us consecutively for more than 2 times: Lexus China, Beijing Environment Exchange Institution, Beijing Yishui Environment Investment Co. Ltd, Hebei Xiong'an Lvye Qingfeng Environmental Protection Technology Co., Ltd.

Important sponsors: Duke Energy Corporation, Lexus China, U. S. Ministry of Energy Lawrence Livermore Laboratory, WWF, China-EU Energy and Environment Project Office, French Air-Liquefied Group (Global Engineering Technology), the Australian Commonwealth Scientific and Industrial Research Organization, GCCSI of Australia, Rouge H2 Engineering Co, Ltd., the European Space Energy Group, Shuangliang Eco-Energy Co., Ltd, China Academy of Space Technology, Chinese Youshenjia New Energy Co. Ltd, ENN Gasified Coal Mining Co. Ltd, Xinjiang Dunhua Petroleum Technology Co., Ltd, Beijing Yishui Environment Investment Co. Ltd, China University of Petroleum, South China University of Technology, Zhuhai Fantail Science and Technology Co., Ltd., Beijing Glamor Photoelectric Science & Technology Co., Ltd, Shanhai Jingyu Environmental Project Co, Ltd, CECO Shanghai, Zhongguancun National-united Green Industry Service Innovate Alliance, Fujian Jiwang Huimin Group Co. Ltd (and its Huimin Wisdom Technology Co., Ltd), etc.

Partners who have spread and adopted the results of green development and ecological civilization: Hundreds of central key media and industry mainstream media, thousands of new media, and more than ten thousand of organizations.

2. We launched hundreds of world-class green technologies.

Green technology and policy are important foundation of green and ecological reform. In the past decade, while introducing outstanding advice and classic cases, the Summit has also introduced hundreds of world-class green technologies and products. The Summit focused on the introduction of carbon capture and storage technology, storage and addition, pace station solar power technology, Lexus hybrid cars, distributed and efficient hydrogen production, Haze Cleaner, LED Air Purifying Lighting, clean energy conversion technology, lithium bromide central air conditioning technology, zero emission of industrial concentrated brine, Low Nitrogen Burning technology, system technology of wound rotor brushless doubly fed machine from KINGROAD Group Limited, Air-inducted type Oxygen activated device for engines and composting-free technology from Hebei Xiong'an Lvye Qingfeng Environmental Protection Technology Co., Ltd, excellent technology of coal consumption reduction substitution, technologies that improve weak links, Taiwan-rotating bio-embedded bacteria technology and many other world-class innovative technologies and excellent products.

At the first summit (**2008**), we released the core technologies of green low-carbon economy from the U. S., European Union, UK, Australia and China, such as clean coal (carbon capture and sequestration), wind energy, advanced solar energy, natural gas, biomass liquid energy technology, etc.

The second summit (**2009**) focused on the promotion of carbon capture and sequestration, clean coal intelligent technology, light and solar polymerization board technology in the U. S., China, and several international organizations as well as the launch of the solar thermal power generation technology, the windmill technology, genetically modified biological energy technology, hydrogen and fuel cell technology, water reduction and low consumption energy technology, gas power generation technology, the development of coal liquefaction and coal gasification and bio-fuels from the United States, China, Japan, France, Canada, Scotland, OPEC and other international organizations.

The third summit (**2010**) paid much attention to the China-U. S. underground coal gasification technology, energy-saving and emission reduction technology and new energy, and introduced carbon capture and sequestration, new energy technologies, combustible ice, mantle oil and gas, recycling economy technology and other non-food biomass from the U. S., Australia, China and international organizations.

The Western Coast of Taiwan Straits Summit（**2011**）put an emphasis on new energy，energy saving，finance and energy，introduced more than 20 technologies such as fuel ethanol，solar grade polysilicon materials，power batteries，nuclear safety technology and（financial）dynamic panel data models in bio-energy，PC power generation，chemical power and advanced nuclear energy area.

The fourth summit（**2011**）focused on space solar power，biomass energy，and promoted space solar power plant technology，key materials of space solar power，space solar power thermal power generation technology，nuclear safety technology，microwave power transmission technology，bio fuel，gaseous biological fuel，biogas technology，BioHythane technology，lignocellulosic sugar technology，enzymatic hydrolysis lignin and cellulose ethanol from the U. S.，India，China，Europe，UN and other international organizations.

The fifth summit（**2012**）focused on energy-saving technologies，new energy and space solar energy，and introduced lithium bromide central air conditioning technology，low times laser power generation technology，solar assisted media conversion technology，space solar power and its key materials technology，the key technology in space solar energy collection，efficient and clean coal technology，ENN underground coal vaporization technology and the second generation energy crops of Biogas Engineering Technology developed in China，India，American and Europe.

The sixth summit（**2013**）as well as 2013 "Bai-Jia-Jiang-Tan" Campaign（hundreds of discussions）focused on the atmospheric pollution control technology and clean energy conversion technology，introduced LEXUS hybrid cars，Lurgi clean energy conversion technology（fixed bed dry slagging discharge gasification，gas purification technology，MTP technology），big data technology（Intelligent City），space solar satellite and ground system，low-cost space transportation system，building of energy efficiency innovation technology，UHV technology and the smart grid used in Japan，France，the U. S.，India and the UK.

The seventh summit（**2014**）focused on ash haze elimination technology in cities，green low-carbon and energy-efficient technology，and introduced LEXUS Hybrid cars from Japan，France，the U. S. and India，Lurgi clean energy conversion technology，space solar energy technology，LED lighting technology on demand，Xiangjianhuan camellia oil technology of eastern Fujian，etc.

The eighth summit（**2015**）proposed that we should develop greenization by green technology，and introduced series of world-frontier green technology and products including distributed and efficient hydrogen production，storage and addition，zero discharging technology of industrial waste water, haze cleaner, vehicle-mounted energy conservation and emission reduction facility, charging unit for vehicle, LED air purifying lighting, automobile exhaust filter unit/automatic remote control to quell fire.

The ninth summit (**2016**) made its focus on green technology and environmental improvement technology, and mainly introduced the internationally pioneering technology of zero discharging and recovering of industrial brine as well as pollution control technology of sewage and black-odor water from the U. S. , China and Austria, low-nitrogen combustion technology, SCR/SNCR (selective catalytic reduction/selective non-catalytic reduction) denitration technology, VOCs control technology, and renewable energy and natural gas utilization technology.

The tenth summit (**2017**) launched Xinjiang Dunhua petroleum carbon capture, utilization and storage (CCUS) technology, Zhuhai Fante technology, etc.

The eleventh summit (**2018**) focused on the introduction of wound rotor brushless doubly fed machine technology from Kingroad Group Co. , Ltd, United Nations hydrogen energy technology, Harbin modern soot blowing technology, biogas, etc.

The twelfth summit (**2019**) focused on the introduction of Air-inducted type Oxygen activated device for engines and composting-free technology of Hebei Xiong'an Lvye Qingfeng Environmental Protection Technology Co. , Ltd, and more than 30 experts have made on-site advice about more than 30 green technologies and classic cases such as assembly technology.

The thirteenth summit (**2020**) focused on the excellent technologies and classic cases of coal consumption reduction substitution and technologies that improve weak links (a project from National Development and Reform Commission and World Bank), and Huimin rotating bio-embedded bacteria technology.

Ⅳ. Thousands of media and tens of thousands of institutions have joined hands to promote green ecological ideas, policies and technologies.

We have made leapfrog progress towards our commitment of "Wan-Wan-Yi-Zhong" by gathering thousands of media and tens of thousands of institutions to promote green ecological ideas, policies and technologies over the past 13 years. We are committed to benefit at least one hundred million people through "Bai-Qian-Wan-Wan" and "New Bai-Qian-Wan-Wan" campaigns. To achieve this goal, we have disseminated knowledge and technologies of ecological civilization, green development, energy and environment domestically and globally via hundreds of central key media, industry mainstream media at home and abroad, new media (including the official website of CEES, WeChat followers, WeChat Groups, Weibo and videos), and thousands of students from over 30 universities and colleges. As a result, advertisements of this initiative on media have achieved remarkable success, significantly transforming the majority of audiences into participants. Tens of thousands of central and local, domestic and international official websites of the Party and government organs, mass organizations, league organizations and trade unions, the mainstream media, academic institutions, companies, community sites; top newspaper, magazines, radio, websites of all provinces and municipalities; local channels of the central mainstream media have published, reproduced, and used the fruits of green development revolution at prominent position and with bold titles.

First held on May 25th, 2011, the Round Tables of Partners and Media of CEES have become annual platforms of communication for the partners and the central mainstream media. With different features, annual Round Tables have contributed to the implementation of "Bai-Qian-Wan-Wan" campaigns of CEES, and the development of CEES, the reform of green development and ecological civilization construction, demonstrating significant progress. Such meetings can be divided into the following types.

1. The Round Table of Partners and Media for the CEES conference. The Round Tables from 2011 to 2014 were held in Beijing West International Trade Hotel, National Convention Centre, the main building of *Economic Daily*, and No. 1425 Meeting Room of State-owned Assets Supervision and Administration Commission respectively. The meetings were presided over by LIN Zhiqin, Vice President and Secretary General of CEES. Many partners gave speeches or made statements at the conferences, including: 2011, XU Feng (Vice President, European Space Energy Group), LI Ming (Vice President, China Academy of Space Technology), ect; 2012, MIAO Zhiqiang (Chairman, Jiangsu Shuangliang Eco-Energy Co., Ltd); 2013, CHEN Xiaolin (Vice President, *The Economic Journal*), LIU Fang (Vice President, the Global Engineering Technology Department of Air Liquide), ZHANG Zhenlong (Director, Beijing Environment Exchange), LANG Lixin (Vice President, LEXUS China); 2014, QIAO Weibing (Deputy Editor-in-Chief, China Economic Publishing House), WANG Huijun (Executive Vice President, Beijing Environment Exchange), ZHANG Zhenlong (Director, Green Tech Transfer and Finance Centre of Beijing Environment Exchange), LANG Lixin (Vice President, LEXUS China), ZHANG Xiaodong (Sales Director, Beijing Luqi Branch of Air Liquide). The cooperative media which reported the news mainly include Xinhua News Agency, *Economic Daily*, *Guangming Daily*, CCTV (Chinese Channel), People. cn, Xinhua Net, China Economic Net, qstheory. cn, *China Energy News*, *China Environment News*, *China Electric Power News*, *China Petroleum*

News, *China Aviation News*, *China Industry News*.

2. Exclusive media interview. Both the 8th and 10th of these meetings fall into this category. In 2015, during the 8th CEES media interview, Sable Huang (President, Rouge H2 Engineering GmbH.), LIU Youfu (Chairman, China You Shen Jia New Resources Group Co., Ltd) and ZHANG Hua (CEO, Beijing Gelinman Optoelectronic Technology Co., Ltd.) were interviewed by *China Industry News*, *China Environment News* and *Zhong Guan Cun* respectively. On October 10, 2017, the "10 Thousand+Million+Network" Conference was held by way of the 10th Summit's official website through the release of relevant news and interviews by Xinhua reporters. Xinhua interviewed Prof. LIN Zhiqin (Vice Chairman and Secretary General of CEES, Director of China Energy and Environment Research Center), and released the interview "Implementing the 'New Bai-Qian-Wan-Wan' Campaigns to Promote Green Development and Reform—The 10th China Energy and Environment Summit Held a '10 Thousand+Million+Network' Conference". After the press release was published on Xinhua on December 11, it was shared and adopted by thousands of central and local, domestic and international parties, governments, industry and academic websites, key central media, industry mainstream media and new media with prominent headlines and positions by People's Daily Online, National Development and Reform Commission, State Forestry Administration, State Power Investment Group, China National Petroleum Corporation, China Guodian Group, Zhejiang Provincial Government, Guangdong Provincial Development and Reform Commission.

3. Thematic conferences. There are two forms of these conferences.

First, promoting the information of the conference in conjunction with the launching of blue books, green books and anthology at the Summit, the information of the conference will be released at the first time. On the one hand, before the conference, the blue books released at the China Green Development Situation Analysis Conference were first used as the main reference: On the 11th CEES (2018), the blue book of *Green Development Revolution* was released by the *Economic Daily*, Xinhua News Agency, the Organization Department of the Central Committee of the Communist Party of China and other central mainstream media to promote the implementation of the "New Bai-Qian-Wan-Wan" campaigns and benefit all in the new era of green development; on the 9th CEES (2016), the blue book of *Green Development and Haze Elimination* was released by Xinhua News Agency, *Economic Daily*, *China Environment News* and other central mainstream media. **On the other hand, anthologies or green books to be released during the media sessions of the Summit:** On the 7th CEES (2014), the blue book of *Green De-*

velopment Global Dreams was released; on the 6th CEES (2013), the symposium of *Economy & Green China—The 6th China Energy and Environment Summit Anthology* was released; on the 4th CEES (2011), the green book of *Exploring the Path of Global Think Tanks* was released.

Secondly, releasing information about the conference through conference-linked topics. The 12th-13th CEES media sessions fall into this category. They were held to promote the conference by releasing relevant topics independently. For example, on May 17, 2019, on the 12th CEES Partners and Media Conference, the research report (initiated by China Energy and Environment Research Center) of *Mobile Source Emission Management and Methods and Path Options for Achieving Intelligent Transportation in the Framework of Green and Low-carbon Development Planning in Xiong'an New Area* was released by *Economic Daily*, *People's Daily*, *China Reform News*, *China Environment News*, People's Transportation Net, International Energy Net and Tencent and Youku Video Apps. SHAN Junyan, Chairman of Hebei Xiong'an Lvye Qingfeng Environmental Protection Technology Co., Ltd, together with the inventor, Professor LIN Yangtai, Head of Department of Taiwan University of Science and Technology, introduced a number of green technologies, including the patented air-inducted type oxygen activated device and its OBD system. On October 26, 2020, the 13th CEES media conference was successfully held in Beijing, focusing on the release of *CEES* (2008—2019) *Review and New Outlook* (completed by China Energy and Environment Research Center) and the launch of Zhongguancun Guolian Green Industry Service Innovation Alliance and its project of "Coal Consumption Reduction Substitution to Fill the Short Board" (supported by National Development and Reform Commission and World Bank).

Ⅴ. Through the joint action of personages from different realms (politics, industry, academia, media and the public), we will continue to implement the "New Bai-Qian-Wan-Wan" campaigns, setting sail on a new journey of ecological civilization and green development promotion.

1. We will continue to work together with personages from different realms (politics, industry, academia, media and the public), at central and local levels, and from all over the world, to set sail on a new journey of ecological civilization and green development promotion (2021—2030). We will continue implement the "New Bai-Qian-Wan-Wan" campaighs, adhere to and improve the system of ecological civilization, follow the path of ecological first and green development unswervingly, take foward the ecological value transformation of "Two Mountains" concept, and promote the overall green transformation of economic and social development. We will promote the new process of green development and ecological civilization promotion in Xiong'an New Area, and take the lead in exploring and forming major institutional achievements in Xiong'an and other key regions. We will continue to promote the green development revolution, adhere to green standards, continue to advance government coordination, expand expert database and perfect technology pool as well as consolidate and develop green technology, green energy, green building, green transportation, green agriculture, green finance and green culture. We will also enhance regional and intergovernmental cooperation with other countries and nations included in the Belt and Road Initiative.

2. Promote the ecological value transformation of the "Two Mountains" concept by closely integrating with the major projects of Beijing Research Center of XI Jinping's Thoughts on Socialism with Chinese Characteristics for a New Era. LIN Zhiqin, the main leader of CEES, became an expert and researcher of Beijing Research Center of XI Jinping's Thoughts on Socialism with Chinese Characteristics for a New Era in 2019. Later, his project, "Research on Adhering to and Improving the System of Ecological Civilization—Based on the Perspective of 'Two Mountains' concept, Ecological Priority and Value Transformation" was identified as a major project in 2020 (project number: 20LLYJA007; project period: 3 years) by Beijing Research Center of XI Jinping's Thoughts on Socialism with Chinese Characteristics for a New Era and Beijing Social Science Foundation. The 13th CEES (2020) integrated CEES activities and Beijing Research Center of XI Jinping's Thoughts on Socialism with Chinese Characteristics for a New Era closely. For the next three years (2021—2023), CEES will serve as a platform for tracking research on this major project to encourage hundreds of core experts gathered by the CEES platform to conduct tracking research. The main task is to conduct in-depth research on XI Jinping's thoughts on ecological civilization in the new era of socialism with Chinese characteristics and the transformation of ecological values based on "Two Mountains" concept. Beijing Research Center of XI Jinping's Thoughts on Socialism with Chinese Characteristics for a New Era will be the supporting unit of the 14th-16th CEES. Relying on the CEES, 2 project seminars and exchanges will be held in each session.

3. We will take the lead in exploring the key regions and strive to produce significant institutional results. In 2019—2020, the green development promotion focusing on Xiong'an New Area has brought together hundreds of green-ecological promoters and units [mainly from the first "double first-class" universities, central enterprises, state-owned enterprises, listed companies, national key high-tech enterprises, Xiong'an companies, national-level associations, national institutions and Taiwan (China) Industry associations, international and national certification bodies, international organizations and multinational companies] with hundreds of green technologies, thousands of high-level experts, tens of thousands of media and a hundred million of people gathered in the past round of CEES, which have laid a certain foundation for the new round of ecological civilization and green development promotion. In the future, we should promote the green development of Xiong'an New Area under the leadership of related national departments and the capital city (Beijing), and facilitate the new process by setting up Xiong'an New Area Green Development and Ecological Civilization Promotion Agency (nationwide) in Xiong'an, Beijing-Xiong'an Ecological Civilization and Green Development Promotion Agency in Beijing, and an organization or a public company for ecological civilization and green development at the national level. Through the establishment of Xiong'an Exhibition and Promotion Center, a large amount of leading green technologies from all over the world will be gathered, and the "Xiong'an Model" will be developed, demonstrated and promoted nationwide and globally.

In the new decade, the following objectives will be achieved by CEES organizing committee:

(1) The upcoming Summit will implement the "New Bai-Qian-Wan-Wan" campaigns continuously: selecting one hundred excellent experts; launching hundreds of green technologies, excellent proposals and classic cases; publishing thousands of outstanding experts' achievements; consolidating the result of one hundred million beneficiaries.

(2) The upcoming Summit will invite a group of outstanding talents to disseminate, share and adopt ideas, policies, technologies of green development and ecology first through hundreds of key media, industry mainstream media, over 5000 WeChat followers, millions of followers in WeChat groups, hundreds of different professional WeChat groups, thus guiding thousands of media and over 10 thousand of institutions at home and overseas.

(3) The "New Bai-Qian-Wan-Wan" campaigns of CEES were established to fully serve the energy conservation of NDRC's key energy users (including "Bai-Qian-Wan" campaigns). On this basis, we shall promote higher-level and sustainable green development domestically and globally.

(4) Our research results on green-ecological promotion will continue to be submitted to the Party Central Committee, the State Council, relevant national ministries and commissions, Beijing Municipal Party Committee and Government, Management Committee of the Party Working Committee in Xiong'an New Area and other local Party committees and governments as references of decision-making.

(5) CEES was listed in "China General Database of Knowledge Resources—The Full Text Paper Database of Chinese Important Conferences" (supervised by the Ministry of Education,

operated by Tsinghua University) from 2021. In the near future, we will compile *Annual Anthology of China Energy and Environment Summit* (*national digital periodical*) and publish the anthologies on CNKI.

(6) We will make much effort to promote the overall green transformation of economic and social development to build "Beautiful China" with bluer sky, greener land, clearer water, more livable cities and more beautiful environment!

附录四 Review of Previous Themes of China Energy and Environment Summit (CEES) (2008—2020)

2008: The 1st China Energy and Environment Summit (CEES)

[Theme] Sustainable development of energy and environment; international mutually beneficial cooperation on energy and environment; development policies and trend of multi-energy alternative industry; energy conservation status quo and investment focus

[Time] December 12th-13th, 2008

[Location] Yanle Hall of Xiyuan Hotel, Beijing

The 1st CEES was grandly held in Yanle Hall, Beijing Xiyuan Hotel on December 12th-13th, 2008, with the support of National Development and Reform Commission (NDRC), National Energy Administration (NEA), State Information Center, Energy Research Institute of NDRC, National Research Center of U. S. Department of Energy, China-EU Energy Environment Project Office, U. S. Clean Air Task Force, Australia Commonwealth Scientific and Industrial Organization, etc.

LI Kai, deputy director of the State Information Center, presided over the opening ceremony. Speakers at the conference included WANG Siqiang, Director of the Comprehensive Department of NEA; HE Bingguang, Vice Director of the Department of Resource Conservation and Environmental Protection of NDRC; LI Junfeng, Vice Director of Energy Research Institute of NDRC and Director of the Academic Committee; ZHOU Dadi, former Director of Energy Research Institute of NDRC; GAO Shixian, Assistant Director of Energy Research Institute of NDRC; JIA Chengzao, academician of Chinese Academy of Sciences, Director of the Chinese Petroleum Society; Steven Liedle, Deputy Director of the National Research Center of U. S. Department of Energy; S. Julio Freedman, Director of the Carbon

Management Project; SUN Simin, Asia-Pacific Chief of the Clean Air Task Force; Kurt Wiesegart, EU Director of the China-EU Energy Environment Project Office (and XIE Ji, the Chinese Director); Jim Smitham, Deputy Director of the technology center of Australia Commonwealth Scientific and Industrial Organization. In addition, there were also executives from the State Grid Energy Research Institute, China Shenhua Group Institute, Technology and Equipment Department of Three Gorges Office of the State Council, China Wind Energy Association, and senior experts and professors of Center for Energy Economics Research of University of International Business and Economics (UIBE) and KBC Technology Co. Ltd. and Sichuan University. LIN Zhiqin, Secretary General of the Summit and researcher of International Cooperation Department of NDRC organized and hosted this conference. Over 280 participants and guests from political, academic, industrial and media circles attended this conference.

2009: The 2nd China Energy and Environment Summit (CEES)

[Theme] Innovation in energy technology; multiple energy sources; energy environment and sustainable development; energy conservation, emission reduction and climate change

[Time] July 2nd-4th, 2009

[Location] Great Hall of the People, Beijing

Global Think Tank Summit—CEES (The 2nd CEES) was held in the Great Hall of the People from July 2nd to 4th, 2009, hosted by China Center for International Economic Exchanges, and it was co-supported by National Development and Reform Commission (NDRC), Ministry of Environmental Protection (MEP), Ministry of Science and Technology (MOST), National Energy Administration (NEA), the U. S. Department of Energy and World Wide Fund for Nature (WWF). The summit, focusing on sustainable development and macroeconomic policy, launched four panel discussions on innovation in energy technology, multiple energy sources, energy environment and sustainable development, energy conservation, emission reduction and climate change. ZHANG Guobao, deputy director of NDRC and director of NEA presided over the closing ceremony and summarized the group discussion.

WEN Jiabao (member of the Political Bureau of the Central Committee and the State Council Premier at the time) met with major foreign delegates who attended the summit. LI Keqiang (member of the Political Bureau of the Central Committee and Vice Premier of the State Council at the time, and the present Premier of China) delivered a speech at the opening ceremony.

The honorable speakers included WAN Gang, Vice Chairman of Chinese People's Political Consultative Conference (CPPCC) and Minister of MOST; ZHOU Shengxian, Minister of MEP; Nobuo Tanaka, Director of the International Energy Agency; James E. Rogers, Chairman of the Board, President and CEO of Duke Energy; Robert Hill, Deputy Director-General of the WWF.

The speakers, hosts and/or participants included YANG Fuqiang, Director of WWF Climate Change Programme; Ronald W. Cochran, Director of Lawrence Livermore National Research Center, the U. S. Department of Energy; Armond Cohen, initiator and organizer of CATF; Richard L. Armitage, former United States Deputy Secretary of State. More than 36 ministerial-level and world-class experts, Chinese and foreign energy giants and Nobel Prize winners attended this conference, including XU Rongkai, FU Chengyu, LIU Zhenya, JIA Chengzao, KANG Rixin, ZHAI Ruoyu, LU Qizhou, Cyrus, MA Shitu, Michael J. Ahearn, ZHAO Xiaolan, etc. and dozens of department or bureau directors, such as HE Bingguang, HAN Wenke, WANG Ling, ZHAO Zhongxiu, LI Nuyun, ect.

LIN Zhiqin, executing Secretary General of CEES and researcher (Department of international cooperation, NDRC), organized and coordinated the conference. More than 600 delegates and guests from the political, industrial, academic communities and media from China and the world joined the main forum and 4 panels.

2010: The 3rd China Energy and Environment Summit (CEES)

[Theme] Energy, environment development and technology; energy saving and emission reduction; low-carbon economy; new energy

[Time] August 20th-22nd, 2010

[Location] Great Hall of the People, Beijing

The 3rd CEES was grandly held in the Great Hall of the People from August 20th to 22nd, 2010. It was hosted by Cities and Small Towns Reform and Development Center of National Development and Reform Commission (NDRC) and co-organized by Duke Energy Corporation, GCCSI of Australia, ENN Gasified Coal Mining Co. Ltd. The opening ceremony was presided over by LI Tie, Director of Cities and Small Towns Reform and Development Center of NDRC. Several distinguished guests delivered speeches around four themes of "Energy; Environment Development and Technology; Energy Saving and Emission Reduction; Low-carbon Economy; New Energy". YANG Yu, special commentator of China Central Television (CCTV), presided over the discussion of the Summit. Lots of media, including CCTV, reported the conference. More than 360 distinguished domestic and foreign guests and representatives from sectors of politics, academics, industries and medias attended the summit, and some representatives visited the underground coal gasification base of ENN in Ulanqab, Inner Mongolia autonomous region.

Over 30 domestic and foreign famous experts and industrialists made keynote speech/speech, participated in the discussions of the Summit, including LI Wuwei, famous economist and Vice Chairman of Chinese People's Political Consultative Conference (CPPCC); YIN Chengjie, member of Standing Committee of the National People's Congress, Deputy Director of Agriculture Commission, former Deputy Director of Ministry of Agriculture; SHAO Bingren, Vice Chairman of Population, Environment and Resources Committee of CPPCC; ZHANG Hongtao, State Council Counselor, Chief Engineer of Ministry of Land and Resources; HE Bingguang, Counsel of the Department of Resource Conservation and Environmental Protection of NDRC; XIE Ji, Deputy Director of the Department of Resource Conservation and Environmental Protection of NDRC; XU Dingming, State Council Counselor; QIU Aijun, Deputy Director of Cities and Small Towns Reform and Development Center of NDRC; Professor LIN Zhiqin, Division Chief of Cities and Small Towns Reform and Development Center of NDRC, General Secretary of China Energy and Environment Summit (CEES); CHEN Feng, Chief Engineer of ENN Gasified Coal Mining Co. Ltd; YU Li, Sponsor of China's underground gasification, professor of China University of Mining and Technology; David Mohler, Chief Scientist and Vice President of Duke Energy Corporation; Nick Otter, Chief Executive Officer of GCCSI; Ronald W. Cochran, Director of Lawrence Livermore National Research Center, the U. S. Department of Energy; S. Julio Friedmann, Project Leader of Carbon Management; S. Ming Sun, Chief Representative of Clean Air Task Force for Asia Pacific Region. Many others were from Ministry of Land and Resources, Chinese Academy of Science, Chinese Academy of Social Science, Daqing Oil Field, Shell International, Northbridge Co. Ltd, Britain Clean Coal Organization, Asian Clean Energy Innovation Center, etc.

2011: CEES—Western Coast of Taiwan Strait Summit

[Theme] Biological energy; advanced nuclear; photovoltaic power generation; chemical power source and energy economy

[Time] January 8th-9th, 2011

[Location] The Science and Art Center, Xiamen University, Xiamen

CEES—Western Coast of Taiwan Strait Summit was held at the Science and Art Center of Xiamen University from January 8th to 9th, 2011. ZHU Zhiwen, Secretary of the Party Committee of Xiamen University at the time; ZHANG Jianhua, Director of People's Bank of China Research Bureau; PAN Qin, President of Atomic Energy Academy of Sciences of "Tsinghua University" (Taiwan, China), gave speeches and statements. The Summit was sponsored by Xiamen University and organized by Energy Research Institute of Xiamen University and the Government of Huli District, Xiamen. LI Ning, Dean of Energy Research Institute of Xiamen University and LONG Minnan, Deputy Dean of Energy Research Institute of Xiamen University presided over speeches, discussions and panels of biological energy, advanced nuclear, photovoltaic power generation, chemical power source and energy economy respectively. Director ZHANG Jianhua presided over the Planning Research Expert Meeting of the Development of Xiamen's Financial Industry. More than 60 distinguished guests delivered speeches. More than 300 experts, scholars and industry representatives involved in discussions of the Summit and six sessions. At the Summit, Prof. LIN Zhiqin's book *The Path to a Global Think Tank* (Economic Daily Press, Jan. 2011) was firstly madc public. Thc sccond part of this book concluded the outcome of CEES from 2008 to 2010 systematically. Many media, including *Guangming Daily* and Wenming. cn, etc, published book reviews to sing high praise for the book.

More than 60 renowned experts and scholars participated the summit, including XING Xinhui, SUN Shigang, YUAN Zhenhong, TIAN Jiashu, ZHAO Yuwen, FAN Jihong from universities and organizations including NDRC, Chinese Academy of Science, Chinese Academy of Social Sciences, Ministry of Environmental Protection, China Institute of Atomic Energy, Tsinghua University, Peking University, Xiamen University, Central University of Finance and Economics, North China Eletronic Power University, Fuzhou University, Shanghai Jiao Tong University, Wuhan University, Sun Yat-sen University, Southeast University, Shandong University of Science and Technology, Chinese Renewable Energy Industry Association, State Nuclear Power Technology Corporation, China Guangdong Nuclear Power Group, China Aviation Lithium Battery, etc. Some academicians, including GE Changchun and TIAN Zhaowu, delivered keynote addresses. LI Jian, professor of Central University of Finance and Economics; LIN Zhiqin, researcher of City and Small Town Reform and Development Center of NDRC; CAI Shoufei, General Manager of Xiamen Hefeng Construction Co. Ltd. ; and many other experts from Peking University, Tsinghua University, Chinese Academy of Social Sciences, People's Bank of China in Fuzhou and Xiamen, delivered excellent speeches. Many media, such as Xinhua News Agency, *China Land and Resources News* and the official website of the Ministry of Land and Resources published and reprinted the news.

2011: The 4th China Energy and Environment Summit (CEES)

[Theme] Launching a new horizon of green energy; advocating the development of space-solar energy

[Time] August 28th-29th, 2011

[Location] University of International Business and Economics, Beijing

The 4th CEES was held in the University of International Business and Economics (UIBE), Beijing from August 28th to 29th, 2011, with support from National Development and Reform Commission (NDRC), National Energy Administration (NEA) and the former Indian president Abdul Kalam, and it was co-organized by China Academy of Space Technology, European Space Energy Group and Department of Chemical Engineering of Tsinghua University. XIE Zhenhua, the deputy director of NDRC, could not attend due to an important foreign event, otherwise instructed relative departments and speakers to give support to the summit.

During the summit, attendant members delivered speeches and participated in discussions, including SHI Jianjun, Principle of UIBE; HE Bingguang, Inspector of Department of Resource Conservation and Environmental Protection of NDRC; Abdul Kalam, former Indian president and the world well-known astronautic scientist; and Mark Hopkins, President of the National Space Association of the United States. LIN Guijun, the Vice Principle of UIBE, presided the opening ceremony of the Summit. Attendant members who delivered topic speeches: SHI Lishan, the vice director of New Energy and Renewable Energy Department in National Energy Bureau; WANG Xiji, academician of Chinese Academy of Sciences, one of the contributors to "Two Bombs and One Satellite"; LI Ming, the Vice President of China Institute of Space Technology; Sergio C. Trindacle, Nobel Prize winner. Over 50 distinguished guests delivered keynote speeches and presided the discussion and communication in the major forum and sub-forums of high-tech energy and bio-energy. The summit launched a new horizon of green energy, advocated the establishment of space power plants, the development of bio-energy, as China's first formal forum to advocate the development of space-solar energy.

On May 25th, 2011, the first partners and media round table of China Energy and Environment Summit was launched, where over 30 central key media and industry mainstream media participated. More than 280 guests and delegates from the fields of politics, academia, industry and media attended the summit and media round table. Tens of thousands of mainstream media and institutions, such as *People's Daily*, *China Energy News*, *China Aerospace News*, *China Power News*, *The 21st Century Economic Report*, People. cn, the official news website of Ministry of Defense, the official information network of Ministry of Industry and Information Technology, China SME Information Network, NetEase Finance, China Net, gave intensive reports on the Summit and round table.

Some attendants of the Summit delivered topic speeches and presided the discussion and communication in the major forum and sub-forums of high-tech energy and bio-energy, including: ZHAO Zhongxiu, the Vice Principle of UIBE; SANG Baichuan, the principle of Institute for International Economics of UIBE; LIN Zhiqin, the professor of UIBE, Director in China Energy and Environmental Research Center, Vice-Chairman & Secretary General of CEES; six academicians of the Chinese Academy of Sciences and contributors to 'Two Bombs and One Satellite', including WANG Xiji, GE Changchun, MIN Guirong and etc; XING Xinhui, the Vice Dean in Department of Chemical Engineering of Tsinghua University; XU Feng, Senior Vice President of the European Space Energy Group; several global think-tank leaders, including Stephan Tenssel, Paul Werbos, Gustav R. Grob, Martin Hoffert, etc.

2012: The 5th China Energy and Environment Summit (CEES)

[Theme] The "Bai-Qian-Wan-Wan" campaigns of CEES; energy-efficiency; new energy and resources; strategic green technology orientation

[Time] October 28th-29th, 2012.

[Location] Yanle Hall of Xiyuan Hotel, Beijing

The 5th CEES with Conference on "Bai-Qian-Wan-Wan" campaigns was held on CEES' fifth anniversary at Yanle Hall of Xiyuan Hotel in Beijing from October 28th to 29th, 2012. The major subjects of the Summit were the "Bai-Qian-Wan-Wan" campaigns of CEES, energy-efficiency, new energy and resources, and strategic green technology orientation. The Summit was undertaken by China Energy and Environment Research Center (CEERC), and was supported by the following institutions: Department of Resource Conservation and Environmental Protection (DRCEP) of NDRC, Department of New Energy and Renewable Energy (DNERE) of National Energy Administration (NEA), State Information Center (SIC), University of International Business and Economics (UIBE), Shuangliang Eco-Energy Systems Co., Ltd. and University of Science and Technology. Officials from DRCEP, DNERE, UIBE and SIC announced the commencement of the "Bai-Qian-Wan-Wan" campaigns. LI Kai, Vice Deputy of SIC, presided over at the commencement ceremony. Over 60 experts and other guests delivered speeches. Prof. LIN Zhiqin, Director of CEERC, Vice President & General Secretary of CEES and Professor of UIBE, made a keynote speech and hold the meeting. More than 300 delegates and guests from the fields of political, industrial and academic communities and domestic and overseas media attended at the Summit and its round table talking with partners and media on June 9th, 2012. The "Bai-Qian-Wan-Wan" campaigns was welcomed and supported by a wide range of people and organizations, including LV Wenbin, Deputy Director-General of NDRC; SHI Lishan, Deputy Director-General of NEA; WANG Ling, Chairman of UIBE Administration Committee; LIU Guoyin, the representative of Shuangliang Ltd. and a group of 13 academicians of the Chinese Academy of Sciences and Chinese Academy of Engineering or counselors of the State Council, among whom are GE Changchun, HE Zuoxiu and YAO Jianquan, etc.. Except from domestic guests, we also got support from foreign friends, such as Abdul Kalam, the former Indian President and Mark Hopkins, CEO of National Space Society (being present on behalf of 4 international organizations or foreign institutions).

2013: The 6th China Energy and Environment Summit (CEES)

[Theme] National strategy and world experience on the use of clean power and energy; construction of smart (ecological) city

[Time] September 7th-8th, 2013

[Location] Yanle Hall of Xiyuan Hotel, Beijing

The 6th CEES was held in the Yanle Hall of Xiyuan Hotel, Beijing on September 7th to 8th, 2013. This summit was hosted by China Energy and Environment Research Center, as well as *Economic Journal* and *Economic Daily*. And it was cohosted by CBEEX (China-Beijing Environmental Exchange) and sponsored by Lexus China. Some attendants delivered speeches and were interviewed on the Summit, including: SHI Lishan, Deputy Director, Department of New Energy and Renewable Energy of China's National Energy Administration (NEA); LV Wenbin, Deputy Director, Department of Resource Conservation and Environment Protection, NDRC; WANG Ling, Secretary of University of International Business and Economics (UIBE); LI Junfeng, Director, National Center for Climate Change strategy, NDRC. The above-mentioned organizations also supported the Summit. This Summit jointly held the sub-forums for the prevention and control of air pollution as well as the HEV (hybrid electric vehicle) and also carried out the dialogues between experts and entrepreneurs on Seminars about national strategy and world experience on the use of clean power and energy, as well as the construction of smart (ecological) city.

Before the Summit, the magazine of the 6th CEES—*Economy*: *Green China* (the third quarterly, 2013) was published, directed and sponsored by the *Economic Daily*, with LIN Zhiqin as the chief editor and ZHANG Jian the chief compiler. Abdul Kalam, the former Indian President, wrote feature for the magazine and issued a joint statement on the China Energy News with Mark Hopkins, the director of the National Space Association of the U. S.

After the Summit (Dec. 1st), the 2013 "Lecture Room" about China Energy and Environment was held in International Conference Lecture Hall in UIBE, which was co-hosted by China Energy and Environment Research Center and Global Engineering Technology of France Air Liquide, and supported by the Institute of International Economy of UIBE. Director LI Junfeng, Vice President LIU Fang and Prof. LIN Zhiqin delivered speeches, and addresses were given by ZHAO Zhongxiu, Vice President of UIBE and SANG Baichuan, Dean of Institute of International Economy of UIBE. Prof. LIN Zhiqin, Director of China Energy and Environment Research Center and Vice President and Secretary General of CEES, presided over the main forum as well as the Seminar and delivered speeches.

Participants also delivered speeches, engaged in dialogues and gave press interviews, including LANG Lixin, Vice President of Lexus China; LIU Fang, Vice President of Global Engineering Technology of France Air Liquide; eight counselors and leaders of international organizations and Fortune Global 500 based in the U. S., Japan, Britain, France, India, etc.; DU Shaozhong, Chairman of China-Beijing Environmental Exchange, YI Cheng, JIANG Liping, LU Jicun, LIU Yan as well as the other two director-general experts from the People's Bank of China, State Grid, Chinese Academy of Management Sciences and Chinese Academy of Sciences; CHEN Quanshi, TANG Sisi, WAN Biyu and LIU Xu, senior experts respectively on behalf of National Automobile Standards Committee, State Information Center, MOHURD, MIIT Industry Associations.

The guests and representatives attending the forum, sub-forums, the press and the lecture room amounted to 560. Xinhua News Agency, *People's Daily*, *Economic Daily*, *Guangming Daily*, *China Automotive News* and other 100 Industry mainstream medias, and major medias for automotive news across the nation participated in the report.

2014: The 7th China Energy and Environment Summit (CEES)

[Theme] Green development; global dream; urban haze management and hybrid; green industry and enterprise development; green new technology international cooperation

[Time] November 29th-30th, 2014

[Location] Xiedao International Exhibition Centre, Beijing

On the occasion of the 7th CEES & the Premiere of the blue book *Green Development*, *Global Dream* was held in the Conference Centre of Beijing Xiedao International Exhibition Centre on November 29th to 30th, 2014. The summit was co-sponsored by the China Energy and Environment Research Center, the China-Beijing Environmental Exchange and China Economic Publishing House, with the sponsorship of LEXUS China. The submit jointly launched the sub-forum of the Air Pollution Control and Hybrid Electric Vehicle.

Before the summit, the first blue book *Green Development*, *Global Dream* of the CEES (Referred to as Blue Book, published by China Economic Publishing House, with LIN Zhiqin as the chief editor) was officially published. The leaders of the Science and Technology Department of the National Energy, Environment, Resource and Climate Change, and leaders of some international organizations have been consultants or editorial board members. And *People's Daily* published a book review. More than 470 delegates and guests from the political, industrial and academic communities and domestic and overseas media joined the main forum, sub-forum and media meeting. Over 100 Central key media, industry mainstream media, such as *People's Daily*, *Guangming Daily*, *China Automotive News*, Xinhua News Agency, CCTV Chinese channel, and other media and national automobile news media focused on the green development and global dream—urban haze management and hybrid, green industry and enterprise development, green new technology international cooperation.

LI Junfeng, Director of National Center for Climate Change Strategy and International Cooperation (NCSC) of National Development and Reform Commission (NDRC), presided the opening ceremony and the signing ceremony of the blue book. WANG Ling, President of school administration committee in University of Business and Economics (UIBE); WEI Jianguo, Vice President of China International Center for Economic and Technical Exchange (CICETE) and Former Vice Director of the Commerce Department; MA Hongwei, Vice Director of the Theory Department of *People's Daily*; MEI Dewen, the CEO of China-Beijing Environmental Exchange (CBEEX); QIAO Weibing, Vice Chief-Editor of China Economics Publishing House; LANG Lixin, Vice General Manager of LEXUS China; LIU Fang, Vice President of Global Engineering and Technology of AIR LIQUIDE France; Dimri Alok Amitabh, Counsellor of Embassy of India and other people signed on the background board printed as the cover of the blue book and delivered speeches.

Abdul Kalam, former President of India and the world famous aerospace scientist, extended his great congratulations and delivered video speech. LIN Zhiqin, Vice President and Secretary-General of CEES, Director of China Energy and Environment Research Center and

Professor in UIBE, gave a brief introduction of blue book and held the seminar. MEI Dewen, President of CBEEX, presided the sub-forum and the energy-saving logo licensing ceremony of Lexus and Warwick Cade and another four strategic cooperation signing ceremonies with ZHANG Zhenlong, Assistant President. And they presented technology and products of LED Air Purifying Lighting in the exhibition. Experts at the bureau level from National Technical Committee of Auto Standardization, China Aviation Construction, Ministry of Housing and Urban-Rural Development, Ministry of Transport, Ministry of Agriculture, Sinopec, Sino-Singapore Tianjin Eco-City Administrative Committee and BEEC, leaders of US National Science Foundation, AIR LIQUIDE France Lurgi, and the Fortune 500 companies delivered their speeches and exchanged opinions.

2015: The 8th China Energy and Environment Summit (CEES)

[Theme] Different ways of green energy transformation in China and abroad; the pollution governance on air, water and soil; the ultimate goal of solar power exploration; the energy-saving and environmental protection industry

[Time] December 5th and 6th, 2015

[Location] Yanle Hall of Xiyuan Hotel, Beijing

The 8th CEES was held in the Yanle Hall of Xiyuan Hotel, Beijing on December 5th to 6th, 2015. The summit was hosted by China Energy and Environment Research Center and National Renewable Energy Center and supported by Department of New Energy and Renewable Energy of National Energy Administration, Department of Resource Conservation and Environmental Protection of National Development and Reform Commission (NDRC), University of International Business and Economics and its Institute of International Economy, State Information Center and National Center for Climate Change Strategy and International Cooperation.

Tens of domestic and foreign ministerial experts and/or high-level experts from departments governing energy and environment and other administrative departments delivered keynote speeches during the summit. These experts included SHI Lishan, deputy director-general of Department of New Energy and Renewable Energy of NEA; WANG Ling, secretary-general of the Party Committee of UIBE; JI Xiao nan, chairman of the Supervisory Board of the State Council for Key Large State-owned Enterprises; ZHANG Hongtao, counselor of the State Council and former general engineer of Ministry of Land and Resource of People's Republic of China; ZHANG Jing'an, chairman of the Association of China's High-tech Industrial Development Zone and former vice minister of Science and Technology; Gustav R. Grob, President of International Sustainable Energy Organization; Waheedullah, UN ambassador. Mark Hopkins (President of US National Space Association), XU Feng (President of European Space Energy Group) and Don Flournoy (Director of the International Solar Power Satellite Design Competition Committee) presented the 2015 First Prize to China Academy of Space Technology.

Around 500 guests and delegates from the sectors of politics, industry, academics and media including MA Hongwei (Deputy Director in the Department of Theory in *People's Daily*) and MA Zhigang (Editor-in-chief of Weekly Theory Edition of *Economic Daily*) were present at the main Summit, sub-Summit and media conference, as well as were recommended to take part in the First Forum of international energy transformation before the conference, hosted by National Energy Administration. LIN Zhiqin, professor of University of International Business and Economics, director in China Research Center of Energy and Environment as well as vice president and secretary-general of CEES, hosted the conference and the seminar, and also introduced the main ideas and thoughts on "Eliminating haze through green development led by going green" (which was adopted by The Central Government). More than 100 Chinese Central key media and industry mainstream media (including ***People's Daily***, ***Economic Daily***, ***Guangming Daily***, ***China Daily***, ***China Environment News***, ***China Energy News***, ***China Industry News*** and Xinhua News Agency) made intensive coverage on the event.

This Summit focused on the effective strategy featuring energy-saving, environmental protection in 13th Five-Year Plan—the ways both at home and abroad to transform energy, the control of the pollution on air, water and soil, the final goal of the development of solar power and the industry of energy-saving and environmental protection. It advocated green technology supporting the green development. It launched a series of green technologies and products of partners, including distributed and efficient patented equipment for hydrogen making, stocking and adding launched by President Sable Huang, and Managing Director Hofen of Rouge H2 Engineering GmbH; smog purifier, vehicle energy-saving and emission-reducing device and car-charging device introduced by LIU Youfu, Chairman of China Youshenjia New Energy (Group) Co. Ltd; zero-emission technology of Industrial water presented by LIU Fang, Vice Chairman of Beijing Yishui Environmental Investment Co. Ltd; LED air purification light developed by ZHANG Hua, Chairman of Beijing Glamor Optoelectronic Technology Co. Ltd; automatic fire-extinguishing device under remote control introduced by SHAO Shunbin, Chairman of Shanghai Liqi Electronic Technology Development Co. Ltd; and so on.

GAO Shixian (Deputy Director of the Energy Research Institute of NDRC), WANG Dong (Director of the Environmental Planning Institute of the Ministry of Environmental Protection), ZHU Dingzhen (Department Chief of the China Meteorological Administration), WANG Xiaoming (Director of the Industrial Research Department of the Development Research Center of the State Council), GE Changchun (Academician of the Chinese Academy of Sciences), Wang Li (Deputy Chief Researcher of the QIAN Xuesen Laboratory of the Chinese Academy of Space Technology), and HOU Xinbin (Director Researcher) delivered speeches in the sub-forum and engaged in in-depth discussions and round table dialogues.

2016: The 9th China Energy & Environment Summit (CEES)

[Theme] Theory of green development for ash haze dissipation; analysis of the trend of green development; green technology and environmental governance; the reform and development of natural gas; energy innovation and development; international cooperation

[Time] December 11th-12th, 2016

[Location] University of International Business and Economics, Beijing Diplomatic Office Building, Beijing

The 9th CEES was held in the University of International Business and Economics, Beijing, on December 11th and 12th, 2016. Department of Resource Conservation and Environmental Protection of National Development and Reform Commission (NDRC), National Energy Administration (NEA), University of International Business and Economics (UIBE, and its Institute of International Economy), Supervisory Board of the State Council for Key Large State-owned Enterprises, Austria Embassy in China, Xinhua net, and Shanghai Jingyu Environmental Engineering Co., Ltd. gave their supports for this conference. Focusing on trend analysis of green development, green technology and environmental protection, reform and development of natural gas, energy innovation and transformation and international cooperation, new first-class green technologies were introduced and cooperation among Sino-Austria, Sino-America and international organizations was promoted.

Several domestic and foreign ministerial experts and high-level experts from departments governing energy and environment gave their keynote speeches, including: JIANG Qingzhe, Executive Vice-President of China Petroleum Enterprise Association and Party Committee Secretary, UIBE; LV Wenbin, Deputy Director General of Department of Resource Conservation and Environmental Protection of NDRC; JI Xiaonan, Chairman of the Supervisory Board of the State Council for Key Large State-owned Enterprises; Irene Giner-Reichl, Chairman of Global Forum on Sustainable Energy, Ambassador of Austria to China and Mongolia Ambassador Extraordinary and Plenipotentiary; QI Zhixin, Division Chief of Energy Conservation and Science and Technology Equipment Division of NEA; and GUO Jiaofeng, Assistant Director of Institute of Resources and Environment Policy of Development Research Center of the State Council. ZHAO Zhongxiu, Director of Institute of Global Low-carbon Economy and Deputy President of UIBE, declared the commencement of this summit. LIN Zhiqin, Director of Energy and Environment Research Center, Vice-Chairman and Secretary-General of CEES, introduced guests and gave a speech. Over 300 guests and representatives including SONG Shi'en, Director of Energy Business Unit of Xinhua net, and ZHU Junping, Chief Editor of Energy Channel of Xinhua net, attended the main forum, two sub-forums and trend analysis of green development. Over 100 Central key media, industry mainstream media reported and reprinted this summit, including Xinhua net/Xinhua News Agency, *People's Daily*, *Economic Daily*, *China Environment News*, *China Energy News* and Toutiao. com.

The Green Technology and Environmental Governance Sub-forum (part one) was held in Beijing Diplomatic Office Building on 24th, October. CECO Shanghai Co., Ltd. and AIGSON Science and Technology Co., Ltd. (Beijing) have given much supports. Peerless Environmental Separation Equipment Manufacturing Co., Ltd. (China) and Beijing Yishui Environment Investment Co. Ltd. were the sponsors of the forum.

The Green Technology and Environmental Governance Sub-forum (part two) was held during the conference. Shanghai Jingyu Environmental Engineering Co., Ltd. has given supports. The general engineer PAN Wengang has shared the information about the technology on zero discharge of industrial concentrated brine as well as the technology of resource utilization on the opening ceremony and sub-forum. Over ten experts, including LU Kui, Chairman of the Board, the directors, SHANG Rong, Executive Deputy General manager, and ZHANG Daihua, the Technical Director of Yitai Chemical Co. Ltd, etc have made a topic speech. LIN Zhiqin, Vice-Chairman and Secretary General of CEES, has delivered a speech. LIU Fang, the Executive Chairman of the Sub-forum, has presided over the meeting.

A series of activities of the forum (including 2016 China Green Development Analysis Meeting) were held in UIBE, Beijing, on December 12th, 2016. With the topic of the publishing of the blue book of *Theory of Green Development for Ash Haze Dissipation* (*China Daily* has published a book review, and the Central Compilation and Translation Bureau has translated it into eight languages so as to make it global), and how to realize green development. Professor LIN Zhixin hosted the conference and delivered a speech, and around ten leaders of international organizations and the relevant persons in charge of from the central key media, including: Gustav Grob, president of ISEO; MA Zhigang, Chief Editor of *Theory Weekly* of *Economic Daily*; GE Jing, Editorial Director of China Economic Publishing House; HAO Jing, a correspondent from Xinhua News Agency; ZHANG Rui, Deputy Director of the School of International Economics in UIBE.

2017: The 10th China Energy & Environment Summit (CEES)

[Theme] Green development revolution: the "New Bai-Qian-Wan-Wan" campaigns; the market-oriented reform of oil and natural gas in China; the reform and construction of electricity market; China's control on coal, green technologies and environment governance; a review and looking forward of CEES over the past 10 years

[Time] December 1st-2nt and November 30, 2017

[Location] University of International Business and Economics, Millennium Hotel, Beijing

The 10th CEES and the 10th anniversary of the Summit's "New Bai-Qian-Wan-Wan" campaigns and its series of activities were co-organized by China Energy and Environment Research Center and China Economic Trends Research Institute of Economic Daily and held on December 1st-2nd and November 30th, 2017 at the University of International Business and Economics (UIBE) and Millennium Hotel in Beijing. The meeting was attended by JI Xiaonan, Chairman of the Supervisory Board of State-owned Key Large Enterprises, JIANG Qingzhe, Secretary of Party Committee of UIBE, XU Qiang, Director of National Energy Conservation Center of National Development and Reform Commission (NDRC), ZHANG Yuqing, former Deputy Director of National Energy Administration (NEA), XIE Ji, former Inspector of Climate Department of NDRC, and SUN Shifang, Director of the Editorial Department of Economic Daily and President of China Institute of Economic Trends, who jointly launched the "New Bai-Qian-Wan-Wan" campaigns of CEES. Secretary JIANG Qingzhe and Director XU Qiang delivered speeches, and President SUN Shifang delivered a speech on behalf of ZHANG Xiaoying, President of *Economic Daily*. LIN Zhiqin, Executive Vice Chairman and Secretary General of CEES and Director of China Energy and Environment Research Center, introduced the guests and delivered a keynote speech reviewing the 10th anniversary of the Summit, looking forward to "New Bai-Qian-Wan-Wan" campaigns and promoting green development and reform. ZHAO Zhongxiu, Vice President of UIBE, SUN Shifang and LIN Zhiqin presided over the conference respectively. Chairman JI Xiaonan, Director Zhang Yuqing, Inspector XIE Ji, Professor JIANG Qingzhe, Chairman XU Yubing of Xinjiang Dunhua Petroleum Technology Co., Ltd. and Philipp Agathanos, Minister Plenipotentiary (Science and Technology) of the Austrian Embassy in China, delivered keynote speeches.

The summit was supported by NDRC, *Economic Daily*, NEA, UIBE (and its International Economic Research Institute), National Energy Conservation Center, etc., and co-organized by Xinjiang Dunhua Petroleum Technology Co., Ltd. and collaborated by China University of Petroleum (Beijing), Institute of Electricity Economics and Electricity Market Research of South China University of Technology, and Guangdong Zhuhai Fante Technology Co., Ltd.

After the 10th CEES, it has been confirmed that the "New Bai-Qian-Wan-Wan" campaigns of CEES would serve "Bai-Qian-Wan" energy-conserving actions in key energy-using units of NDRC in an all-round way and cooperated with them, while building the China Energy and Environment Research Center with the *Economic Daily*. The Summit has decided to implement the "New Bai-Qian-Wan-Wan" campaigns in the next five years, launch hundreds of green technologies, excellent proposals and classic cases, publish the results of thousands of excellent experts, consolidate the benefits of hundreds of millions of people, to promote the green development revolution. By bringing together the thoughts and wisdom of a hundred renowned experts, senior officials and industrialists, the forum edited and published the third blue book of the summit—*Green Development Revolution*.

2018: The 11th China Energy & Environment Summit (CEES)

[Theme] Green development and green energy revolution

[Time] December 12th-15th, 2018

[Location] University of International Business and Economics, Beijing

The 11th CEES was held in University of International Business and Economics (UIBE) from December 15th to 16th, Beijing. The Summit was hosted by China Energy and Environment Research Center, China Economic Trend Research Institute of *Economic Daily*, and China Economic Information Network of National Information Center. It was jointly sponsored by Dehetai Co., Ltd. The Summit was supported by UIBE and its School of international economics, the National Energy Conservation Center of the National Development and Reform Commission (NDRC), the people's Government of Zibo City, Shandong Province, and Kingroad Group Co., Ltd. LI Ye, the regulatory director of the National Energy Administration (NEA), sent a congratulatory message to congratulate the Summit on its success. DING Zhijie, vice president of the UIBE (on behalf of Secretary JIANG qingzhe) and President SUN Shifang of *Economic Daily*, made a speech. WANG Siqiang, director of the energy conservation and scientific and technological Equipment Department of NEA, delivered a keynote speech. LIN Zhiqin, Vice President and Secretary-General of CEES, Director of China Energy and Environment Research Center and Professor in UIBE, presided over the conference and introduced the main points of the blue book, *Green Development Revolution*. Presented attendees who delivered a speech included: ZHANG Yuqing, deputy director-general of NEA; SUN Xiansheng, Secretary General of International Energy Forum (Intergovernmental International Energy Organization of ministerial level); YOU Yong, deputy director of the Energy Conservation and Comprehensive Utilization Department of the Ministry of industry and information technology; SHI Xijie, section chief of the National Energy Conservation Center; LI Jingming, chief expert of agricultural ecology and resources protection general station of Ministry of agriculture and rural areas; ZHANG Likuan, researcher of China Telecom media energy information research center of NEA; ZHANG Ke, chairman of Dehetai Co., Ltd; LONG Xiaobo, deputy director of Boshan District Government of Zibo City, Shandong Province; WANG xuefan, professor of Huazhong University of Science and Technology and chief scientist of Kingroad Group Co., Ltd; LU Xuhao, deputy general manager of Zibo Xiaolan Hydrogen Energy Technology Co., Ltd; and LIU Xiangdong, general manager of Harbin Modern Soot Blowing technology Co., Ltd.

Focused on green development and energy green revolution, the Summit held a press conference on motor energy-saving technology industry, a launch meeting on the hydrogen energy science and technology industry demonstration park project, and introduced boiler soot blowing technology. Reporters from *China Electric Power News*, *China industry News*, *China Science News* and International Energy Network asked questions in the Q&A session, and reporters from China Science Daily covered special interviews.

As an essential part of the 11th Summit, the Civil Nuclear Technology Green Development Forum was held on November 26th in the 16th floor lecture hall of the Gui DU Hotel in Beijing as a sub-forum. The forum was co-organized by the Nuclear Energy Branch of China Electric Power Development Promotion Association and China Energy and Environment

Research Center, and co-organized by China Institute of Nuclear Science and Technology Information and Economic Research and the Nuclear and Radiation Safety Center of the Ministry of Environmental Protection. More than 30 authoritative experts in nuclear technology industry attended the meeting and delivered speeches, including QIU Jiangang, Vice President of China Electricity Development Promotion Association, TIAN Li, Vice President and Secretary General of the Nuclear Energy Branch, TANG Bo, Director General of the Department of Nuclear Power Safety Supervision of the Ministry of Ecology and Environment, and Academician YE Qichen.

2019: The 12th China Energy & Environment Summit (CEES)

[Theme] Green development and promotion with an emphasis on Xiong'an New Area

[Time] December 28th-29th, 2019

[Location] University of International Business and Economics, Beijing

The year of 2019 is a year connecting the previous round and the next round. The summit focused on the green development and its promotion with an emphasis on Xiong'an New Area, and both the summit and the media were successfully hosted. The CEES committee also hosted a series of green development activities in 2019 and a spring-festival themed art activity about MAO Zedong's poems, calligraphies and paintings exhibition. The 12th CEES on December 28th and 29th was hosted by China Energy and Environment Research Center, China's Institute of International Low Carbon Economy of the University of international business and economics (UIBE), and supported by National Development and Reform Commission (NDRC), National Energy Administration (NEA), Management Committee of Xiong'an New Area, UIBE and its School of International Low Carbon Economy, in cooperation with China Energy Conservation Association, Hebei Xiong'an LVYE Qingfeng Environmental Protection Technology Co., Ltd., Shourong Share Holding Co., Ltd., etc. The cooperation focused on the promotion of green development of the Xiong'an New Area. XIE Zhenhua, China's special representative for climate change and former deputy director of NDRC, sent a congratulatory message to the Summit. WU Haijun, deputy director of the Management Committee of Xiong'an New Area, appointed a commissioner to listen to expert advice at the conference. LIN Zhiqin, executive vice chairman and Secretary-General of CEES and director of China Energy and Environment Research Center, presided over the conference and reported on the preparations for the Green Development Promotion Council of Xiong'an New

Area. The conference was held with various activities. LI Maoguo, Deputy Secretary of UIBE (on behalf of Secretary JIANG Qingzhe) and HAO Ruifeng, Deputy Director of the North China Regulatory Bureau of the State Energy Administration, delivered speeches and made suggestions. There were also high-end dialogues among distinguished attendees, such as DU Xiangwan, scholar and former Vice President of the Chinese Academy of Engineering, JI Xiaonan, former Chairman of the Board of Supervisors of State-owned Key Large-scale Enterprises under the State Council, ZHANG Yuqing, former member of the Party Group and Deputy Director of the State Energy Administration, and XIE Ji, Inspector of the former Climate Department of NDRC.

Air-inducted type oxygen activated device for engines in a world leading level and composting-free technology ECT. were released. CCTV producer interviewed SHAN Junyan, chairman of Hebei Xiong'an Lvye Qingfeng Environmental Protection Technology Co., Ltd. focused on air-inducted type oxygen activated device for engines and composting-free technology. Many experts, such as LIN Yangtai, professor from National Taiwan University of Science and Technology, QIU Shujing, General Manager of Taiwan Yeshan Group, and LI Yuzheng, Manager of Technology Department of Taiwan Yeshan Group, launched Composting-free technology, which has gained more than 40 invention patents worldwide and was presented in *Nature*, an international well-known journal. More than 30 experts have made their comments, submitted manuscripts to promote green development in China, decision-making and technology evaluation, policy and promotion, Xiong'an model demonstration, and the establishment of Xiong'an demonstration center.

There were more than 600 guests and representatives at the Summit, including eight ministerial leaders and academicians (DU Xiangwan, JI Xiaonan, SHI Jun, SONG Shuyou, LU Ming, YAN Haimin, CHEN Song and SUN Xiyue), and more than 20 departmeat level leaders (JIANG Qingzhe, WU Haijun, ZHANG Yuqing, XIE Ji and LI Li, etc.). The summit has attracted many green development promoters and units. All above efforts, together with hundreds of green technologies, thousands of outstanding experts and their achievements, ten thousands of media, a hundred million of beneficiaries aggregated by CEES summits, have laid the foundation for a new round of green development revolution and promotion. Editors from *People's Daily*, reporters from *Economic Daily* and other news agencies interacted with the delegates at the Summit, and CCTV producers made live interviews and recordings at the scene.

2020: The 13th China Energy & Environment Summit (CEES)

[Theme] Adhering to and improving the institutional system of ecological civilization and promoting ecological value transformation of the 'Two Mountains' concept

[Time] December 26th, 2020

[Location] University of International Business and Economics, Beijing

On December 26th, 2020, the 13th CEES and the open topic consultation meeting of major project "Research on Adhering to and Improving Institutional System of Ecological Civilization" was held at the University of International Business and Economics (UIBE). The summit was organized by the China Energy and Environment Research Center and the China Institute of International Low Carbon Economy of UIBE. The theme of it was known as "Adhering to and improving institutional system of ecological civilization and promoting the ecological value transformation of the 'Two Mountains' concept". The Summit was hosted by Professor LIN Zhiqin, Researcher of Beijing Research Center of XI Jinping's Thoughts on Socialism with Chinese Characteristics for a New Era, Director of the China Energy and Environment Research Center, and professor of UIBE. Professor LIN first introduced the major project and answered the questions raised by the consulting experts. Ms. LI Cuiling, Executive Deputy Director of Beijing Research Center of XI Jinping's Thoughts on Socialism with Chinese Characteristics for a New Era and Vice President of Beijing Social Science Federation, attended the open topic consultation meeting and made a concluding speech, in which she affirmed the effectiveness of the project. Seven experts attended the open topic consultation meeting and two experts submitted written comments. After the meeting, the organizers held the 13th summit with a combination of offline and online seminars and dialogue activities around the above-mentioned themes, in which more than 1000 people participated in total. Prof. JIANG Qingzhe, Secretary of the Party Committee of UIBE, and LI Bin, First-class Inspector of the Department of International Cooperation of the National Development and Reform Commission, delivered speeches. The conference was also attended by ZHANG Yitian, member of the Department of Theory and Editor-in-Chief of the Economic and Social Editorial Office of *People's Daily*, JI Xiaonan, former Chairman of the Supervisory Committee of State-owned Key Large Enterprises, ZHANG Yuqing, former member of the Party Group and Deputy Director of the National Energy Administration, XIE Gaodi, Director and Chief Researcher of the Resource Science Center of the Institute of Geographical Sciences and Resources of the Chinese Academy of Sciences, Prof. ZHUANG Rui, Secretary of the Party Committee of the

National Institute of Foreign Affairs of the University of International Business and Economics, and Prof. XUE Yi, Director of Research Department of UIBE.

Prof. LIN Zhiqin's keynote report reviewed the Summit's progress in promoting a comprehensive green transformation of economic and social development over the past 13 years (2008-2020) and looked forward to a new journey of ecological civilization and green development in the future (2021—2030).

The summit and its media session on October 26th combined dialogue, offline and online reviews and presentations to launch numerous green technologies, including the leading domestic wastewater treatment technology—rotating bio-embedded bacteria technology, coal consumption reduction and replacement to fill the shortage (project of National Development and Reform Commission and World Bank).

Chairman LIN Xiumei from Huimin (Pingtan, Fujian) Wisdom Technology Co., Ltd. (collaborator); Prof. LIN Yangtai and Dr. WU Wanyi from Taiwan University of Science and Technology, and senior specialists JIA Shengyuan, LIN Houbo and SHAN Junyan; Secretary General YANG Jie and Director HAI Ou from Zhongguancun National-united Green Industry Service Innovate Alliance (collaborator); and ZHANG Zhenlong (researcher of China Energy and Environment Research Center, Deputy Secretary General of Zhongguancun National-united Green Industiy Service Innovate Alliance), ZHANG Guansheng (former Vice General Manager of China United Equipment Group), GUO Lian (Executive Committee Member of National Development Bank) and other famous experts from both sides of Taiwan Strait, military representatives, research institutes, financial institutions, national and central enterprises and outstanding private enterprises gathered together to participate, discuss, promote, exchange and display classic cases of ecological priority and green development, green innovation technology and green quality manufacturing technology.

附录五 About the Author

LIN Zhiqin, researcher and professor of economics, Director of China Energy and Environment Research Center, Executive Vice Chairman and Secretary General of China Energy and Environment Summit (CEES), professor of University of International Business and Economics, and Executive Vice Chairman of Expert Committee of Chinese "New Bai-Qian-Wan-Wan" campaigns of CEES. He is also the Director of China Energy and Environment Research Center of *Economic Daily*, special researcher of Beijing Research Center of XI Jinping's Thoughts on Socialism with Chinese Characteristics for a New Era, head of Green Development and Ecological Civilization Association in Xiong'an New Area (preparing), and head of energy-saving work in key energy-using units of National Development and Reform Commission of China (NDRC) serviced by Chinese "New Bai-Qian-Wan-Wan" campaigns of CEES, evaluation expert of the 2018 and 2021 Chang Jiang Scholars Program of the Ministry of Education, expert in degree and postgraduate education evaluation of the Ministry of Education and the editor-in-chief of CEES blue books. Professor LIN has held a number of management positions in the International Cooperation Department of NDRC, Cities and Small Towns Reform and Development Center of NDRC, China Center for International Economic Exchanges, China National Information Center, China National Bureau of Statistics, and Ningde Municipal Government of Fujian Province; he visited and studied at the United Nations Industrial Development Organization (UNIDO), the United Nations Conference on Trade and Development (UNCTAD), Witten University (Germany), and the Ministry of Commerce of China; and he has yielded a series of results in ecological priority and green development.

First, the research and practice results focus on promoting the construction of institutional system of ecological civilization, guiding a comprehensive green transforma-

tion of economic and social development, and promoting the transformation of ecological value of "Two Mountains" concept. These achievements, represented by CEES and a series of writings (*Eliminating Haze through Green Development Led by Going Green*; *Theory of Green Development for Ash Haze Dissipation*; *Green Development and Ecological Civilization Promotion*; *Green Development and Reformation*; *The Global Dream of Green Development*; *Transcending WTO—Social Market Economy and Sustainable Development*), are original in China, including 8 monographs, 2 compilations (over 2.6 million words) and more than 200 articles/papers published in authoritative newspapers and core journals such as *People's Daily*, *Economic Daily*, and *China Soft Science*. There are 18 articles in the "Three Newspapers and One Journal" (*People's Daily*, *Guangming Daily*, *Economic Daily* and *QIUSHI*) and these articles are mainly published in theoretical sections of *People's Daily*; one special report on New Year's Day in the economist column of *Economic Daily* (the author was invited as an representative in ecological civilization, among 8 fields); 2 articles published in the *People's Daily* as an invited expert from Beijing Research Center of XI Jinping's Thoughts on Socialism with Chinese Characteristics for a New Era; reviews on 5 books were published in the theoretical sections of *People's Daily*, *Guangming Daily*, *Economic Daily* and Xinhua News Agency; and the books were translated into 8 languages by Central Compilation and Translation Bureau for global spreading. There are also hundreds of opinions, articles or theoretical perspectives released (published) on the official website of the Central People's Government of PRC, the journals, websites and news applications of the "Three Newspapers and One Journal" at central government level, the Xinhua News Agency (Xinhua. net), CCTV, ChinaDevelopment. com, etc. One of the most representative achievements in the early stage is the monograph *Transcending WTO—Social Market Economy and Sustainable Development*, which first put forward the concept of "Transcending WTO", drew a blueprint for a coordinated development of ecology, economy and society, and served as reference information in national decision-making. The results have been valued and adopted by the Central Party Committee and the Central People's Government of PRC and have been implemented by the Central People's Government, ministerial-level agencies, and provincial and municipal party committees and governments. More than 30 projects have been approved by leaders above ministerial and provincial level. Prof. LIN has hosted over 30 projects and programs as major national-level international cooperation, and national, provincial as well as ministerial-level programs and international cooperation projects. He also has been selected as one of the talents of "New Century Hundred-Thousand-Ten Thousand Talent Project (1997—)", WWF China climate change core expert, visiting scholar of United Nations Industrial Development Organization, visiting researcher of Witten University in Germany. He won 6 awards of provincial and ministerial levels and above in Social Sciences Awards and Science and Technological Progress Awards.

Second, the results of research and practice were incorporated in the horizon and even the process of decision-making of the Central Party Committee, the State Council, and domestic and foreign decision-making agencies. Since 2008, supported by the National Development and Reform Commission, Prof. LIN successfully initiated and organized 15 sessions of 13 CEES summits (2008—2020). In 2009, the 2nd CEES summit was held as the largest sub-summit of the Global Think Tank Summit (National Major International Cooperation Project). The "Bai-Qian-Wan-Wan" and "New Bai-Qian-Wan-Wan" campaigns were jointly initiated, under the organization of Professor LIN, by China's Department of New Energy and Renewable Energy of China National Energy Administration (NEA), Department of Resource Conservation and Environmental Protection of NDRC, State Information Center, National Energy Conservation Center, UIBE and the *Economic Daily*, and were reported by the official website of the Chinese Central People's Government. As of 2020, the CEES summits have formed thousands of research reports, articles and news reports on ecological civilization, green development, energy and environment and the building of their institutional systems, launched 2 Chinese and English websites (over 10 million words), and most of these achievements were taken into account directly or indirectly in the process or reference of national decision-making of the Central Party Committee, the State Council, national ministries and commissions and those of other countries. The CEES summit is supported by more than 10 ministries including NDRC, NEA and central enterprises, and has forged strategic partenership with international organizations, governments of the United States, the European Union, Japan, India, France, Britain, Australia and Brazil, "Fortune 500" companies, multinational companies, first-class research institutions, and the former India president, academicians of Chinese Academy of Sciences and Chinese Academy of Engineering, and counselors of the State Council.

Third, the results of research and practice have been highly recognized by all circles at all levels, producing significant influence and social benefits at home and abroad. A series of research and practical results drew high attention from the Chinese Communist Party News, the Central People's Government, the Chinese Development Gateway (Chinese Government and World Bank), the Supreme People's Court; *People's Daily*, *Economic Daily*, *Guangming Daily*, *China Economic Herald*, Xinhua News Agency, *QIUSHI*, CCTV, China Radio International, China National Radio, China Energy News, Reuters, U. S. Public Radio International; the Organization and Publicity Department of the CPC Central Committee,

Central Compilation and Translation Bureau, Literature Research Office, Central Party School, Central Committee of the Communist Youth League of China, Work Committee of Central Government Departments; National Development and Reform Commission, National Energy Administration, Ministry of Ecological Environment, Ministry of Science and Technology, Ministry of Land and Resources, Ministry of Industry and Information Technology, State-owned Assets Supervision and Administration Commission, Ministry of Agriculture and Rural Affairs, Ministry of Education, Ministry of Commerce, Ministry of National Defense; Research Office of the State Council, Development Research Center of the State Council, Chinese Academy of Social Sciences, Energy Law Research Society of China Law Society, State Power Investment Corporation; CPC Beijing Municipal Committee, CPC Hebei Provincial Committee, Shanghai Municipal Government, Hunan Provincial Government, Jiangxi Provincial Government, and many other organizations of ministry and provincial level. Thousands of central and local, international, and domestic three-dimensional media, tens of thousands of parties, governments, mass organizations, academic institutions, corporations, and circles pay great attention to it. They reported, shared and adopted the results of research and practice with headlines and important pages, which have made a significant impact and social benefits at home and abroad.

后　记

中国能源环境高峰论坛第四部蓝皮书《中国能源环境高峰论坛蓝皮书：绿色生态促进》的出版前后历经4年（2018—2021），跨越三届“峰会”，历经新冠病毒疫情暴发的考验，大大超出过去3部蓝皮书的出版周期。回顾本书的诞生，至少有三点需要补充说明。

一是恰逢党的绿色生态政策的春风。2020年10月，党的十九届五中全会作出“推进经济社会发展全面绿色转型”的重大部署。在绿色生态春风沐浴下，中国能源环境高峰论坛砥砺前行。同年12月，我申报的“坚持和完善生态文明制度体系研究——基于‘两山’理念、生态优先、价值转换视角”项目被列为北京市习近平新时代中国特色社会主义思想研究中心、北京市社会科学基金2020年重大项目，具有“峰会”特色的跟踪研究方法被确立为重要研究方法之一。这是对本人在绿色生态领域深耕数十载的理论和实践成果的又一次高度肯定，并获得该重大项目及对外经济贸易大学科研发展配套基金（科研处、国际经济研究院）的出版支持。同时，“峰会”组委会还克服了2018年以来出版规模受限、成本攀升以及2020年初爆发的新型冠状病毒疫情造成的活动受限等多重连锁式影响，通过线下和线上结合的方式，实现了“峰会”受众的新突破，启航绿色生态促进新征程。

二是得到了多届“峰会”绿色生态促进人物的协力支持。受疫情影响，与第14届“峰会”紧密关联的蓝皮书首发的步伐有所放缓，与此同时，我决定放缓在中央“三报一刊”发表重大项目阶段性成果，腾出一定时间，对自撰部分（占全书80%以上）和相关绿色生态促进人物在第11-13届“峰会”和第14届“峰会”媒体会主题框架下协作的会议报告（主要分布在专题五、专题六、专题七、专题十和专题十一）增加了一次核稿，得到了多届“峰会”绿色生态促进人物的协力支持。

三是培养了众多年轻、优秀的绿色生态促进“使者”。自2008年召开第一届“峰会”十几年以来，数千名来自首都和国内外上百所一流名校（对外经济贸易大学、外交学院、清华大学、北京大学、苏黎世联邦理工学院等综合类、能源类、环境类、石油类、电力类、地质类、矿业类、化工类、工业类、农业类、科技类、交通类、外语类、传媒类、财经类、师范类院校）的博士生、硕士生、大学生，通过“峰会”实习和志愿活动锻炼，成了绿色生态促进的“使者”或未来“使者”。张铸（第11届“峰会”合作单位推荐）、鲁芋君、王艺凝、原玥、王昊娅等众多学生先后参与了2018—2021年“峰会”实习活动。

作为“峰会”主要创会者和历届“峰会”主要负责人，我谨以此书献给过去在历届“峰会”中所有支持、扶植、帮助“峰会”及其“百千万万”“新百千万万”“绿色生态促进”活动建立和可持续发展的中外“政产学媒”各级各界绿色生态促进人物！感谢他们携手共谱绿色生态促进新篇章，加快迎来人与自然和谐相处的新时代！

由于专业跨度大、时间跨度长，加之重大项目研究和“峰会”筹备工作繁重，没有足够时间、精力对合作领域进行深入的探究，书中难免出现纰漏和不足。衷心希望广大读者，特别是与本书有关的绿色生态促进人物批评指正。

林智钦

2021年12月